ACTES ET DOCUMENTS

POUR SERVIR À L'HISTOIRE DE L'OCCUPATION FRANÇAISE

DE MALTE

PENDANT LES ANNÉES 1798-1800

I.

LA FÊTE DU 14 JUILLET 1798 À MALTE

D'après des documents pour la plupart inédits

des Archives de Malte

SECONDE ÉDITION

MALTE 1923

Imprimerie "Empire Press", Strada S. Paolo — Valletta

ACTES ET DOCUMENTS

POUR SERVIR À L'HISTOIRE DE L'OCCUPATION FRANÇAISE

DE MALTE

PENDANT LES ANNÉES 1798-1800.

✠ HANNIBAL P. SCICLUNA, L.P.,

Bibliothécaire de la Bibliothèque Nationale de Malte,

Officier d'Académie,

Donat de l'Ordre Souverain Militaire de Saint Jean de Jérusalem et de Malte

Membre du Comité de Défense des Antiquités Historiques.

ACTES ET DOCUMENTS

POUR SERVIR À L'HISTOIRE DE L'OCCUPATION FRANÇAISE

DE MALTE

PENDANT LES ANNÉES 1798-1800.

I

LA FÊTE DU 14 JUILLET 1798 À MALTE.

D'après des documents pour la plupart inédits

des Archives de Malte.

(SECONDE ÉDITION)

MALTE 1923

Imprimerie "EMPIRE" 266, Strada S. Paolo — Valletta.

AUX MÂNES DE NAPOLÉON

5 Mai 1821

CET HUMBLE TRAVAIL

EST DÉDIÉ

PAR L'AUTEUR.

Malte, le 5 Mai, 1921.

TABLE

AVANT-PROPOS

M'ÉTANT voué ces derniers temps à l'étude des documents *originaux* concernant une époque des plus intéressantes de notre histoire,—celle de l'occupation de Malte à la fin du XVIIIème siècle par les Français, époque dont tant d'historiens, et tout particulièrement l'éminent auteur de "L'Histoire de Malte" Miège (ancien Consul de France à Malte) se sont occupés,—je me suis imposé la tâche de rassembler et de ranger en système tous les actes originaux ayant rapport à la domination française de Malte pendant les années 1798-1800, dans l'espoir que ce travail ne sera pas sans utilité aux futurs historiens de ma patrie ainsi qu'aux explorateurs toujours nombreux de l'époque Napoléonienne.

* * *

Ces documents, pour la plupart inédits jusqu'à présent, forment huit grands volumes de plus de 3,500 pages in folio. Ils se trouvent en partie dans les Registres Publics (Archives de l'Ordre de St. Jean de Jérusalem) et dans l'Office de l'Avocat de la Couronne. *Les cinq premiers volumes* portent le titre de: *"Régistres des Délibérations de la Commission de Gouvernement des Isles de Malte et du Goze"* et comprennent l'époque qui s'étend du 25 Prairial an VI (13 juin 1798) jusqu'au 18 Fructidor, an VIII (5 septembre 1800); c'est-à-dire depuis la prise de Malte par le général Bonaparte jusqu'au jour de la capitulation signée entre le général Vaubois, Commandant en Chef les Iles de Malte et du Goze et le contre-amiral Villeneuve, commandant les forces navales françaises à Malte, d'une part et le major-général Pigot, commandant les troupes de Sa Majesté Britannique et de ses Alliés et le capitaine Martin, commandant les vaisseaux de S. M. et de ses Alliés devant Malte—de l'autre.

Le *sixième volume* a pour titre : *Régistre des Ordonnances arrêtées par la Commission de Gouvernement pour les payemens à faire par son Trésorier, le Citoyen Jean-François Sant, depuis le 9 Messidor, an VI de la République Française (27 juin 1798)."*

Le *septième* est intitulé:—*Lettres écrites par la Commission de Gouvernement depuis le 27 Prairial, an VI (15 juin 1798) jusqu'au 28 Thermidor an VIII (16 août 1800).*

Le *huitième*, intitulé *Régistre des Petitions*, contient des suppliques privées de peu d'importance historique.

Tous ces volumes (manuscrits) sont reliés, se trouvent en ordre parfait et forment un fonds très-considérable d'actes et documents relatifs à l'organisation civile et militaire du pays pendant les deux ans et deux mois que dura la domination française.

* * *

Ils contiennent :—

1) *Les Ordonnances et Arrêtés de Bonaparte* qui y développa tout son génie organisateur en traçant, dans l'espace de *six jours*, les fondements d'une nouvelle organisation de l'Ile.   Dans ces ordonnances (1) Bonaparte donne aux habitants de Malte une constitution politique et sociale fondée sur les principes de la Révolution en établissant l'égalité des droits entre tous les citoyens; il abolit l'esclavage des *bonavogli, déshonorant l'espèce humaine*; il proclame la liberté des esclaves turcs; il supprime tous les titres féodaux; il procède à l'organisation des *Chasseurs-Volontaires*, il forme une *compagnie de Guides-Volontaires* (30 jeunes gens de 15 à 30 ans pris dans les familles les plus riches) et la *Légion Maltaise* (2), il organise la *Garde Civique Nationale*; il prend des mesures pour le maintien de l'ordre et des bonnes moeurs; il organise l'administration, la justice, les finances, l'instruction publique, la santé; il accorde la liberté de la presse et devient le créateur du *"Journal de Malte"* —première feuille publique du pays.   L'Ordonnance du 28 Prairial institue *La*

---

(1)   Arrêtés du général Bonaparte du 25, 27, 28, 29 et 30 Prairial, an VI (13, 15, 16, 17 et 18 juin 1798)

(2)   Cette Légion composée de 50 Chevaliers Français de l'Ordre et de 2000 soldats Maltais, fut emmenée en Egypte où elle se couvrit de gloire à la bataille des Pyramides et fut exterminée presque tout entière.

Commission de Gouvernement composée de neuf membres,
d'un Secrétaire Général et d'un Trésorier. Cette Commission a le pouvoir législatif, et se trouve à la tête de l'administration des îles. A côté de la Commission se trouve *Le
Commissaire du Gouvernement Français* qui est chargé de
l'exécution de ses actes quels qu'ils soient. Les arrêtés de la
Commission n'avaient force de loi que sur la demande du
Commissaire lequel devait faire son rapport et insérer les
conclusions de ce rapport dans sa demande.

"Ainsi"—dit Miège en parlant de ces Ordonnances de
Bonaparte—"un homme avait suffi à la conquête, au traité
" de capitulation, à l'organisation civile et militaire du pays,
" et cela en moins de huit jours, du 10 au 18 juin. Bona-
" parte venait de révéler un des côtés les plus surprenants
" de son génie ! "

2) *Les Ordonnances et lettres du Commandant en Chef
des Iles de Malte et du Goze, général de division Vaubois.*
Ce général chargé du commandement militaire avait en même
temps l'autorité suprême dans l'Ile. Tous les actes et règlements devaient être revêtus de sa signature. Il approuvait
la nomination aux emplois civils. La police territoriale et
maritime étaient également sous sa dépendance.

3) *Les Délibérations et les Arrêtés de la Commission de
Gouvernement et du Commissaire Français.* Ces "délibérations" et les arrêtés qui en sont la suite forment pour ainsi
dire le fondement et la base des réformes; c'est le mécanisme
administratif, civil et judiciaire, c'est le centre de la nouvelle
organisation de Malte tracée par Bonaparte. Aussi les attributions de cette Commission étaient-elles très variées.
Elles comprenaient : *la fixation et la perception des contributions directes et indirectes; l'organisation administrative et judiciaire; l'approvisionnement des troupes et des habitants; la
santé publique; la haute direction des finances; l'instruction
publique; la nomination à tous les emplois civils; l'organisation
municipale tracée par Bonaparte.*

* * *

La Commission de Gouvernement, comme je viens de
le dire plus haut, était composée de neuf membres, d'un
Secrétaire Général et d'un Trésorier. Le Président était
choisi parmi les membres qui exerçaient la présidence à
tour de rôle tous les six mois. Tous les actes de la Commission approuvés par le Commissaire du Gouvernement

français, portaient la signature du Président et étaient contresignés par le Secrétaire Général.

L'Organisation municipale fut constituée de la manière suivante. On créa *12 municipalités.* Les Cités Valette, Floriana, Senglea, Burmola et Vittoriosa furent réunies en *une Cité* nommée *Cité de Malte.* Elle fut divisée en deux municipalités : celle de *l'Ouest* qui comprenait Valette et Floriana, et la municipalité de *l'Est*, comprenant La Sengle, Burmola et Vittoriosa. Les dix autres municipalités étaient:— 1) *municipalité de la Cité Vieille* (qui comprenait *la Cité, le Rabbato et le Casal Dingli)*; 2) municipalité de *Zebbug;* 3) municipalité des Casaux *Fornaro* (Curmi) et *Luca;* 4) municipalité de *Naxar, Musta, et Gargur;* 5) municipalité de *Birchircara, Lia, Balzan et Attard:* 6) municipalité de *Siggieui, Crendi et Micabbiba;* 7) municipalité de *Zeitun, Zabbar, Haxach et Tarxen;* 8) municipalité de *Zurrich, Safi, Chercop et Gudia;* 9) municipalité de la *Cité du Goze;* et 10) municipalité du Canton de *Caccia* au Goze. Chaque municipalité était composée d'un président (Maire), de 4 adjoints et d'un secrétaire.

L'Organisation de la Justice commença par la création des *Juges de Paix* qui étaient au nombre de 12—un juge dans chaque municipalité. Les *Tribunaux Civils et Criminels* devaient être réorganisés en se rapprochant le plus possible du système français, mais au commencement de l'occupation la justice devait être administrée et rendue comme par le passé.

L'Administration des Finances fut divisée en deux branches: l'une comprenait les *Domaines Nationaux*—l'autre *les impôts* directs et indirects.

L'Instruction Publique—objet tout particulier des soins de la Commission—fut organisée d'après les principes de Bonaparte (1) qui établit deux degrés d'enseignement : *l'enseignement primaire*, et *l'enseignement supérieur.*

Pour tirer le peuple maltais de l'état d'ignorance dans lequel il avait été maintenu—il ordonna la création de *15 Ecoles primaires.* On y apprenait la lecture, l'écriture, les éléments du calcul, le pilotage, le français et les principes de la *morale* et de la Constitution française. Quant à *l'enseignement supérieur*, l'ancienne Université fut remplacée par une *Ecole Centrale* qui fut divisée en 8 *Classes* ou *Chaires*, nommément :

---

(1) Arrêtés du général Bonaparte du 28 et 30 Prairial an VI (16 et 18 juin 1798)

1. Chaire *d'Arithmétique et de Stéréométrie*;
2. — *d'Algèbre et de Stéréotomie*;
3. — *de Géométrie et d'Astronomie*;
4. — *de Mécanique et de Physique*;
5. — *de Navigation*;
6. — *de Chimie*;
7. — *de Langues Orientales:*
8. — *de Géographie.*

Dans la dépendance de cette école devaient être placés la *Bibliothèque*, un *Cabinet d'antiquités*, un *Musée d'histoire naturelle*, un *Observatoire* et un *Jardin botanique* de 30 arpents de terre. L'enseignement de *l'anatomie*, **de** la *médecine* et de la *chirurgie* fut commis aux officiers de Santé attachés à l'Hôpital. Trois élèves de *l'Ecole Polytechnique* furent demandés à Paris pour occuper les trois premières chaires, par une lettre adressée par le général Bonaparte au Directoire le 30 Prairial an VI (18 juin 1798).

Par un arrêté du 28 Prairial Bonaparte ordonne à la Commission de désigner 60 jeunes gens de 9 à 14 ans appartenant aux plus riches familles de Malte qui seront envoyés à Paris pour être élevés dans les collèges de la République.

* * *

Les réformes de Bonaparte *concernant le Culte et le Clergé*, furent moins heureuses et devaient certes présenter de grands dangers en arrachant brusquement un peuple, religieux jusqu'au fanatisme, à la domination d'un Ordre monastique-militaire qui exerçait son pouvoir depuis 268 ans. L'evêque de Malte, avec beaucoup de raison, signala ces dangers. Mais le Général-en-Chef ne tint pas compte de ses représentations et décréta toute une série d'ordonnances ayant pour but d'affranchir les habitants du pouvoir ecclésiastique.

Ces dispositions, ainsi que certaines autres, jetèrent un grand trouble parmi les Maltais qui craignaient l'arrivée des Français, ne voyant en eux que des hommes sans religion, ennemis des prêtres et souillés de tous les crimes.

Parmi les atteintes portées aux idées religieuses des habitants, l'une des plus sensibles fut la permission accordée par le Gouvernement français aux Juifs d'établir une synagogue à Malte.

Aussi fut-il facile aux prêtres de dépeindre les Français comme des brigands, qui devaient saccager l'île et détruire les églises et de provoquer ainsi le mécontentement du peuple. Les ennemis des Français n'attendaient d'ailleurs qu'une occasion pour faire éclater l'insurrection.

L'incident fâcheux de Città Vecchia fut l'étincelle qui mit le feu aux poudres.

* *

Le 16 Fructidor, an VI (2 septembre 1798) les habitants de la campagne s'insurgèrent à l'occasion de la fermeture de l'église des Carmes de la Cité Vieille dont les autorités françaises avaient donné l'ordre malencontreux de vendre aux enchères quelques tapisseries et d'autres objets. Le peuple protesta d'abord, puis se révolta. Le Commandant français de la Cité Vieille fut tué par la populace et la petite garnison française massacrée.

Ce fut le commencement de l'insurrection des Maltais.

Cet incident est généralement cité par tous les écrivains contemporains et postérieurs de Malte.

Mais, d'autre part, il existe un fait dont aucun auteur n'a fait mention jusqu'à présent et qui nous prouve que, dans la suite, les autorités françaises changèrent d'attitude dans la question du culte et désavouèrent, pour ainsi dire, le point de vue révolutionnaire.

Ce fait intéressant se trouve constaté dans l'arrêté de la Commission en date du 27 Brumaire, an VII (17 novembre 1798) que nous citons ici textuellement :

"La Commission de Gouvernement délibérant sur la "proposition faite par le Commissaire du Gouvernement de "rouvrir l'Eglise de St. François, pour la commodité publi-"que, arrête qu'elle sera réunie à la confrérie de la Con-"ception *pour y faire célébrer* à ses frais *les fêtes et cé-*"*rémonies du culte catholique sous la direction de l'Evêque* "de qui elle en recevra les clefs, qui lui ont été remises.

"La Commission délibérant ensuite sur *la conduite à* "*tenir par les autorités constituées dans tout ce qui a rap-*"*port au culte,* arrête : qu'il sera écrit aux deux municipa-"lités de la Cité de Malte *pour les inviter d'assister à* "*l'office de leurs paroisses respectives dans les fêtes principa-*"*les de l'année* et d'accepter même les invitations qu'on lui "feroit d'intervenir, autant que le service le leur permettra,

‘‘aux fêtes solennelles des autres églises de leur arrondis-
‘‘sement.’’ (1)

***

Telles furent les attributions de la Commission de Gouvernement qui, sous la direction suprême du général Commandant en Chef, dirigeait toute l'administration de l'île,
nouvellement créée par Bonaparte.

Qui donc étaient ses agents? Nommons en premier
lieu *le Commissaire Français* qui, par ses talents et son
zèle infatigable, guidait et dirigeait les travaux de cette
institution: le Citoyen *Regnaud de Saint-Jean d'Angely* (2)

C'est lui qui, grâce à ses connaissances étendues en
administration et à son expérience, devint le véritable créateur
des nouvelles institutions et de toute la machine administrative du gouvernement civil.

Le Président de la Commission élu parmi ses membres,
fut le Commandeur *Jean de Bosredon de Ransijat*, ancien
Grand Croix et secrétaire du Trésor de l'Ordre, désigné à ce
poste par Bonaparte lui-même, grâce à ses idées favorables
à l'occupation française. C'est de sa main que sont signés
tous les actes et arrêtés de la Commission qui se trouvent
aujourd'hui dans nos Archives. Possédant des connaissances
dans les affaires financières, jouissant d'une certaine influence dans le pays, bon travailleur, non sans ambitiotn,
doué d'un grand esprit d'intrigue—telles furent les qualiés
de cet homme, destiné à jouer un rôle très-considérable pendant l'époque de l'occupation française. Après l'évacuation
de Malte par les Français il revint en France où, en 1802,
il publia à Paris son *Journal du Siège et Blocus de Malte*
pour se disculper des accusations portées contre lui par le
Grand-Maître *Hompesch* et quelques Chevaliers de l'Ordre.
Ce livre fut réimprimé à Malte en 1837.

Tous les actes de la Commission portant la signature de
Ransijat étaient contre-signés par le *Secrétaire Général—
Doublet*—qui était la vraie cheville ouvrière de la Commission et qui rédigeait la plupart de ses actes et différents
ordres. Il était aussi attaché au service de l'Ordre où il
jouissait même d'une certaine influence en sa qualité de
Chef de la Secrétairerie Française du Grand-Maître. . D'ori-

---

(1) Régistres des Délibérations de la Commission de Gouvernement, Tome III, pag. 261.

(2) Plus tard Ministre d'Etat et Comte de l'Empire.

gine modeste, fils d'un jardinier d'Orleans, il reçut son éducation dans un établissement religieux et était probablement destiné à entrer dans les Ordres. En 1779 le destin l'amèna à Malte; il entra comme soldat au régiment d'infanterie qu'il quitta en 1782 avec le grade de premier Sergent pour entrer dans les bureaux du secrétariat du Grand-Maître. Il sut bientôt se rendre utile et même se distinguer à tel point qu'il fut affilié à l'Ordre en qualité de *Confratello* ou *Donat* avec droit de porter la croix à six pointes en or émaillé. En 1784 il épousa une Maltaise *Elisabeth Magri* dont il eut sept enfants. C'est à partir de cette époque que son rôle commence à se dessiner et, en 1798, au moment de l'arrivée des Français à Malte, il occupait le poste assez important de chef de la Secrétairerie du Grand-Maître Hompesch. La part de plus en plus prépondérante qu'il prit, jusqu'en 1798, à la direction des travaux du Secrétariat, le mirent à même *de décrire*, en toute connaissance de cause, les événements qui marquèrent la décadence et la chute de l'Ordre, ainsi que les premiers temps de l'occupation française. Témoin oculaire des derniers jours de l'Ordre, il fut du nombre de ceux qui allèrent à bord de *l'Orient* et assistèrent aux pourparlers de Bonaparte avec les Délégués de l'Ordre quand fut signée la Capitulation. Bonaparte lui proposa de le suivre en Egypte, mais il refusa à cause de sa famille et fut nommé Secrétaire Général de la Commission.

Le 21 Brumaire, an VII (11 novembre 1798) il fut choisi pour remplir les fonctions de Commissaire du Gouvernement à la place de Regnaud de Saint-Jean d'Angely qui était parti pour la France.

Ayant quitté Malte après le départ des Français il arriva à Rome où il passa dix ans d'une façon précaire en donnant des leçons de français. En 1820 il arriva à Marseille et alla trouver le marquis de Panisse, ancien Chevalier de Malte, qui le secourut généreusement. Par reconnaissance, Doublet lui fit présent du manuscrit de ses *Mémoires* qui sont restés pendant 70 ans dans les archives de la famille Panisse. Plusieurs historiens en ont profité en en faisant des extraits.

En 1883 le petit-fils du marquis, *le comte de Panisse-Passis*, publia le manuscrit de Doublet sous le titre : *"Mémoires historiques sur l'invasion et l'occupation de Malte par l'Armée Française en 1798, par Pierre-Jean-Louis-Ovide Doublet, chef de la Secrétairerie Française du Grand-Maître. Orné d'un portrait de l'auteur, Paris 1883."*

Les autres huit membres de la Commission de Gouvernement étaient : Le *Chanoine* de la Cathedrale Don *Saverio Caruana* (1) qui fut désigné par Bonaparte dans le désir d'associer le clergé à l'action gouvernementale ; l'ancien jurat de l'Université le *baron Jean François Dorell* ; le Docteur *Vincent Caruana*, Secrétaire de l'Evêque et littérateur distingué; le Docteur *Benoît Schembri*, ancien auditeur du Grand-Maître et Président du *Magistrat de Justice* ; le Docteur *Paul Grungo*; le notaire *Cristoforo Frendo*, homme instruit et très estimé par ses concitoyens ; le négociant *Paul Ciantar* et le propriétaire *Charles Astor*; le *comte Jean-François Sant* fut nommé *Trésorier* de la Commission.

Tels furent les principaux personnages du Gouvernement Civil.

* * *

Le Commandement militaire et l'autorité suprême dans les deux îles furent confiés par Bonaparte au général de division *Vaubois* avec le titre de *Commandant-en-Chef des Iles de Malte et du Goze.* C'est lui que le Général-en-Chef de l'expédition française mit à la tête des troupes qui occupèrent la ville et les forts de Malte le surlendemain de leur débarquement dans l'île.

La bravoure, la probité, les nobles sentiments et l'esprit de conciliation que ce général manifesta pendant les deux années de son commandement suprême à Malte, lui valurent l'admiration de ses compatriotes, les sympathies des Maltais, le respect et l'estime de ses ennemis. Cet homme, dont l'histoire de France se glorifie à juste titre, (2) fut un des compagnons d'armes de Napoléon. Descendant d'une ancienne famille de Champagne, *Claude-Henry Belgrand de Vaubois*, est né à Clairvaux en 1748. Elève de l'Ecole d'Artillerie à Auxonne en 1769 (date de naissance de Napoléon) il devint Capitaine au régiment de La Fère où il connut Bonaparte comme Lieutenant en second, et Lieutenant en premier à Valence. Il prend part aux campagnes de 1792, 1793, 1794, et 1795. En 1794 il est général de brigade et est envoyé à l'Armée des Alpes. Général de division en

---

(1) Le Chanoine François-Xavier Caruana, plus tard un des Chefs de l'insurrection Maltaise, fut élevé à la dignité d'Evêque de Malte en 1831.

(2) Le nom du général comte de Vaubois est inscrit au côté sud de l'Arc de triomphe de l'Etoile.

1796 il prend une part active à la première campagne d'Italie de Bonaparte qu'il trouve Général en Chef, et se distingue à Arcole. Bonaparte apprécie les qualités de son ancien chef et choisit Vaubois pour faire partie de l'expédition d'Egypte. Il le laisse commandant en chef à Malte avec 4,000 hommes. A peine est-il dans l'île, que Malte se trouve bloquée par l'escadre Britannique, Napolitaine et Portuguaise ; les communications avec la France et l'Egypte sont interrompues, les habitants de l'île se soulèvent et forcent la garnison française à se retirer dans la Cité Valette. Le blocus et le siège durent jusqu'au 5 septembre 1800 ; vaincu par la famine, après avoir consommé ses dernières onces de pain, ayant perdu tout espoir de secours, le général Vaubois signe la capitulation de la place.

Les troupes françaises défilèrent avec les honneurs de la guerre et furent reconduites en France sur des bâtiments anglais.

Pendant que la garnison de Malte soutenait cette lutte héroïque, Bonaparte devenu Premier Consul, donnait à Vaubois un témoignage de reconnaissance nationale en le présentant le 18 juillet 1800 comme candidat au Sénat Conservateur.

Voici cette lettre adressée au Sénat :—

"Sénateurs :

" Depuis deux ans la garnison de Malte résiste aux " plus grandes privations. En prêtant serment au pacte " social, les soldats de la garnison de Malte ont juré de "tenir jusqu'à la dernière once de pain et de s'ensevelir "sous les ruines de cette forteresse.

" Le Premier Consul croit ne pouvoir donner une plus " grande preuve de satisfaction du peuple français et de "l'intérêt qu'il porte aux braves de la garnison de Malte " qu'en Vous proposant le général Vaubois qui la com· " mande, pour une place au Sénat Conservateur."

Le 27 juillet Vaubois fut nommé membre du Sénat.

En 1801 à l'âge de 53 ans il fut admis à la retraite après 33 ans de service. En 1808 Vaubois fut créé comte de l'Empire. En 1809, à la descente des troupes anglaises dans l'île de Wälcheren, il fut remis pour quelque temps au service actif et chargé d'un commandement à Ostende.

LE GÉNÉRAL COMTE DE BELGRAND DE VAUBOIS
(1748 - 1839)

Créé Pair de France sous Louis XVIII il quitta le service à cause de ses infirmités et mourut à Beauvais en 1839, à l'âge avancé de 91 ans.

* * *

Les documents concernant *les opérations militaires* pendant le blocus et le siège de Malte ne se trouvent pas dans nos Archives. Ils font partie d'un *manuscrit*, entièrement écrit de la main du général Vaubois, ayant pour titre "*Régistres d'Ordres et de correspondance du siège de Malte.*" Ils contiennent l'enregistrement quotidien des ordres du général Vaubois, de ses proclamations aux habitants, sa correspondance, ainsi que les sommations et les réponses qui y furent faites. Tous ces actes ont été emportés en France par le général lors de son départ de Malte.

Ces documents n'ont pas été publiés dans toute leur étendue, mais quelques extraits parmi les pages les plus intéressantes du manuscrit de Vaubois se trouvent dans le *Carnet de la Sabretache* que j'ai eu l'occasion de consulter à l'époque de mon séjour à Paris pendant les recherches que j'ai faites à ce sujet dans la Bibliothèque Nationale (1).

* * *

Voici l'exposé, tant soit peu bref et incomplet, de ces documents dont on peut apprécier la valeur historique.

Je passe maintenant au thème posé en tête de ce fascicule, c'est-à-dire *à la Fête du 14 Juillet célébrée à Malte le 26 Messidor an VI*, telle qu'elle se trouve décrite dans les documents originaux de nos Archives.

Quelques mots d'abord sur l'origine de cette fête nationale française.

* * *

La date du 14 Juillet qui plus tard, en 1880, fut choisie par le Gouvernemeut de la troisième République pour être

---

(1) *Hardman*, dans son "History of Malta" éditée par J. Holland Rose en 1909 fait mention (page 556) du manuscrit de Vaubois conservé dans Les Archives Nationales (AF. III. 53·) auquel il donne le titre : "Journal du Siège de Malte" ; il en publie un extrait très détaillé.

la *fête nationale française*, n'est pas seulement célébrée comme l'anniversaire de la prise de la Bastille en 1789 ; c'est plutôt la fête commémorative de la *journée du 14 Juillet 1790*,—date à jamais mémorable, connue dans l'histoire sous le nom de *Fête de la Fédération Nationale*, célébrée au Champ de Mars par décret de l'Assemblée Nationale. Cette Fête, loin d'être une révolution qui séparât les classes de la nation, avait un caractère d'une fédération entre les villes diverses et les provinces en manifestant une tendance à fondre pour ainsi dire les patries locales en une seule Patrie. C'était la *fête du nationalisme français par excellence* qui groupa toutes les classes de la société, tous les partis en face du danger commun d'une invasion étrangère. Cette fête suscita un enthousiasme indescriptible. Talleyrand—encore Evêque d'Autun à cette époque—avait dit la messe sur *l'Autel de la Patrie*. Les Fédérés, par l'organe de La Fayette, leur président, jurèrent d'être fidèles à la loi et au Roi. Le Président de l'Assemblée Nationale prêta le même serment. Le Roi s'exprima ainsi : *Moi, Roi des* " *Français, je jure d'employer tout le pouvoir qui m'est dé-* " *légué par la Loi à maintenir la Constitution décrétée par* " *l'Assemblée Nationale et acceptée par moi, et à faire exécu-* " *ter la Loi.* Ce serment fut accueilli par des acclamations. Tous les fédérés s'embrassèrent. La Patrie fut visible et on eut l'illusion de croire que la Révolution était terminée; l'enthousiasme était général. Au banquet de 25000 couverts offert par la Commune de Paris, assistaient 14000 délégués venus des départements. Le même jour chaque ville, chaque village dans la France entière prenait sa part dans l'allegresse nationale et avait sa fête.

L'anniversaire du 14 Juillet sanctifié par cette fête unique dans l'histoire, est resté, depuis, *la fête républicaine par excellence*, qu'on célébra les années suivantes.

* * *

Ils est donc tout naturel que les autorités françaises de Malte se soient mises à même de célébrer dignement cette journée mémorable qui pour tous les Français est la Fête de la Liberté ; l'arrêté de la Commission ajoute qu' " il sera plus doux de la célébrer en y réunissant les Maltois qui sont devenus leurs frères. "

Ce fut *Regnaud de Saint-Jean d'Angely*, Commissaire du Gouvernement français qui prit l'initiative de l'organisation de cette solennité et qui invita la Commission à prendre à cet égard les mesures nécessaires.

Ces mesures ainsi que la description officielle de le Fête forment tout un dossier d'arrêtés, d'ordres, de lettres et d'autres pièces concernant le 14 Juillet, lesquels rangés en ordre chronologique constituent le premier fascicule des documents que nous publions sous le titre général *d'Actes et documents relatifs à l'Occupation Française de Malte pendant les années 1798-1800.*

Voici un bref extrait de ces documents.

* * *

En conséquence des indications du Commissaire du Gouvernement, la Commission dans sa séance du 13 Messidor an VI (1 juillet 1798) décréta :

1) La Fête du 14 juillet sera célébrée avec toute la solennité digne de son objet;

2) Toutes les autoritées de la ville y seront invitées;

3) Les Municipalités seront invitées à y envoyer un Député;

4) L'Evêque de Malte y sera invité;

5) Il sera par extraordinaire doté quatre pauvres filles aux frais du Gouvernement lesquelles seront mariées le jour de la Fête à l'église de St. Jean;

6) La Commission de Gouvernement prie le général Vaubois de se charger avec son Etat-Major de prend re au nom de la Grande Nation la direction de cette Fête, d'aider les Maltais à célébrer dignement la Liberté dont les Français leur ont assuré la jouissance;

7) La Commission fera imprimer, d'après les instructions du général Vaubois, le *Programme de la Fête*;

8) La Commission instruira ses concitoyens par une *Proclamation* de l'objet de cette Fête où l'ordre, la décence, le respect des moeurs, de la propriété et des lois doivent s'unir à la joie d'une réunion paisible et fraternelle;

9) Les courses à pied et à cheval qui avaient lieu le jour de la St. Jean se feront le 14 Juillet. Les vainqueurs auront une place à la cérémonie de la *Plantation de l'Arbre de la Liberté*;

10) Le présent arrêté sera publié dans les deux langues *(Français et Italien)*, imprimé, affiché et envoyé aux muniipalités.

* * *

Dans sa séance du 11 Messidor (6 juillet) la Commission approuve le rapport de la municipalité de l'Ouest *sur le changement de noms à donner aux portes, places et rues* de la Cité formant son arrondissement (Valette et Floriana.)

D'après cet arrêté les portes, places et rues de Valette reçurent les dénominations suivantes (1) :—

Le Palais des ci-devant Grand-Maîtres fut nommé *Palais National*

La *Place du Palais*	*Place de la Liberté*
La *Rue* et la *Porte Royale* ...	*Rue* et *Porte Nationale*
La *Place della Conservatoria*	*Place de l'Egalité*
Strada Tesoreria	*Rue de l'Egalité*
Strada Zaccaria	*Rue de la Victoire*
Strada Federico	*Rue de Brutus*
Strada S. Giovanni	*Rue du Peuple*
Strada Santa Lucia	*Rue des Défenseurs de la Patrie*
Strada Teatro	*Rue de la Fraternité*
Strada Vescovo	*Rue des Libérateurs*
Strada Cristoforo	*Rue de Droits de l'Homme*
Strada S. Domenico	*Rue des Patriotes*
Strada S. Nicola	*Rue des deux Balles*
Strada Britannica	*Rue de la Felicité Publique*
Strada Mezzodì	*Rue du Génie*
Les rues *Scozzese* et *Ponente*	*Rue des Moulins à Vent*
Le Palais de la Castellanie	*Palais de Justice*
Strada Zecca	*Rue de La Monnaie*

Dans le faubourg de *Floriane* il n'y avait qu'un nom qui rappelât l'ancien gouvernement aristocratique — celui de la *Rue* dite de *Cottoner* ou *Royale* qui fut changé en *Rue de Mannarino* (2).

Pendant la même séance du 18 Messidor la Commission de Gouvernement prend la décision de faire "une invitation fraternelle" à tous les "ex-nobles" et autres personnes

---

(1) La plupart de ces rues que nous désignons ici sous leur dénomination d'aujourd'hui, avaient à cette époque d'autres noms tels que : rue de *Provence*, de *Castille*, d'*Italie*, du *Prieur*, des *Chevaliers*, de l'*Hôpital* etc. Tous ces noms ainsi que ceux de Saints devaient cesser d'exister en vertu de cet Arrêté.

(2) *Gaetano Mannarino*, prêtre Maltais a été le chef d'une rébellion connue dans l'histoire de Malte sous le nom de "Révolte des Prêtres" qui avait eu lieu le **8** septembre 1755, du temps du Grand-Maître Francesco Ximenes de Texada. Mannarino fut emprisonné au fort St. Ange (Vittoriosa) et liberé par Bonaparte en 1798.

Prise de Malte

Débarquement de Bonaparte

qui ont reçu de l'ancien Gouvernement des chartes, des diplômes, des brevets, des brefs et autres *titres honorifiques* de les apporter le jour du 14 juillet, *pour être brûlés au pied de
l'Arbre de La Liberté.*

Le 19 Messidor (7 juillet) la Commission informe le
général Vaubois que la municipalité du Goze demande si
elle doit planter l'Arbre de La Liberté et s'en rapporte à ce
sujet à la décision du Général Commandant.

Le 22 Messidor (10 juillet) la Commission décide que
les courses qui se faisaient le jour de la St.-Jean, se feront
le 14 Juillet avec le concours de la municipalité de l'Ouest et
du Grand Vicomte.

Le Commissaire du Gouvernement Français fait la lecture du *Programme de la Fête du 14 Juillet* qu'il a redigé
en ces termes:—

LIBERTÉ   ÉGALITÉ

RÉPUBLIQUE FRANÇAISE.

PROGRAMME DE LA FÊTE NATIONALE DU 14 JUILLET.

—

La Garde Nationale, les Troupes de ligne, les Chasseurs
se réuniront sur *la Place Nationale*, et sur celle *de la Liberté* à
trois heures après-midi.

A quatre heures on fera les courses et la distribution
des prix.

Cette distribution finie, les Municipalités viendront prendre
le Commissaire Français et la Commission de Gouvernement.

Tous ensemble se rendront chez le Général de Division
Commandant en Chef où son État-Major sera réuni.

On partira du Palais National pour se rendre sur le Port
dans l'ordre suivant.

1° Un détachement de Grenadiers Français précédé de
Tambours;

2° Un détachement de Chasseurs Maltais, précédé de
ceux qui auront remporté le prix de la Course;

3° Les deux Municipalités de l'Est et de l'Ouest et les
Députés des Municipalités du dehors;

4° Les Administrations diverses, celle de la Santé et
tous les Maltais ayant reçu l'autorisation de porter l'uniforme
national;

5° Les six jeunes Aspirants de la Marine, nommés pour partir sur les vaisseaux de la République;

6° Un détachement de Troupes Françaises avec tous les Tambours et la Musique;

7° La Commission de Gouvernement précédée de ses huissiers avec l'Evêque de Malte;

Les quatre jeunes filles mariées le jour même, et leurs maris;

8° Le Général de Division, le Commissaire du Gouvernement et les Généraux de Brigade, le Commandant de la Place, les Commissaires-Ordonnateurs de la Marine et des Guerres (*sic*), enfin tout l'État-Major;

9° Un détachement de Grenadiers Français. La haie sera bordée (*sic*) par la Garde Nationale, mélée à la Troupe de ligne.

Le cortège partira dans cet ordre et se rendra au Port. Le Commandant d'Armes avec son État-Major et l'Ordonnateur de la Marine y seront sur le pont d'un des vaisseaux de la République. Tous les vaisseaux du port seront pavoisés.

Le Général de Division Commandant et son État-Major iront avec le Commissaire et la Commission de Gouvernement à bord du vaisseau Amiral.

On y arborera le Pavillon Tricolore qui sera salué par les canons des vaisseaux et des forts.

L'Ordonnateur de la Marine remettra aux six Aspirants Maltais le Pavillon qui devra être hissé à l'Arbre de La Liberté pour l'apporter sur la place.

Le cortège reviendra sur la place de La Liberté, en passant par la *Rue des Droits de L'Homme* (Cristoforo) et dans le même ordre qu'à l'aller. L'État-Major de la Marine se réunira au retour à celui de terre.

Le Général de Division prendra place le premier sur l'Autel de La Patrie, avec les Généraux de Brigade, le Commissaire du Gouvernement, la Commission et les Autorités Constituées.

On chantera les Hymnes et on fera entendre les airs guerriers chers aux Français.

On arborera le Drapeau Tricolore au haut de l'Arbre de La Liberté.

Le Drapeau sera salué par l'artillerie des remparts. Le Général de Division sera reconduit au Palais National par toutes les Autorités Constituées.

La ville sera illuminée.

Il y aura un orchestre sur la place de La Liberté. Les soldats et sous-officiers recevront le lendemain un jour payé de gratification.

$*^*_*$

Dans sa séance du 23 Messidor (11 juillet) la Commission arrête :

Qu'une jeune fille du Goze sera aussi dotée aux frais du Gouvernement; que sa dot sera de 100 Écus; qu'elle sera choisie parmi les filles du Conservatoire du Goze et que son mariage sera célébré dans l'église principale du Goze, le jour de la Fête du 14 Juillet où sera planté l'Arbre de La Liberté.

Il se trouvait en ce moment à Malte deux personnages, arrivés de France, dont l'un surtout venait de jouer un rôle très important pendant la Révolution française. C'était le célèbre Conventionnel *Tallien* qui pendant la crise du 9 Thermidor (1) (27 Juillet 1794) contribua à la chute de Robespierre et le général *Lanusse* qui se distingua pendant la première campagne de Bonaparte en 1796.

Le Commissaire Français, Régnaud de Saint-Jean d'Angely, en informa la Commission de Gouvernement qui aussitôt leurs addressa la lettre suivante :

"Citoyens !

"La Commission vient d'apprendre avec plaisir qu'un "hazard heureux Vous a amenés dans ce port. Un des vain-"queurs d'Italie et un des vainqueurs de Thermidor ajouteront "par leur présence à la joie commune en la partageant ainsi "que leurs compagnons. La Commission se félicite d'être en "ce moment l'organe de ses Concitoyens en vous invitant à la "Fête Nationale du 26 Messidor. Salut et fraternité."

(Signé) BOSREDON RANSIJAT."

$*^*_*$

La veille du 14 juillet, dans sa séance du 25 Messidor, la Commission de Gouvernement, sur la proposition de la Municipalité de l'Ouest, prend un arrêté *d'ouvrir un régistre plébiscitaire* pour inviter tous les habitants des deux îles qui désireraient leur réunion à la République Française à se faire inscrire dans ce registre. L'article premier de cet arrêté était conçu en ces termes :

---

(1) Sa femme (plus tard Princesse de Chimay) connue par son esprit reçut le surnom de "Notre Dame de Thermidor."

“Tout Citoyen Maltais est libre de manifester son désir de voir son pays réuni à la République Française.”

A la fin de la séance le Secrétaire Général de la Commission, Doublet, fit la lecture d'une *Proclamation* sur la Fête du 14 juillet adressée aux habitants, qui devait être dans les deux langues, affichée et envoyée dans toutes les municipalités.

Voici le texte de ce document intéressant :

LIBERTÉ   ÉGALITÉ

LA COMMISSION DE GOUVERNEMENT

DES ILES DE MALTE ET DU GOZE À SES

CONCITOYENS !

Le moment est enfin arrivé pour nous, Citoyens, d'être honorés de L'Auguste nom d'hommes libres ! L'invincible BONAPARTE l'a voulu et cela s'est fait. Sa présence a suffi pour consterner et faire fuir vos tyrans, et pour vous délivrer du joug absurde et accablant de la triple juridiction sous laquelle vous gémissiez.

Dans le peu de jours que ce Vainqueur généreux est resté parmi vous, il ne s'est occupé, Citoyens, que des moyens d'assurer votre liberté, votre bonheur et celui de vos enfants, en choisissant soit dans son Armée, soit parmi vos concitoyens les Chefs et Magistrats qu'il a cru les plus propres à remplir cet objet. Accordez-leur toute votre confiance, reposez-vous sur la bonne harmonie qui règne entre eux et tous leurs moments vous seront consacrés.

Au moment de son départ BONAPARTE voyait en vous un peuple digne d'être réuni à la GRANDE NATION ! Célébrez aujour'hui avec transport la Fête de La Liberté; montrez à l'Armée Française votre reconnaissance pour le HÉROS qui l'a conduite tant de fois à la Victoire, que son Nom soit dans toutes les bouches et reste à jamais gravé dans vos coeurs !

Propriétaires et négociants qui connaissez les besoins de ceux de vos concitoyens qui ne vivent que de leur travail; ouvrez-leur vos ateliers, accordez-leur des secours dans ce jour d'allégresse; faites que chacun d'eux s'applaudisse du règne de la LIBERTÉ, et prenne part à la joie publique.

Et vous, Ministres du Culte, bienfaisants par devoir et par caractère, servez-vous de vos lumières et du crédit que vous avez sur le peuple pour l'exciter à l'amour du travail, mais surtout pour élever son esprit à la hauteur des circonstances actuelles ! Ce ne sera qu'en lui faisant aimer la LIBERTÉ, abjurer ses préjugés, et en l'éclairant sur les devoirs sociaux, que vous réussirez à vous rendre utiles, et que vous vous ferez estimer des Chefs Militaires et du Gouvernement.

Que le beau jour où va être planté L'ARBRE de la LIBERTÉ ne fasse de l'armée française et des Maltais qu'un peuple de Frères ! Qu'on les voie entr'eux s'embrasser, se féliciter, se réjouir du bonheur tant désiré de ne plus faire ensemble qu'une même Nation, et d'être devenus sous le Gouvernement paternel de la République les enfants d'une même famille !

Que les airs patriotiques si chers à l'Armée, que les chants de la LIBERTÉ qui ont fait du peuple Français un peuple de Héros, retentissent dans toutes les places et dans toutes les maisons maltaises ! Vive la LIBERTÉ ! Vive à jamais la RÉPUBLIQUE FRANÇAISE !

*
* *

La Fête Nationale du 26 Messidor, ainsi que la plantation de l'Arbre de La Liberté, furent célébrées à Malte avec grande pompe.

La *Relation officielle* de cette solennité fut écrite par le Secrétaire Général de la Commission de Gouvernement et lue par lui pendant la séance du 28 Messidor, et la Commission décida qu'elle sera transcrite au Registre des Délibérations dont je fais ici un extrait.

*
* *

Le 14 juillet 1798, à 9 heures du matin la Commission s'est rassemblée au lieu de ses séances. Les deux Municipalités de la Cité de Malte y arrivèrent aussi, précédées des quatre jeunes filles dotées par le Gouvernement et de leurs futurs époux. Voici leurs noms.

1. Victoire Volflomier à marier avec Blaise Marthe
2. Consolée Arrighi ... ... François Calderoni
3. Claire Decelis ... ... Joseph Cutajar
4. Elisabeth Decelis (?) ... Laurent Galea.

La Municipalité les ayant présentées au Commissaire Français, le Président de la Commission, Bosredon Ransijat, leur adressa la parole en ces termes :

"Jeunes Citoyennes ! Le Gouvernement en vous choi-
"sissant parmi vos compagnes pour vous faire partager
"d'une manière éclatante la joie publique dans ce jour
"auguste, a voulu moins récompenser en vous la beauté,
"que le mérite et la vertu. Portez dans vos ménages
"les mêmes sentiments d'honneur et d'amour du travail qui
"vous animaient dans la retraite. Mais surtout n'oubliez
"pas que la Patrie, en vous dotant, a le droit d'attendre
"de vous que vous employerez tous les moyens possibles
"pour être bonnes épouses, mères tendres, et citoyennes
"remplies de patriotisme.

"Et vous, Citoyens, déstinés à partager la tendresse
"de celles dont le sort va être lié au vôtre, souvenez-vous
"que ce sexe charmant doit être traité avec douceur, et
"que la constance dans les bons procédés est pour le moins
"aussi propre que l'amour à entretenir la paix et la bonne
"harmonie dans les mariages."

Après ce discours tous les assistants précédés d'une troupe de musiciens jouant des airs républicains se rendirent chez le Général Vaubois, Commandant en Chef, et de là allèrent avec ce Général à l'Église Co-Cathedrale (ci-devant St. Jean) où l'Evêque (Vincenzo Labini), après avoir marié les jeunes filles, célébra la messe qui se termina par un *Te Deum* en musique. Tout l'État-Major de la garnison ainsi que les Citoyens Lanusse et Tallien, arrivés l'avant-veille de Toulon, et un peuple immense assistèrent à cette touchante cérémonie, à l'issue de laquelle le cortège reconduisit chez lui le Général Vaubois.

A quatre heures commencèrent les Courses dont les prix furent distribués par la municipalité à tous les vainqueurs. Toute la garnison, les Chassèurs Maltais et la Garde Civique étaient sous les armes; l'affluence de la population venue de la ville et de toutes les campagnes, la présence du beau sexe dont les fenêtres et les balcons étaient garnis formaient le coup-d'oeil le plus imposant.

Après la distribution des prix la municipalité vint à la Commission où étaient rassemblées toutes les autres Autorités Civiles, et on se mit en marche dans l'ordre préscrit par le Programme vers le Palais pour prendre le Général Vaubois. Ce général ayant donné l'ordre de la marche, tous les corps militaires s'ébranlèrent pour descendre à *la Marina* où des chaloupes étaient préparées pour conduire à bord du *Vaisseau Amiral* le Général de Division, sa suite, la Commission et toutes les Autorités constituées. Sur le Vaisseau, le Commissaire Ordonnateur de la Marine, *Ménard*, ayant fait avancer les *six jeunes Aspirants de la Marine, Maltais*, il leur adressa un discours, après quoi, ayant reçu leur serment, il leur confia le Drapeau qui devait être arboré á *L'Arbre de la Liberté*. Le Général Vaubois prononça aussi un discours. Le pavillon d'Amiral fut hissé en haut du grand mât et tous les canons des forts de la ville et des bâtiments du port le saluèrent.

De la Marine on remonta dans le même ordre à la *Place d'Armes* sur laquelle à côte de L'Arbre de la Liberté avait été dressé en forme pyramidale *L'Autel de la Patrie.*

Le Général Vaubois, le Commissaire Français et la Commission se placèrent successivement sur les degrés de l'Autel de la Patrie en face de l'Arbre de La Liberté. Toutes les troupes réunies sur la place formèrent un double bataillon carré.

La musique militaire se tut, il se fit le plus grand silence et le Général Vaubois prit la parole en ces termes :

" Peuple de Malte! A peine le despotisme a-t-il disparu de
" votre île qu'une occasion se présente où les Français vos
" libérateurs peuvent vous exprimer la satisfaction qu'ils
" éprouvent de l'adoption de nouveaux frères. Cet Arbre qui
" vient de s'élever majestueusement, vous appelle sous son
" ombre pour affirmer la Liberté naissante, dont les Français
" veulent que vous jouissiez avec eux. Purifions par cette
" auguste cérémonie cette place où tant de braves citadins
" étaient exposés aux insultes de ces êtres que la vue seule des
" hommes Libres a foudroyés. C'est ici qu'ils s'assemblaient,
" qu'ils s'entretenaient de projets sinistres; c'est ici qu'ils inven-
" taient de fausses nouvelles pour les répandre dans le peuple,
" qu'ils exprimaient leur haine contre les héros de la Liberté".

" Quelle différence aujourd'hui! Les agents qui vous
" gouvernent au nom de la République Française à la vue de
" cet arbre qu'ils ont enraciné en tant d'endroits, se promettent
" encore d'en étendre la plantation pour le bonheur général.

" Frères de l'île de Malte ! Ouvrez les yeux sur vos
" déstinées futures: ne voyez-vous pas qu'avec un gouverne-
" ment libre et votre position heureuse dans la Méditerranée,
" votre île devient l'entrepôt du Levant? Alors plus de
" misérables dans cette île ! Si vous sentez ces avantages
" je me persuade que vos âmes retrempées vont prendre une

" énergie salutaire et si les ennemis insultaient vos côtes,
" courez avec moi au rivage; qu'ils périssent sur votre sol et
" que leur retraite précipitée en ensevelisse un grand nombre
" dans les flots !

" Et vous mes frères d'armes, voyez ces nouveaux con-
" citoyens avec le plus grand intérêt; non seulement vous
" devez respecter leurs proprietés, mais aussi empêcher que
" des mauvais sujets (car malheureusement il s'en trouve
" partout) ne fassent le moindre tort à ce peuple industrieux et
" tranquille. Continuez à être terribles dans les combats, mais
" la victoire gagnée, faites succéder de suite à votre ardeur
" guerrière la bienveillance, la douceur et la fraternité."

Ce discours obtint les plus grands applaudissements de
la foule et provoqua des sentiments de sympathie envers le
Général Vaubois, sentiments qui lui furent conservés même
après la révolution, par une grande partie du peuple maltais.

Ce fut le tour du Commissaire du Gouvernement Français,
Regnaud de Saint-Jean d'Angely. Son discours, profondé-
ment médité et rédigé dans le style des philosophes du
XVIII siècle, fut un panégyrique des victoires de la Révolution et un acte d'accusation contre la tyrannie du gouvernement de l'Ordre.

" Jour auguste de La Liberté !"—dit-il—"je te salue !
" Que de peuples jadis esclaves, ralliés sous ta bannière, sont
" décorés de tes étendards! Du Danube à l'Adige, depuis le
" Rhin jusqu'au Tibre ; du Luxembourg à Léoben; des rem-
" parts de Mayence aux rochers du Capitole, l'oeil fier de
" l'Homme Libre se repose avec orgueil sur ces couleurs
" sacrées qui forment le Drapeau de la Liberté et de la Vic-
" toire, L'Étendard de La Philosophie et de L'Humanité."

S'adressant ensuite aux députés des municipalités :
" Maltais !"—dit-il—"écoutez les paroles que le Gouverne-
" ment Français vous adresse par mon organe. Vous êtes
" libres par Lui, par Lui vous deviendrez heureux ! Votre
" prospérité, comme votre indépendance, seront son ouvrage."

"Comparez votre situation présente à votre état passé.
" D'orgueilleux despotes vous opprimaient sans ménagement et
" sans pudeur. Il fallait pour prendre part au gouvernement
" être né sur le continent; il fallait être étranger pour avoir
" du pouvoir. Le libre usage de vos places publiques vous
" était interdit, et vos despotes punissaient le citoyen paisible
" qui osait fouler le même pavé sur lequel ils promenaient leur
" vanité désoeuvrée.

"Vouliez vous franchir les mers, vos maîtres avaient fait
"une prison de votre île et vous ne pouviez en sortir sans
"tomber dans un nouvel esclavage."

"L'ignorance étant l'appui du despotisme, on vous avait
"refusé tous les moyens d'instruction. La connaissance
"des arts les plus utiles vous était interdite. Citoyens
"sans patrie, habitants d'un port sans commerce, mem-
"bres d'une société sans garantie, d'une nation sans alliés—
"la tyrannie s'emparait de vous au berceau et ne vous
"abandonnait qu'à la tombe !

"Voyez aujourd'hui les hommes désignés par l'estime
"publique et appelés par la France à être les chefs de
"votre grande famille. Ils sont presque tous nés dans votre
"patrie, ils sont vos amis, vos égaux. L'autorité même
"qu'ils exercent n'est qu'un dépôt qu'ils remettront bien-
"tôt en d'autres mains".

"La France vous enverra *les arts* perfectionnés et dou-
"blera vos richesses agricoles, par son industrie manufac-
"turière. *Des Écoles* de tous les genres vont s'ouvrir dans
"vos villes et dans vos campagnes. Vous pourrez enfin
"développer vos propres pensées et vous enrichir des
"pensées des autres. La France enfin, en vous apportant
"la liberté, vous donne l'Europe entière pour alliée!"

Se tournant ensuite vers les bataillons français : "Et
"vous, Soldats Français, n'oubliez pas que BONAPARTE
"vous a laissés au poste de l'honneur avec des Chefs que
"sa confiance a désignés parmi l'élite des généraux vain-
"queurs de l'Europe. Bonaparte l'a voulu. Malte sera
"l'entrepôt de sa gloire, gardez cet auguste dépôt et mon-
"trez-vous-en dignes. Honorez le nom Français dans ces
"lieux aujourd'hui paisibles, comme vous l'avez honoré
"sur le champ de bataille. Donnez l'exemple des vertus
"civiles et faites qu'on dise un jour des Armées de la
"République qu'elles ont procuré la liberté des Peuples
"par leurs conquêtes, qu'elles leur ont acquis la paix par
"ses victoires et qu'elles leur ont assuré le bonheur par
"la justice."

Ce discours a été fréquemment interrompu par les
applaudissements les mieux sentis et justement mérités.

Ensuite le Président de la Commission et les deux
Présidents des Municipalités de la Cité de Malte ont aussi
chacun prononcé leurs discours qui ont été fort applaudis,
particulièrement celui du citoyen Libreri, président de la
municipalité de l'Ouest.

Tous les discours achevés, on *a jeté au pied de l'Arbre de la Liberté* tous les *titres* des ex-Nobles Maltais et ex-Officiers de l'ancien gouvernement et *ils ont été brûlés* au son de la musique et des applaudissements du peuple.

La nuit était venue lorsque les Autorités constituées accompagnèrent le général Vaubois au Palais National, où tout le beau sexe du pays s'était réuni pour le bal, le souper et le feu d'artifice.

Tout s'est éxécuté avec beaucoup d'ordre, de décence, et à la satisfaction générale."

* * *

C'est ainsi que pour la première fois fut célébrée à Malte la fête du 14 juillet 1798. Elle fut de même célébrée pendant les deux années suivantes, mais vu l'état de siège de Valette et la révolution dans les Casaux, le public y était moins nombreux. Des douze municipalités constituées, il n'y figurait que les deux de la Cité de Malte: celle de l'Ouest et de l'Est.

Le Tome IV du Registres des Délibérations de la Commission contient la description de la Fête du 14 juillet 1799. Dans la séance du 27 Messidor (15 juillet) la Commission fait mention dans son procès-verbal "que la Fête du 26 Mes-"sidor a été célébrée comme de coutume. Le général Vaubois "adressa à ses camarades un discours aussi énergique, "qu'analogue aux circonstances. Les brigands mirent toute "leur artillerie en oeuvre pour troubler la Fête. Mais leurs "bombes, leurs obus et leurs boulets ne firent qu'augmenter "l'ardeur des républicains à chanter et prolonger les airs "et les hymnes patriotiques pendant deux heures, au bout "desquelles la garnison défila sous L'Arbre de La Liberté "devant L'Autel de La Patrie. On accompagna le Général-"en-Chef au Palais National, après avoir fait tout ce que "les circonstances ont permis pour célébrer ce jour à "jamais mémorable dans les fastes de la liberté du genre "humain."

* * *

Voici quelques spécimens des documents intéressants de nos Archives qui, certes, ont une grande valeur historique. La majeure partie de ces documents (7 volumes), comme je viens de le dire, se trouvent enregistrés dans les dossiers du Département de l'Avocat de la Couronne et un volume (Tome I du Régistres des Délibérations) est conservé dans les Registres Publics faisant partie des Archives de l'Ordre (1).

L'étude de ces documents m'a involontairement amené à la question générale concernant l'état de nos Archives à Malte. Ces Archives, conformément aux trois pouvoirs qui depuis des siècles ont existé dans l'île, peuvent être divisées en trois groupes :

1. Archives de l'Évêque et du Clergé ;
2. Archives de l'Inquisition ;
3. Archives de l'Ordre de St.-Jean de Jérusalem.

Il y a de grandes lacunes dans la plupart de ces Archives. C'est un fait indubitable qu'il faut constater avec regret.

Ce sont surtout les deux dernières catégories qui ont le plus souffert pendant l'époque de 1798-1800.

La Commission de Gouvernement et quelques-unes des municipalités, dans leur zèle d'anéantir toutes les traces de l'ancien régime féodal, ont certes fait preuve de vandalisme révolutionnaire.

C'est un fait qui, malheureusement, se trouve confirmé par toute une série d'ordres et d'arrêtés de la Commission.

C'est ainsi que le 23 Messidor an VI (11 juillet 1798) la Commission de Gouvernement écrit à la municipalité de l'Est :

"La Commission a lu avec intérêt la lettre que vous
"lui avez écrites, Citoyens, *pour l'inviter à brûler*
"*tous les écrits de procédure criminelle qui se trouvent*
"*à l'Inquisition.* La Commission prendra votre demande
"en considération." (2)

Le 28 Messidor (16 juillet) de la même année le Commissaire de Gouvernement écrit à la Commission pour lui dire que

"les titres et *les parchemins de L'Ordre peuvent enfin*
"*être employés utilement :* que le Général d'artillerie
"demande des vieux papiers *pour en faire des cartouches*
"et l'Ordonnateur en Chef de la Marine demande le
"parchemin pour faire *des gargousses ;* qu'en consé-
"quence il fallait mettre de côté ce qui était relatif aux

---

(1) Archives de l'Ordre, Ms. No. 6523.

(2) Lettres écrites par la Commission de Gouvernement etc. pag. 50.

" propriétés et laisser le reste des Archives à la dispo-
" sition de ces deux officiers." (1)

La Commission a chargé le Citoyen *Bruno*, ex-Secrétaire de la Chancellerie de l'Ordre, de faire ce triage.

Le 2 Thermidor (20 juillet) la Commission prend un arrêté en vertu duquel tous les papiers manuscrits du ci-devant Ordre qui ont rapport aux intérêts, à la fortune et à la propriété des Citoyens ou aux biens nationaux, seront séparés des autres registres et *réunis dans les Archives Publiques* de la Commission: Le Citoyen Bruno est chargé de faire le choix et la séparation de ces documents et de les faire transporter aux Archives Publiques.

Le 7 Thermidor (25 juillet) la Commission ordonne par un Décret *que les registres* les plus anciens *concernant les biens de l'Ordre hors* de Malte sont considérés comme *inutiles.*

Le 8 Thermidor (26 juillet) la Commission arrête qu'il y aura un *Dépôt Général* où seront réunis les papiers des diverses chancelleries de l'ex-Ordre de Malte et des Tribunaux Ecclésiastiques supprimés et que le citoyen *Ignace Bonavita* est nommé *Gardien et Archiviste* de ce Dépôt. (2)

Une partie considérable de tous ces documents a été perdue pendant le transport des papiers; quelques-uns se sont conservés dans des mains privées, d'autres ont été pris par des chevaliers au moment de leur départ de Malte. C'est ainsi que les Archives des *Langues* de l'Ordre ont été en grande partie détruites ainsi que celles de l'Inquisition.

$$*\ *\ *$$

Les Archives — selon l'expression d'un historien — sont l'âme de l'histoire et la parole des morts. Elles sont aussi— dirai-je—un dépôt sacré qui nous est légué par nos ancêtres. C'est donc une question de patriotisme que de veiller à leurs conservation. C'est un devoir des contemporains envers leurs aïeux.

---

(1) Régistre des Délibérations, Tome II. p. 138.

(2) Un des fils d'Ignace Bonavita qui a été enrôlé dans la compagnie des Guides formée par ordre de Bonaparte, fut tué en Egypte à la bataille d'Alexandrie. La Commission de Gouvernement envoya au père une lettre de condoléance dans laquelle elle exprime que "le nom de Bonavita lui sera toujours cher et qu'elle le regardera comme synonyme de patriotisme" (Lettres écrites par la Commission etc., pag. 118).

Cette thèse m'offre l'occasion de m'adresser en ce moment aux Membres érudits de la Société Historique de Malte pour les prier de faire (s'ils le jugent opportun) un appel aux personnes qui se trouvent en possession de documents historiques ayant appartenu aux Archives de Malte; il serait à souhaiter que celles-ci voulussent bien restituer ces papiers soit à nos Archives, soit à la Bibliothèque de Malte, où ce don généreux serait reçu avec reconnaissance *ad memoriam aeternam conservandam* et avec la cordiale gratitude de notre Mère-Patrie !

* * *

Je ne puis terminer cet humble travail sans m'acquitter d'un devoir agréable envers une personne dont le concours éclairé m'a beaucoup facilité la tâche que je me suis imposée. Au savant distingué qu'est M. Constantin de Voénsky, je m'empresse de témoigner ici mon hommage respectueux. Archiviste et historien militaire russe, dont les travaux érudits sur l'époque Napoléonienne sont aussi bien connus en France qu'en Russie, M. de Voénsky m'a admirablement secondé dans la classification des documents et c'est à lui que je tiens tout particulièrement à adresser l'expression de ma profonde reconnaissance.

Je me permets aussi d'exprimer ici ma sincère gratitude à M. Louis de Ledoulx, ancien Consul de France à Malte (1) pour les notions intéressantes qu'il a bien voulu me donner sur les origines de la Fête Nationale du 14 Juillet.

---

(1) Aujourd'hui Consul de France à Fiume.

DOCUMENTS

Documents concernants

La Fête du 14 Juillet 1798 à Malte.

No 1.

Arrêté de la Commission de Gouvernement en date du 13 Messidor an VI concernant l'organisation de la Fête Nationale du 14 Juillet 1798 (26 Messidor, an VI) à Malte. (Séance du 13 Messidor an 6.)

(Archives de l'Ordre. Ms. 6523. Régistre des Délibérations de la Commission de Gouvernement, Tome I, page 134).

———

Le Commissaire du Gouvernement François ayant exposé à la Commission de Gouvernement que le 14 Juillet s'approche;

Que ce jour mémorable est pour tous les Français la Fête de La Liberté ;

Qu'il leur sera plus doux de la célébrer, en y réunissant les Maltois qui sont devenus leurs frères ;

Qu'en conséquence il invite la Commission de Gouvernement à prendre à cet égard les mesures qu'elle croira convenables :

La Commission arrête :

1° La Fête du 14 Juillet sera célébrée avec toute la solennité digne de son objet.

2° Toutes les autorités constituées de la Ville y seront invitées.

3° Les municipalités seront invitées à y envoyer un Député.

4° L'Evêque de Malte y sera invité.

5° Il sera par extraordinaire doté quatre pauvres filles aux fraix du gouvernement.

6° La Commission de Gouvernement prie le général de division Vaubois de se charger avec son Etat-Major de prendre au nom de la Grande Nation la direction de cette fête, d'aider les Maltois à célébrer dignement la Liberté dont les François leur ont assuré la jouissance.

7° La Commission de Gouvernement fera imprimer d'après les instructions du général Vaubois le programme de la Fête.

8° Elle se reserve d'instruire ses concitoyens par une Proclamation de l'Objet de cette Fête, où l'ordre, la décense, le respect des moeurs, des propriétés et des Loix doivent s'unir à la joye d'une réunion paisible et fraternelle.

9° Les courses à pied et à cheval qui avaient lieu le jour de La St. Jean se feront pour la Fête Nationale du 14 Juillet; les prix seront distribués comme de coutume aux vainqueurs qui auront une place marquée à la cérémonie de la plantation de L'Arbre de la Liberté.

Le présent Arrêté sera publié dans les deux langues, imprimé, affiché et envoyé aux municipalités.

On a envoyé le susdit arrêté aux deux municipalités de l'Ouest et de l'Est, avec ordre, de le faire imprimer, afficher et de l'adresser dans tous les Casaux de l'Isle.

Le Président de la Commission

(Signé) BOSREDON RANSIJAT.

Par le Président :

Le Secrétaire Général

(Signé) DOUBLET.

* * *

No 2.

Arrêté de la Commission de Gouvernement concernant l'anéantissement de tous les emblêmes de l'ancien gouvernement féodal. (Séance du 13 Messidor an VI.)

(Régistre des Délibérations de la Commission de Gouvernement des Isles de Malte et du Goze, Tome I. p. 132-134. Arch. de l'Ordre, Ms. No. 6523)

Le Commissaire du Gouvernement a fait part d'un arrêté qu'il a pris pour faire disparaître partout les restes du régime féodal et en a requis l'enrégistrement au procès verbal, l'impression et l'envoy aux municipalités. Il est conçu en ces termes :

Le Commissaire du Gouvernement Français aux Isles de Malte et Goze, considérant qu'il importe de faire disparaître de ces deux Isles toutes les traces et emblêmes de l'ancien gouvernement, dont les Maltais sont heureusement délivrés, et d'y substituer l'étendard de la Liberté, et les couleurs de la République Française

Arrête:

Article 1.

Les armes en peinture ou en relief dans les lieux où elles n'ont pas été encore effacées, les Couronnes dans les lieux où l'on a effacé seulement les armes, les fleurs de lys, enfin tous les signes de Blason, de féodalité, ou autres de même nature, seront effacés dans trois jours, de tous les édifices publics, et de toutes les maisons particulières, tant à l'intérieur qu'à l'extérieur.

Art. 2.

Ce travail se fera aux fraix du Gouvernement dans les édifices publics qui sont à sa charge et aux fraix des Corps, Communautés ou Couvents des particuliers, et dans les maisons qui leur appartiennent.

Art. 3.

Dans tous les Etablissements publics, à la porte du lieu des séances de toutes les autorités constituées il sera placé un Drapeau Tricolore, surmonté d'un bonnet de la Liberté aussi Tricolore.

Art. 4.

Il sera également placé un Drapeau Tricolore dans les Eglises Episcopales, parroissiales, conventuelles, et dans celles de toutes les maisons, hospices, ou Séminaires.

Art. 5.

A défaut d'exécution du présent dans le délais fixé de trois jours, il sera prononcé contre le Président des Autorités constituées, les chefs des établissements publics et chefs des Eglises une amende de 50 Ecus de Malte, au profit des pauvres, sous préjudice de plus grande peine en cas d'un nouveau retard.

Art. 6.

Ce travail s'efféctuera dans les lieux et monumens publics de manière à ce que les sculptures, peintures etc. ne soient endommagées et en cas de difficulté de réunir la conservation des ouvrages précieux avec l'exécution du présent, on en rendra compte à la Commission qui déterminera le moyen de concilier les droits du génie des actes avec ceux du génie de la Liberté.

Art. 7.

Le présent Arrêté sera déposé sur le Bureau de la Commission de Gouvernement pour être imprimé et affiché dans les isles de Malte et Goze et communiqué au général de division Vaubois.

* * *

No 3.

La Commission de Gouvernement aux deux Municipalités de la Cité de Malte, le 13 Messidor an VI.

(Lettres écrites par la Commission. p. 20. C.A. Office)

À la Cité de Malte, le 13 Messidor an VI (1 juillet 1798).

La Commission de Gouvernement aux deux Municipalités de la Cité de Malte.

Citoyens,

La Commission de Gouvernement sur la réquisition du Commissaire du Gouvernement Français, vous envoye les deux Arrêtés cy-joints pour que vous les fassiez imprimer et afficher à tous les coins et carrefours de votre arrondissement. L'un est relatif aux traces et emblêmes de l'ancien gouvernement féodal qu'il est pressant de faire entièrement disparaître. L'autre regarde la Fête Nationale qui aura lieu le 14 Juillet, et à laquelle vous ne sauriez d'avance mettre trop de publicité, pour dissiper les fausses et ridicules impressions qu'on a voulu en donner au Peuple.

Salut et fraternité
Le Président de la Commission
(Signé) BOSREDON RANSIJAT
Par le Président
Le Secrétaire Général
(Signé) DOUBLET.

* * *

No. 4,

Lettre du Citoyen Fay, Ingénieur, au Président de la Commission, en date du 17 Messidor concernant la Fête du 14 Juillet 1798 à Malte.

(Lettres écrites par la Commission, pag. 28, C.A. Office).

Cité Valette, 17 Messidor an 6.

Liberté   Egalité

Citoyen Président,

Je suis tellement surchargé de travail pour les préparatifs de la fête du 14 Juillet., etc. pour les ustensils necessaires à la cuisson du Biscuit, qu'il m'est impossible de commencer avant primidi prochain les fenêtres que vous desirez faire ouvrir dans la salle de vos Séances. J'ai l'honneur de vous prévenir de ce retard involontaire, afin qu'il ne soit point imputé à ma négligence. En attendant vous voudrez bien me faire passer l'ordre qui m'autorise à faire ce travail.

Salut et fraternité
L'Administrateur du Flanc.
(Signé) Fay.

* * *

No. 5.

Billet d'invitation à la Fête de l'inauguration de l'Arbre de la Liberté et au bal.

(M*emoirs of the Family of Inguanez*, *Malta* 1888 *pag.* 83)

A Malte, le 17 Messidor an VI.

La Citoyenne Lucrèce Sceberras (1)

Vous êtes invitée à venir le 26 Messidor, à 4 heures de l'après midi au Palais National, pour assister à la Fête républicaine de la plantation de l'Arbre de la liberté, et à celle qui doit célébrer l'heureuse réunion de l'Isle de Malte à la République Française

Il y aura souper et bal.

Vous êtes invitée à présenter votre billet pour entrer.

* * *

No. 6.

Arrêté de la Commission de Gouvernement concernant le changement des noms des rues, places et portes de la Cité Valette (Séance du 18 Messidor an VI).

(Régistre des Délibérations, Tome II, pag. 10 - C.A. Office).

Le rapport fait par la Municipalité de L'Ouest sur le changement de noms à donner aux portes, places et rues de la Cité formant son arrondissement, ayant été présenté à la discussion, il a été adopté, et l'enregistrement en a été ordonné au procès verbal de la Séance ainsi qu'il suit:-

---

(1) Lucrèce Sceberras était femme du baron Pasquale Sceberras Testaferrata et fille du baron Dorell et de Donna Orsola D'Amico Inguanez.

Rapport fait par la Municipalité de L'Ouest, sur le changement de noms, des rues, places et portes de la Cité formant son arrondissement.

La Municipalité de L'Ouest d'après la teneur de L'Article 5 de ses instructions provisoires dans les quelles elle est chargée de proposer à la Commission de Gouvernement des noms à inscrire pour chaque rue, qui traversent la ci-devant Cité Vallette du Sud Est à Nord Est.

Propose 1°

Que la Porte Royale sera nommée *Porte Nationale* et la rue qui conduit de la dite Porte jusqu'à L'Esperon de St. Elme-*Rue Nationale*, de façon que tous les noms anciens de quelques parties de la même rue cesseront, comme la rue de Provence, la Place des Chevaliers &c.

2°

Les deux places de la dite Rue, *la place du Palais* et la place *de la Conservatorie* seront appelées la première la *Place de la Liberté*, la seconde *de L'Egalité*, et le palais du ci-devant Grand-Maître sera nommé *Palais National*.

3°

La rue étroite devant L'Eglise de St. Jean s'appelera *Rue de la Victoire*, celle qui commence au Coin de L'Eglise des Grecs et va jusqu' à celle de St. Dominique se nommera *Rue de Brutus*. Celle par la quelle passoit le ci-devant Grand-Maître sera nommée la *Rue de L'Egalité*, par rapport à la place à la quelle elle correspond.

4°

La rue qui s'étend par ligne directe de la tour de la Victoire, jusqu'aux fosses de Bled aura le nom de la *Rue des Marchands* ancien nom d'une partie de la même rue. Et quelques parties de la Rue dite de Castille, d'Italie, de la Castellanie, du Prieur &c. perderont leurs anciennes dénominations, comme aussi la ci-devant *Castellanie* qui aura celui de *Palais de Justice* qui sera admis sur la grande porte.

5°.

La Rue qui s'étend du Bastion de la Barraque Nouvelle ou de St. Pierre et Paul, jusqu' à l'Hôpital sera nommée *Rue de la Constitution*.

6°.

La Rue qui commence de la porte de la dite Barraque jusqu'à la petite porte du Magasin de L'Hôpital sera nommée *La Rue de la Barraque*, et par conséquent cesseront les anciennes dénominations de quelques parties de la même comme la Descente du Grand Visconte, &c.

7°.

La Rue étroite conservera son ancien nom.

8°.

La Rue qui commence de la tour S. Michel et finit aux deux balles sera nommée la *Rue des Fours*, et par conséquent cesseront les anciennes dénominations de quelques parties de la même rue, comme la Descente de L'Auberge de France, Tigné &c. &c.

9°.

La Rue qui commence de la Maison de la Monnoie, et finit à la Fabrique de Cottons sera nommée la *Rue de la Monnoie* et cesseront les dénominations de Descente de Bailli des Pennes &c.

10°.

La Rue qui commence des Moulins à Vent traversée par le Manderagio, et qui finit à L'Auberge des Bavarois sera nommée *Rue des Moulins à Vent*.

11°.

Le *Manderagio* et *L'Arcipelago* conserveront leur ancien nom.

12°.

Rues qui traversent La Cité de Malte et la partie Occidentale de Nord Est et Sud Est.

La Rue qui commence du Bastion sous la Plate Forme ou St. Michel, et finit à L'Eglise de la Victoire sera nommée *La Rue du Génie* et cesseront les anciens noms de quelques parties de la même rue, comme de L'Auberge de France, &c.

13°.

La Rue qui conduit de la Falconerie jusqu'au Bastion de la Douane Ancienne, sera nommée la *Rue de la Felicité Publique*, et cesseront les anciens noms de la Falconerie, de St. Jaques de Castille etc.

14°.

La Rue qui conduit du *Manderagio* jusqu'à la Porte de la Marine sera nommée la *Rue du Peuple*, et cesseront les anciens noms de St. Jean, des Prisonniers, etc.

15°.

La Rue qui conduit du Bastion de Marsamuscetto jusqu'à L'Eglise de St. Lucie sera nommée la *Rue des Défenseurs de la Patrie*, et cesseront les anciens noms d'Auvergne &c,

16°.

La Rue qui conduit du Bastion Marsamuscetto jusqu'à la Loge de St. Lucie sera nommée *de la Fraternité* et cesseront les anciens noms de Descente de Britto, des Pages, de la Conservatorie &c.

17°.

La Rue qui conduit de L'Auberge d'Aragon, jusqu'aux Lions sera nommée *Rue des Liberateurs* et cesseront le anciens noms de Rue d'Aragon, des Grecs &c.

18°.

La Rue qui conduit du Bastion de Marsamuscetto jusqu'à L'Ancienne Barraque sera nommée *Rue des droits de L'Homme* et par conséquent cesseront les anciens noms de la Boucherie, Loras, St. Catherine, Ribas, Descente de Prison &c.

19°.

La Rue qui conduit de L'Auberge des Bavarois jusqu'à la petite porte de la Prison sera nommée *Rue des Patriotes* nom de la Paroisse, et d'une partie de la même.

20°,

La Rue qui conduit des deux balles jusqu'au Bastion de Santa Barbara conservera son nom *des deux balles* &c.

21°.

La Rue qui conduit de dessous le Bastion par L'ou L'on va aux Casernes jusqu'à L'Hôpital sera nommée *de la Reconnaissance*.

22°.

La Rue qui conduit de dessous le Bastion du Quartier jusqu'à L'Hôpital prendra le nom de *Rue de l'Hôpital*.

23°.

Le Jardin dit du Grand Maître sera nommé *La Favorite* et la descente qui conduit de la Porte de la Marine jusqu'à la Mine conservera son ancien nom.

24°.

La descente du Géant conservera son ancien nom et les deux moles de La Marine conserveront leur ancien nom.

25°.

Dans le Fauxbourg cy devant Floriane il n'y a aucun nom qui designe l'ancien gouvernement aristocratique que la seule rue dite Cottoner ou Royale, qui sera nommée *Mannarino*.

26°.

L'arrondissement de la Municipalité de l'Ouest sera divisé en deux parties, la première, qui sera nommée de

LIBERTÉ   ÉGALITÉ

COMMISSION DE GOUVERNEMENT.

Extrait des Registres des Délibérations de la Commission de Gouvernement.

Séance du 18 Messidor au soir de l'an 6 de la République française, à Malte, le 6 juillet 1798. (vieux stile.)

La Commission de Gouvernement délibérant sur les pétitions, qu'elle a reçues, de plusieurs Citoyens ; manifestant le désir de voir le Gouvernement faire une invitation fraternelle à tous les ex-nobles et autres, qui ont reçu de l'ancien Gouvernement, des chartes, patentes, diplomes, brevets, bulles, brefs et autres titres purement honorifiques quelconques de les apporter le jour de la Fête Nationale, du 14 juillet pour être brûlés au pied de l'ARBRE de la LIBERTÉ.

Considérant que cette mesure est indispensable pour opérer la destruction du régime féodal jusques dans le racines ;

Après avoir entendu le Commissaire du Gouvernement Français.

ARRÊTE :

Tous les titres honorifiques quelconques seront brûlés le jour de la Fête Nationale, du 14 juillet, et tous les Citoyens, qui en sont possesseurs, sont invités à les apporter au pied de l'ARBRE de la LIBERTÉ

Le présent arrêté sera imprimé, envoyé à toutes les Municipalités, et l'exécution en est spécialement confiée à la Municipalité de l'Ouest de cette Cité.

Le Président de la Commission,
BOSREDON RANSIJAT.

Par le Président : le Secrétaire Général Doublet.

Pour copie conforme :

Le Président de la Municipalité de l'Ouest,
LIBRERI.

Le Sécrétaire de la Municipalité de l'Ouest,
AMABLE VELLA.

Estratto dei Registri delle Deliberazioni della Commissione del Governo.

Sessione de 18. Messidoro di sera anno 6. della Rep. Francese. Malta li 6. Luglio 1798. (vecchio stile.)

La Commissione del Governo deliberando sopra la domanda di molti Cittadini, che hanno mostrato il desiderio di vedere farsi dal Governo un invito fraterno a tutti gli ex nobili, ad altri che hanno ricevuto dall'antico Governo certe patenti, diplomi, brevetti, bolle, ed altri titoli puramente onorifici, di portarli il giorno della Festa Nazionale de' 14. Luglio per esser abbrugiati a' piedi dell'ALBERO della LIBERTÀ.

Considerando che questa misura è indispensabile per operare la distruzione del regime feudale fin dalle radici.

Dopo aver inteso il Commissario del Governo Francese.

STABILISCE :

Tutti li titoli onorifici saranno abbrugiati il giorno della Festa Nazionale de' 14. Luglio, e tutti li Cittadini che ne sono possessori, sono invitati a portarli ai piedi dell'ALBERO della LIBERTÀ.

Il presente stabilimento sarà stampato, e mandato a tutte le Municipalità, e l'esecuzione è specialmente affidata alla Municipalità dell'Occidente di questa Città.

Il Presidente della Commissione,
BOSREDON RANSIJAT.

Dal Presidente : il Segretario Generale Doublet.

Per copia conforme.

Il Presidente della Municipal.tà dell'Occidente.
LIBRERI.

Il Segretario della Municipalità dell'Occidente
AMABILE VELLA.

Facsimile de l'Arrêté de la Commission
en date du 18 Messidor ordonnant la consummation de tous
les titres honorifiques au pied de l'Arbre de la Liberté
(Bibliothèque Publique de Malte)

Nord Est, comprendra les quartiers de la ci-devant Vallette, et ces quartiers seront numerotés en commençant du quartier qui est près de Moulins à Vent, et dans la plate forme, et du quel commence la Rue dite du Génie avec les Numeros 1, 2, 3, &c. &c. et dans les mêmes quartiers seront numerotés les maisons selon les instructions. La seconde partie, qui sera nommée de Sud Ouest, comprendra la cy-devant Floriane, dont les quartiers et maisons seront numerotés, à l'instar des quartiers de la ci-devant Vallette.

La Commission de Gouvernement arrête, après avoir ouï le Commissaire du Gouvernement français, que le rapport cy-dessus sera sur le champ mis à exécution et enrégistré au Procès Verbal de la Séance.

Le Président de la Commission
(Signé) BOSREDON RANSIJAT.

****

No. 7.

Arrêté de la Commission de Gouvernement en date du 18 Messidor an VI concernant la consummation de tous les titres honorifiques de l'ancien régime.

(Régistre des Délibérations, Tome II, pag. 27 - C.A. Office).

———

La Commission a fait une petition pour demander que tous les diplômes des ex-titrés soient brulés au pied de L'Arbre de la Liberté le jour de la fête nationale du 14 Juillet.

Il a été pris L'arrêté suivant:

La Commission de Gouvernement délibérant sur les petitions qu'elle a reçues de plusieurs Citoyens, manifestant le désir de voir le Gouvernement faire une invitation fraternelle à tous les ex-nobles et autres qui ont reçu de l'ancien gouvernement des chartes, patentes, diplômes, brevets, bulles, brefs et autres titres purement honorifiques quelconques, de les apporter le jour de la *Fête Nationale du 14 Juillet* pour être brulés au pied de L'Arbre de la Liberté;

Considérant que cette mesure est indispensable pour opérer la destruction du régime féodal jusques dans ses racines ;

Après avoir entendu le Commissaire du Gouvernement français ;

Arrête :

Tous les titres honorifiques quelconques seront brulés le jour de la fête nationale du 14 Juillet, et tous les citoyens qui en sont possesseurs, sont invités à les apporter au pied de L'Arbre de la Liberté.

Le présent arrêté sera imprimé, envoyé à toutes les municipalités, et l'exécution en est spécialement confiée à la Municipalité de cette Cité.

Le Président de la Commission
(Signé) BOSREDON RANSIJAT
Par le Président
Le Secrétaire Général
(Signé) DOUBLET.

* * *

No. 8.

Lettre de la Commission au Général Vaubois en date du 19 Messidor an VI concernant la demande de la Municipalité du Goze de planter l'Arbre de La Liberté.

(Lettres écrites par la Commission etc., pag. 45—C.A. Office)

À la Cité de Malte le 19 Messidor,
au matin, de l'an VI, de la République.

Au Général de Division Vaubois

Citoyen Général,

Vous nous informez que la Municipalité du Goze vous a écrit pour vous demander si elle doit planter l'Arbre de la Liberté le 14 Juillet, qu'elle demande en même tems deux Drapeaux un pour elle et l'autre pour le fort, et vouz desirez savoir nos résolutions pour les Campagnes, étant dans l'intention de lèur écrire.

La Commission a pensé et même fait faire pour chaque Municipalité de la Campagne un Drapeau, et a donné ordre de les leur envoyer.

Elle a pensé d'inviter un des membres de ces Municipalités pour assister à la fête nationale du 14 Juillet.

Elle vous envoye cy-joint l'Etat nominatif des douze Municipalités, qu'elle va faire imprimer.

Quant à la demande que fait la Municipalité du Goze de planter l'Arbre de la Liberté, nous n'y voyons d'autre inconvénient que l'objet de la dépense que cela peut occasioner, et le désir que pourra avoir chaque municipalité d'en faire autant.

La Commission, au surplus, Citoyen Général, s'en rapporte làdessus, avec pleine confiance à ce que vous déciderez.

Salut et fraternité
Le Président de la Commission
(Signé) BOSREDON RANSIJAT
Par le Président
Le Secrétaire Général
(Signé) DOUBLET.

* * *

No. 9.

Lettre du 20 Messidor an VI adressée par la Commission aux deux Municipalités de la Cité de Malte concernant la Fête du 14 Juillet 1798.

(Lettres écrites par la Commission, pag. 35—C.A. Office)

La Commission de Gouvernement

Circulaire { À la Municipalité de l'Ouest } de la Cité de Malte
{ À la Municipalité de l'Est }

La Commission de Gouvernement, Citoyens, vous adresse l'Arrêté qu'elle vien de prendre, et dont elle vous commet l'exacte exécution ; veillez à ce que l'illumination dont il s'agit se fasse de manière à ce qu'aucun des Citoyens ne puisse s'en dispenser.

Vous enverrez un de vos membres au Général Chanez qui vous fera fournir le détachement nécessaire à l'escorte de l'Officier Municipal qui fera la proclamation prescrite par le susdite arrêté. Vous aurez soin en même tems de rassembler une troupe de musiciens suffissante pour jouer les airs patriotiques à chaque carrefour où se fera la proclamation.

Salut et amitié
Le Président de la Commission
(Signé) BOSREDON RANSIJAT
Par le Président
Le Secrétaire Général
(Signé) DOUBLET.

* * *

No. 10.

*Arrêté de la Commission en date du 20 Messidor an VI
sur les préparatifs de la Fête du 14 Juillet 1798. (Séance du
20 Messidor au Matin).*

(Régistre des Délibérations, Tome II, pag. 41—C.A. Office).

———

La Municipalité de L'Ouest a demandé à la Commission
quelque somme pour subvenir aux dépenses que necessitent
les préparatifs de la fête nationale du 14 Juillet et il a été
pris L'arrêté suivant.

La Commission de Gouvernement considérant qu'il est
urgent de mettre à la disposition de la Municipalité de
l'Ouest des fonds pour subvenir aux dépenses que necessitent
les préparatifs de la fête nationale du 14 Juillet.

Après avoir ouï le Commissaire du Gouvernement Français.

Arrête :

Le Citoyen Sant Trésorier payera à la Municipalité de
L'Ouest mille écus à compte de la dépense qu'elle est chargée
de faire pour la fête nationale du 14 Juillet :

Le présent arrêté sera envoyé à cette Municipalité et lui
tiendra lieu de Bon pour le payement des dix mille écus.

* * *

No. 11.

*Arrêté de la Commission de Gouvernement en date du 21
Messidor an VI concernant la Fête du 14 Juillet 1798.*

(Régistres des Ordonnances arrêtées par la Commission de Gouvernement, Tome I, page 15 — C. A. Office).

———

La Commission de Gouvernement délibérant sur le rapport d'un de ses membres concernant les demandes en payement à solder par le Trésorier du Gouvernement et qui
sont justement fondés, après avoir ouï le Commissaire du
Gouvernement Français

Arrête :

Le Citoyen Jean François Sant fera les payements
suivants à ceux qui lui en présenteront les Bons corre-

spondents signés du Président et du Secrétaire Général de la Commission de Gouvernement. Savoir :

....

Au Citoyen Cammilleri pour achats de prix qui doivent être distribués aux vaincoeurs de la Course, le jour de la Fête Nationale du 14 Juillet *trois cent cinquante un écus, six tarins*................... Sc: 351 ,, 6 ,, —

***

No. 12.

Lettre de la Commission à la Municipalité de la Cité Vieille en date du 21 Messidor concernant la Fête du 14 Juillet 1798.

(Lettres écrites par la Commission, pag. 36—C. A. Office)

———

Libertà.   Eguaglianza.

Alla Municipalità di Città Vecchia.
21 Messidor (9 Luglio)

Cittadini per rispondere alla vostra domanda intorno alla Deputazione che dovete fare per il giorno della festa della libertà, vi diciamo che quell'individuo che sarà deputato da voi, bisogna che sia Membro della vostra Municipalità, munito d'una sciarpa tricolore con due penne al cappello, e questi verran pagati dal governo; vi potrete indirizzare per tal'effetto al Sartore Domenico Bianco in questa Città.

Salute e fraternità
Il Presidente della Commissione
Soscritto = BOSREDON RANSIJAT
Dal Presidente
Il Segretario Generale
Soscritto = DOUBLET.

***

No. 13.

Arrêté de la Commission en date du 22 Messidor an VI concernant la Fête du 14 Juillet 1798 à Malte. (Séance du 22 Messidor au Matin).

(Régistre des Délibérations etc. Tome II, pag. 67—C. A. Office)

———

La Municipalité de l'Ouest a demandé quelle devait être la conduite relative à la Course qui doit avoir lieu le jour de la fête nationale du 14 Juillet, et il a été pris l'arrêté :

La Commission de Gouvernement conformement au dernier article de son arrêté concernant la fête nationale du 14 Juillet, par le quel il a été résolu que la Course qui se faisait le jour de St. Jean Baptiste se ferait le 14 Juillet.

Délibérant sur la demande de la Municipalité de l'Ouest qui désire à cet égard une instruction.

Après avoir entendu le Commissaire du Gouvernement
    Arrête :

La Course, telle qu'elle se faisait le jour de la St. Jean sous l'ancien gouvernement avec l'assistance des jurats de l'Université et du Grand Visconte, se fera de la même manière, avec l'assistance de la Municipalité de l'Ouest et le Grand Visconte qui donneront pour cela tous les ordres convenables.

Lorsque le programme de la susdite fête nationale aura été fait, la dite Municipalité sera instruite de l'heure à la quelle cette course aura lieu.

* * *

No. 14.

Séance de la Commission de Gouvernemeut en date du 22 Messidor an VI.

(Régistre des Délibérations, Tome II, pag. 72—C. A. Office).

Le Commissaire de Gouvernement a redigé le programme de la fête du 14 Juillet, et après en avoir fait lecture, il a proposé au Citoyen Président d'aller ensemble chez le Général Vaubois pour lui donner communication de ce programme et le Président levant la séance y a consenti.

* * *

No. 15.

Programme de la Fête du 14 Juillet 1798.
(Bibliothèque Publique de Malte, MS. No. 269, page 26).

Liberté   Egalité

République Française

PROGRAMME

de la Fête du 14 Juillet à Malte.

La Garde Nationale, les Troupes de Ligne, les Chasseurs

se réuniront sur la Place Nationale et sur celle de la Liberté à 3 heures après-midi.

A quatre heures on fera les Courses et la distribution de Prix.

Cette distribution finie, les Municipalités viendront prendre le Commissaire et la Commission de Gouvernement.

Tous ensemble se rendront chez le Général de Division Commandant où son État-Major sera réuni.

On partira du Palais National pour se rendre sur le Port dans l'ordre suivant.

1º Un détachement de Grenadiers Français précédé de Tambours.

2º Un détachement de Chasseurs Maltais, précédé de ceux qui auront remporté les prix de la Course.

3º Les deux Municipalités de l'Est et de l'Ouest et les Députés des Municipalités du dehors.

4° Les administrations diverses, celle de la Santé, et tous les Maltais ayant reçu l'autorisation de porter l'uniforme national.

5º Les six jeunes Aspirants de la Marine, nommés pour partir sur les Vaisseaux de la République.

6° Un détachement de Troupes Françaises avec tous les Tambours et la musique.

7° La Commission de Gouvernement précédée de ses Huissiers avec l'Evêque de Malthe (*sic*). Les quatre filles mariées le jour même et leurs maris.

8º Le Général de Division, le Commissaire du Gouvernement et les Généraux de Brigade, le Commandant de la Place, les Commissaires-Ordonnateurs de la Marine et des-Guerres, enfin tout l'Etat-Major.

9º Un détachement de Grenadiers Français. La haie sera bordée par la Garde Nationale, mélée à la Troupe de Ligne.

Le cortège partira dans cet ordre et se rendra au Port.

Le Commandant d'Armes avec son Etat-Major et l'Ordonnateur de la Marine y seront sur le pont d'un des Vaisseaux de la République. Tous les Vaisseaux du Port seront pavoisés.

Le Général de Division Commandant et son Etat-Major, iront avec le Commissaire et la Commission du Gouvernement à bord du Vaisseau Amiral.

On y arborera le Pavillon tricolore qui sera salué par les canons des Vaisseaux et des Forts.

L'Ordonnateur de la Marine remettera aux six Aspirants Maltais le Pavillon qui devra être hissé à l'*Arbre de la Liberté* pour l'apporter sur la Place.

Le cortège reviendra sur la Place de la Liberté, passant par la rue des Droits de l'Homme et dans le même ordre qu'en allant; l'Etat-Major de la Marine se réunira au retour à celui de Terre.

Le Général de Division prendra place le premier sur l'Autel de la Patrie. avec les Généraux de Brigade, le Commissaire du Gouvernement, la Commission et les Autorités Constituées.

On chantera les Hymnes et on fera entendre les aires guerriers chers aux Français.

On arborera le Drapeau tricolore au haut de *l'Arbre de la Liberté*.

Le Drapeau sera salué par l'Artillerie des Remparts.

Le Général de Division sera reconduit au Palais National par toutes les Autorités Constituées.

La Ville Sera Illuminée.

Il y aura un Orchestre sur la Place de la Liberté, les Soldats et sous-officiers recevront le lendemain un jour paye de gratification.

* * *

No. 16.

Arrêté de la Commission en date du 23 Messidor concernant la dotation d'une jeune fille du Goze au frais du Gouvernement
(Séance du 23 Messidor an 6 au Matin).

(Régistre des Délibérations, Tome II, 83 — C.A. Office).

Le Général Vaubois a écrit à la Commission que le Goze est jaloux, et demande qu'il soit aussi doté une Gozitaine aux fraix du Gouvernement le jour de la fête nationale du 14 Juillet.

La Commission a sur le champ pris L'arrêté suivant, qui a été envoyé au Général Vaubois et à la Municipalité de la Cité du Goze pour être mis à exécution.

La Commission de Gouvernement délibérant sur la demande des habitans du Goze qui lui a été manifestée par une lettre du Général de Division Vaubois pour obtenir qu'une des filles du Goze soit dotée aux fraix du Gouvernement, de la même manière que cela doit se pratiquer à Malte pour les 4 jeunes filles qut doivent être dotées et mariées le jour de la fête nationale du 14 Juillet.

Après avoir entendu le Commissaire du Gouvernement français

Arrête :

1º Qu'une jeune fille du Goze sera dotée aux fraix du Gouvernement.

2º Que sa dote sera de cent écus.

3º Que la municipalité de la Cité du Goze conjointement au Commandant en chef dans cette Isle choisira cette fille parmi celles du Conservatoire du Goze.

4º Que son mariage sera célébré en présence de La Municipalité dans l'Eglise principale du Goze, le jour de la fête nationale du 14 Juillet, où sera planté l'arbre de la Liberté.

* * *

No. 17.

La Commission de Gouvernement, en date du 23 Messidor, au Général de division Vaubois.

(Lettres écrites par la Commission, page 49 --C.A. Office)

À la Cité de Malte le 23 messidor
de l'an VI de la République,

Au Général de Division Vaubois

Citoyen général,

La Commission vient de recevoir votre lettre de ce jour et s'empresse d'y répondre.

La demande qu'a fait le Goze, d'avoir aussi une fille dotée pour la fête nationale du 14 Juillet, est fondée, et la Commission de Gouvernement se remit avec plaisir à votre opinion.

Comme il doit être planté là un arbre de la Liberté, le mariage de la fille à doter pourra aussi y être célébré.

Salut et fraternité
Le Président de la Commission
(Signé) BOSREDON RANSIJAT
Par le Président
Le Secrétaire Général
(Signé) DOUBLET.

* * *

No. 18.

Arrêté de la Commission en date du 27 Messidor an VI concernant la nomination du Citoyen Tortel en qualité de Concierge du Palais National (ci-devant Palais des Grands-Maîtres)— (Séance du 24 Messidor).

(Régistre des Délibérations, Tome II, page 92 — C.A. Office)

Le Citoyen Tortel que le général Vaubois avait désigné pour Concierge du Palais National ayant eu quelque démêlé avec la Municipalité au sujet de *L'illumination* qui doit avoir lieu le jour de la fête nationale du *14 Juillet;*

La Commission y a pourvu en fixant les attributions de ce Concierge par l'arrêté suivant:—

"La Commission &c.

Considérant qu'un Concierge est nécessaire au Palais National pour avoir soin de tous les effets qu'il contient et pourvoir à son entretien et que le Général de Division Vaubois a désigné le Citoyen Xavier Tortel pour remplir cet emploi de confiance.

Après avoir entendu le Commissaire du Gouvernement français;

Arrête

1º Qu'il y aura un Concierge au Palais National pour avoir soin de tous les effets et meubles qu'il contient, et pour pourvoir à son entretien.

2º Que le Citoyen Xavier Tortel est nommé Concierge du Palais National.

3º Que pour les dépenses qu'il sera dans le cas de faire pour l'entretien de ce Palais, une autorisation de la Commission de Gouvernement lui sera nécessaire.

4º Que ce ne sera que d'après cette première autorisation qu'il pourra présenter les comptes de sa dépense lesquels ne lui seront payés que d'après une seconde autorisation de la Commission du Gouvernement.

La Commission a écrit au Citoyen Tortel pour lui adresser une expédition de cet arrêté.

* * *

No. 19

*La Commission de Gouvernement au Général Vaubois en date
du 24 Messidor an VI.*

(Lettres écrites par la Commission, page 56 — C.A. Office).

———

À la Cité de Malte le 24 Messidor
au Soir de l'an VI de la République

La Commission de Gouvernement
au Général Vaubois

Nous vous rappellons, Général, la prière que nous vous
avons adressée d'inviter à la fête, dont vous avez bien voulu
accepter la présidence, tous les généraux, et officiers et les
Commissaires des guerres qui sont sous vos ordres.

Vous savés bien que c'est une fête de famille, et que
le premier titre pour y être admis, celuy qui dispense même
d'invitation, c'est d'être officier de l'Armée française et d'en
porter l'uniforme.

Nous serons reconnoissans si vous voulez bien être notre
Organe auprès de vos frères d'armes de toutes les armes
de tous les grades, et des officiers ou Commissaires de la
Marine.

Si nous devions nous même remplier quelques formes
veuillez nous les faire connoître.

Le Président de la Commission
(Signé) BOSREDON RANSIJAT
Par le Président
Le Secrétaire Général
(Signé) DOUBLET.

* * *

No. 20

*La Commission de Gouvernement au Commissaire Ordonnateur
de la Marine en date du 24 Messidor an VI. —*
(Lettres écrites par la Commission etc., pag. 20—C.A. Office.)

———

À la Cité de Malte
le 24 Messidor de l'an VI de la République.

Nous avons l'honneur de vous adresser un exemplaire
du programme concerté entre nous et le général Vaubois.

Vous verrez que le Gouvernement Maltais n'a pas oublié
ce qu'il doit et ce qu'il se plaira à devoir encore à la
Marine Française.

Le Président de la Commission
(Signé) = BOSREDON RANSIJAT.

* * *

No. 21

*La Commission de Gouvernement en date du 24 Messidor
an VI au Commandant d'Armes de la Marine.*

(Lettres écrites par la Commission etc., pag. 54.—C.A. Office)

À la Cité de Malte le 24 Messidor
au soir de l'an VI de la République.

Au Citoyen Escoffier

Commandant d'Armes de la Marine

Nous vous envoyons, Citoyen, le Programme de la
Fête du 14 Juillet (26 Messidor).

Nous vous y verrons avec autant de reconnaissance que
de plaisir occuper avec votre Etat Major la place que le
Général de Division a désignée pour vous, en attendant
que vous vous réunissiez au Palais National, où la Fraternité
appelle tous les militaires français.

Le Président de la Commission
(Signé) = BOSREDON RANSIJAT.
Par le Président:
Le Secrétaire Général
(Signé) = DOUBLET.

* * *

No. 22

*Délibération de la Commission de Gouvernement au sujet de
la proposition de la Municipalité de l'Ouest à ouvrir un
régistre plebiscitaire dans toutes les Municipalités. (Séance
du 24 Messidor an VI).*

(Régistre des Délibérations de la Commission, Tome II, pag. 93—
C.A. Office).

La Municipalité de l'Ouest a écrit pour proposer à la
Commission d'autoriser toutes les Municipalités à ouvrir un
régistre à commencer du 14 Juillet, où tous les Citoyens
qui voudraient la réunion de Malte à la France iraient se
faire inscrire.

La Commission a adhéré à cette proposition et il a été
ordonné au Secrétaire Général de rédiger un arrêté à cet
égard.

* * *

No. 23.

Arrêté de la Commission en date du 25 Messidor an VI concernant la liberté de tout Citoyen Maltais de manifester son désir de voir son pays réuni à la République Française (Séance du 25 Messidor an VI, au Matin).

(Régistre des Délibérations, Tome II, pag. 99—C.A. Office).

La Commission de Gouvernement a pris un arrêté, sur la pétition de la Municipalité de l'Ouest d'ouvrir un régistre pour inviter les habitans des isles de Malte et du Goze, qui désireraient leur réunion à la République française et de former un de ses départemens, à se faire inscrire dans ce Régistre.

La Commission de Gouvernement vu la pétition de la Municipalité de l'Ouest et sachant que plusieurs Citoyens ont individuellement manifesté le voeu de voir les Isles de Malte et du Goze réunies à la France, pour former un de ses Départemens;

Considérant que pour remplir ce voeu d'une manière analogue aux désirs des pétitionnaires il convient qu'il y ait un régistre ouvert dans chaque Municipalité dans lequel pourront se faire inscrire les citoyens qui désireront cette réunion;

Après avoir ouï le Commissaire du Gouvernement français Arrête:—

Tout Citoyen Maltais est libre de manifester son désir de voir son pays réuni à la République française.

Chaque Municipalité ouvrira à cet effet un régistre où les Maltais qui auront le désir de cette heureuse réunion pourront se faire inscrire.

Lorsque le Général de Division Vaubois aura approuvé le présent arrêté, il sera imprimé, affiché et envoyé à toutes les municipalités.

Il a été fait lecture par le Secrétaire Général d'une proclamation, sur la fête du 14 Juillet, la Commission l'a adressée à la Municipalité de l'Ouest pour le faire imprimer dans les deux langues.

* * *

No. 24

Proclamation de la Commission de Gouvernement en date du 25 Messidor an VI concernant la Fête du 14 Juillet adressée aux Citoyens de Malte (Séance du 25 Messidor an VI, au Matin.)

(Régistre des Délibérations, Tome II, pag. 99—C.A. Office)

Libertà   *Eguaglianza*

La Commission du Gouvernement
Des Isles de Malte et Goze
à ses Concitoyens.

Le moment est enfin arrivé pour nous, Citoyens, d'être honorés de l'auguste nom d'hommes Libres.

L'invincible Bonaparte l'a voulu et cela s'est fait. Sa présence a suffi pour consterner et faire fuir vos tyrans, et pour vous délivrer du joug absurde et accablant de la triple jurisdiction sous la quelle vous gémissiez.

Dans le peu de jours que ce vainqueur généreux est resté parmi vous, il ne s'est occupé, Citoyens, que des moyens d'assurer votre Liberté, votre bonheur et celui de vos enfans, en choisissant soit dans son armée, soit parmi vos conci- toyens les chefs et magistrats qu'il a cru les plus propres à remplir ce double et important objet.

Accordez leur toute votre confiance; reposez-vous avec une entière sécurité sur la bonne harmonie qui regne entr'eux, tous leurs momens vous seront consacrés.

Au moment de son départ, Bonaparte voyait en vous un peuple digne d'être réuni à la grande Nation, et de partager les avantages qui doivent résulter de l'aggrandisse- ment de la République Française.

Célébrez aujourd'hui avec transport la fête de la Liberté; montrez à L'Armée française votre reconnaissance pour le Héros qui l'a conduite tant de fois à la Victoire, que son nom soit dans toutes les bouches, et reste à jamais gravé dans vos coeurs.

Propriétaires et négocians qui connaissez les besoins de ceux de vos concitoyens qui ne vivent que de leur travail; ouvrez leur vos atteliers, accordez leur des secours dans ce jour d'allégresse; faites que chacun d'eux s'applaudisse du regne de la Liberté, et prenne part à la joie publique.

Et vous Ministres du culte, bienfaisans par devoir et par caractère, servez-vous de vos lumières et du credit que vous avez sur le peuple pour l'exciter à l'amour du travail, mais sur tout pour élever son esprit à la hauteur des circon- stances actuelles. Ce ne sera qu'en lui faisant aimer la Liberté, abjurer ses prejugés, et en l'éclairant sur les devoirs sociaux, que vous réussirez à vous rendre utiles, et que vous ferez éstimer des Chefs Militaires et du Gouvernement.

Que le beau jour où va être planté l'Arbre de la Liberté ne fasse de L'Armée française et des Maltais qu'un

LA COMMISSION DU GOUVERNEMENT
DES ISLES DE MALTE ET GOZE
A SES CONCITOYENS.

Le moment est enfin arrivé pour nous, Citoyens, d'être honorés de l'auguste nom d'hommes libres. L'invincible BONAPARTE l'a voulu, et cela s'est fait. Sa présence a suffi pour constituer et faire fuir vos tyrans, et pour vous délivrer du joug absurde et accablant de la triple juridiction sous la quelle vous gémissiez.

Dans le peu de jours que ce Vainqueur Généreux est resté parmi vous, il ne s'est occupé, Citoyens, que des moyens d'assurer votre LIBERTÉ, votre bonheur et celui de vos enfans, en choisissant soit dans son armée, soit parmi vos Concitoyens les Chefs et Magistrats qu'il a cru les plus propres à remplir ce double et important objet.

Accordez leur toute votre confiance ; reposez vous avec une entière sécurité sur la bonne harmonie qui regne entr'eux ; tous leurs momens vous seront consacrés.

Au moment de son départ, BONAPARTE voyait en vous un Peuple digne d'être réuni à la grande Nation, et de partager les avantages qui doivent résulter de l'aggrandissement de la République Française.

Célébrez aujourd'hui avec transport la Fête de la LIBERTÉ ; montrez à l'Armée française votre reconnaissance pour le héros qui l'a conduite tant de fois à la Victoire, que son nom soit dans toutes les bouches, et reste à jamais gravé dans nos cœurs.

Propriétaires et négocians qui connaissez les besoins de ceux de vos Concitoyens qui ne vivent que de leur travail ; ouvrez leur vos ateliers, accordez leur des secours dans ce jour d'allegresse ; faites que chacun d'eux s'applaudisse du regne de la LIBERTÉ, et prenne part à la joie publique.

Et vous Ministres du culte, bienfaisans par devoir et par caractère, servez vous de vos lumières et du credit que vous avez sur le peuple pour l'exciter à l'amour du travail, mais sur tout pour elever son esprit à la hauteur des circonstances actuelles. Ce ne sera qu'en lui faisant aimer la LIBERTÉ, abjurer ses préjugés, et en l'éclairant sur les devoirs sociaux, que vous réussirez à vous rendre utiles, et que vous vous ferez estimer des Chefs Militaires et du Gouvernement.

Que le beau jour où va être planté L'ARBRE de la LIBERTÉ ne fasse de l'Armée française et des Maltais qu'un peuple de frères. Qu'on les voie entr'eux s'embrasser, se féliciter, se réjouir du bonheur tant désiré de ne plus faire ensemble qu'une même nation, et d'être devenus sous le Gouvernement paternel de la République les enfans d'une même famille.

Que les airs patriotiques si chers à l'Armée, que les chants de la LIBERTÉ qui ont fait du peuple français un peuple de héros, retentissent dans toutes les places et dans toutes les maisons Maltaises. Vive la LIBERTÉ ! Vive à jamais la RÉPUBLIQUE FRANÇAISE.

Giacchè, per noi è giunto alla fine il momento di essere onorati coll'augusto nome di Uomini Liberi. L'invincibel BONAPARTE lo volle : e questo già, il è fatto. La sua presenza bastò per contenere e far fuggire i vostri Tiranni, e per liberarvi dal giogo assurdo ed oppressivo della triplice giurisdizione, sotto la quale voi gemeste.

Nei pochi giorni che questo Generoso Vincitore rimase fra di voi, non si è occupato, Cittadini, che dei mezzi di assicurare la vostra, LIBERTÀ, la vostra felicità, e quella dei vostri figli, scegliendo così nella sua Armata, che fra i vostri Concittadini i Capi e i Magistrati, ch' egli credette i più proprj per eseguire questo doppio ed importante oggetto.

Accordate a costoro la vostra confidenza, riposatevi con intera sicurezza sulla buona esistenza che regna fra di loro, tutti i loro momenti saranno consegrati a Voi.

BONAPARTE nel momento di sua partenza vedeva in voi un popolo degno di essere unito alla gran Nazione, e di partecipare ai vantaggi, che devono risultare dall'ingrandimento della Repubblica Francese.

Celebrate oggi con trasporto la festa della LIBERTÀ, mostrate all'Armata Francese la vostra gratitudine per l'Eroe, che tante volte la condusse alla Vittoria ; sia il suo nome in bocca di tutti, e resti sempre impresso nei nostri cuori.

Voi Proprietarj, e Negozianti, che conoscete i bisogni di quei vostri Concittadini, che vivono colle loro fatiche, aprite loro i vostri lavoratorj, accordate loro de' soccorsi in questo giorno di allegrezza ; fate sì, che ciascuno di essi s'applaudisca del Regno della LIBERTÀ, e sia a parte della pubblica gioja.

E voi, Ministri del culto, benefattori per dovere e per carattere, servitevi delle vostre cognizioni, e del credito, che avete sul popolo, per eccitarlo all'amor del travaglio, ma soprattutto per elevare il suo spirito all'altezza delle attuali circostanze. Facendogli amare la LIBERTÀ, spogliarsi de' suoi pregiudizj, ed illuminandolo sopra i doveri sociali, riuscirete a renderli util, e vi farete la stima de' Capi Militari, e del Governo.

Questo bel giorno in cui si pianterà L'ALBERO della LIBERTÀ, faccia dell'Armata Francese, e de' Maltesi un popolo di fratelli : si veggano vicendevolmente abbracciarsi, congratularsi, rallegrarsi della felicità così desiderata, di formare una sola nazione, e di essere divenuti sino al Governo Paterno della Repubblica figli di una stessa famiglia.

Le Canzonette patriotiche così care all'Armata, i canti della LIBERTÀ, che fecero del popolo Francese un popolo di Eroi, rimbombino in tutte le piazze, ed in tutte le case Maltesi. Evviva la LIBERTÀ ! Evviva per sempre la REPUBBLICA FRANCESE.

Fac-simile de la Proclamation de la Commission
en date du 25 Messidor an VI
(Bibliothèque Publique de Malte)

peuple de frères. Qu'on les voie entr'eux s'embrasser, se
féliciter, se réjouir du bonheur tant désiré de ne plus faire
ensemble qu'une même nation, et d'être devenus sous le
gouvernement paternel de la République les enfans d'une
même famille!

Que les airs patriotiques si chers à L'Armée, que les
chants de la Liberté qui ont fait du peuple français un
peuple de héros, retentissent dans toutes les places et dans
toute les maisons Maltaises.

Vive la Liberté !

Vive à jamais la République Française!

* *

No. 25.

*La Commission de Gouvernement aux Citoyens Talien et La-
nusse en date du 25 Messidor an VI.*

(Lettres écrites par la Commission etc., pag. 58—C. A. Office)

À la Cité de Malte le 25 Messidor
de l'an VI de la République.

La Commission de Gouvernement
    aux Citoyens Talien et Lanusse,

La Commission apprend en ce moment par le Commissaire
du Gouvernement français, qu'un hazard heureux vous a amené
dans ce port et que vous pourrez prendre place à la fête qui
se prépare.

Un des Vainqueurs d'Italie, un des Vainqueurs de Thermidor, ajouteront par leur présence à la joie commune en la
partageant, ainsi que leurs Compagnons.

La Commission se félicite d'être en ce moment l'organe
de ses concitoyens en Vous invitant a leurs jeux.

Salut et fraternité.
Le Président de la Commission
(Signé) BOSREDON RANSIJAT.
Par le Président
Le Secrétaire Général
(Signé) DOUBLET.

* *

No. 26

La Commission de Gouvernement à la Municipalité de l'Est en date du 25 Messidor an VI.

(Lettres écrites par la Commission etc., pag. 59—C.A. Office)

À la Cité de Malte le 25 Messidor
au soir de l'an VI de la République

La Commission de Gouvernement
à la Municipalité de l'Est.

La Commission reçoit et répond sur le champ à la lettre par laquelle vous nous temoignez votre sensibilité de ce qu'il a été ommis de vous inviter à la célébration qui se fait demain matin à St. Jean pour le mariage des 4 jeunes filles dotées par le gouvernement.

Rien de plus juste, Citoyens, que votre réclamation à cet égard.

En consequence la Commission vous invite avec plaisir à cette intéressante fonction. La Municipalité de l'Ouest voit en vous une Soeur bien aimée.

Ne lui attribuez pas à mal cet ommission, qu'elle n'aurait sûrement pas commise sans les importantes occupations dont elle est en ce moment surchargée.

Quant à l'offre que vous nous faites de 4 Compagnies de la Garde Civique de votre arrondissement, nous sommes hors d'état de vous satìsfaire, cette partie ayant rapport au Militaire qui est hors de nos attributions.

Neammoins nous verrons auprès du Général Commandant en Chef ce qu'il pensera de vos offres et de la bonne volonté de votre troupe nationale.

Salut et amitié
Le Président de la Commission
(Signé) BOSREDON RANSIJAT
Par le Président
(Signé) DOUBLET.

*　*

No. 27.

La Commission de Gouvernement à la Municipalité de l'Ouest en date du 25 Messidor an VI.

(Lettres écrites par la Commission etc., pag. 60—C. A. Office)

Inauguration de l'Arbre de la Liberté à Malte
le 26 Messidor an VI (14 Juillet 1798)
(D'après un dessein de M. H. Zarb)

À la Cité de Malte 25 Messidor
de l'an VI de la République.

À la Municipalité de l'Ouest,

La Commission vous adresse, Citoyens: 1° la Proclamation qu'elle fait à ses Concitoyens, sur la fête nationale du 14 Juillet.

2° l'arrêté qu'elle a pris pour ordonner dans toutes les Municipalités, l'ouverture d'un régistre où les Citoyens qui désireront la réunion des isles de Malte et Goze à la France pourront se faire inscrire.

3° L'arrêté pris par le Commissaire du Gouvernement français relativement aux Substitutions.

Vous les ferez chacune séparément, imprimer, afficher, et les enverrez à toutes les Municipalités en observant que les deux premiers surtout soient affichés demain matin dans toute la Ville.

Salut et amitié
Le Président de la Commission
(Signé) = BOSREDON RANSIJAT
Par le Président
Le Secrétaire Général
(Signé) = DOUBLET.

* * *

No. 28

Relation de la Fête du 14 Juillet 1798 à Malte (Séance du 28 Messidor an VI).
(Régistre des Délibérations, Tome II, pag. 120—C.A. Office.)

JOURNÉE DU 26 MESSIDOR
FÊTE NATIONALE

PLANTATION DE L'ARBRE DE LA LIBERTÉ.

Le matin, à 9 heures, la Commission s'est rassemblée au lieu ordinaire de ses séances, pour y attendre les deux Municipalités de la Cité qui arrivèrent successivement. Celle de l'Ouest était précédée des quatre épouses dotées par le Gouvernement, et de leurs époux à l'exception d'un d'entr'eux qui était malade. Voici leurs noms:—

Epouses		Epoux
1re. Victoire Volflomier......avec.........Blaise Marthe		
2e. Consolée Arrighi.........avec.........François Calderoni		
3me. Claire Decelis............avec.........Joseph Cutajar		
4e. Elisabeth...................avec.........Laurent Galea		

La Municipalité les ayant présentés au Commissaire et à la Commission de Gouvernement, le Président leur a adressé la parole en ces termes:—

Jeunes Citoyennes!

Le Gouvernement en vous choisissant parmi vos compagnes pour vous faire partager d'une manière éclatante la joie publique, dans ce jour auguste où tous les coeurs sont remplis de la plus douce allégresse, a voulu moins récompenser en vous la beauté, que le mérite et la vertu. Portez dans vos ménages les mêmes sentimens d'honneur et l'amour du travail qui vous animaient dans la retraite; mais sur tout n'oubliez jamais que la Patrie en vous dotant a le droit d'attendre de vous, que vous employerez tous les moyens possibles pour être bonnes épouses, mères tendres, et citoyennes remplies de patriotisme.

Et vous Citoyens, destinés à partager la tendresse de celles dont le sort va être lié au votre, souvenez vous que ce sexe charmant doit être traité avec douceur, et que la constance dans les bons procédés, est pour le moins aussi propre que l'Amour à entretenir la paix et la bonne harmonie dans les mariages.

Ce discours terminé, les deux Municipalités, les époux, la Commission et le Commissaire du Gouvernement précédés d'une troupe de musiciens jouant des airs Républicains, se sont portés chez le Général Vaubois Commandant en Chef, et de là sont allés avec ce Général à l'église Cathedrale (cy devant St. Jean) où l'Evêque après avoir marié les jeunes filles, à l'exception de celle dont le mari était malade, leur a fait un sermon, et a célébré la messe qui a été terminée par un Te Deum en musique. Tout l'état major de la garnison ainsi que le Général Lanusse et le Citoyen Talien arrivés la surveille de Toulon et un peuple immense ont assisté à cette touchante cérémonie, la quelle étant finie le cortège a reconduit chez-lui le Général Vaubois. Ensuite les époux se sont rendus à la rédaction de leur acte civil de mariage.

L'après diner, la fête a commencé à quatre heures par le jeu de la course dont les prix ont été distribués par la Municipalité à tous les vainqueurs. Toute la garnison, les Chasseurs Maltais et la Garde Civique étaient sous les armes, et ce spectacle imposant, joint à celui qu'offraient toute la population des campagnes dont la ville était remplie et tout le beau sexe dont les fenêtres et balcons étaient garnis formait le coup d'oeil le plus majestueux.

Après la distribution des prix aux vainqueurs de la course la Municipalité est venue à la Commission de Gouvernement près de la quelle s'étaient déjà rendus toutes les autres autorités civiles et administratives. Chacune d'elles se mit en marche dans l'ordre préscrit par le programme de la fête, et alla au Palais National prendre le Général Vaubois.

Ce Général ayant donné l'ordre de la marche, tous les corps militaires s'ébranlèrent pour descendre à la Marine, où des chaloupes étaient preparées pour conduire à bord du Vaisseau Amiral, le Général de Division et ses Aides-de-Camp, le Commissaire et la Commission de Gouvernement et les autorités constituées. Là le Commissaire Ordonnateur Menard, ayant fait avancer les six jeunes aspirans de la marine maltais, il leur adressa le discours le plus touchant et le plus propre à enflammer leur énergie. Après quoi ayant reçu leur serment il leur confia le Drapeau qui devait être arboré à l'Arbre de la Liberté. Alors le Général de Division Vaubois prononça aussi un discours dans lequel il exhorta les marins à s'armer de courage pour repousser et chasser s'il était possible le perfide anglais de la Mediterrannée. Son discours achevé, le pavillon d'amiral fût hissé en haut du grand mat, et tous les canons des forts de la Ville et des bâtimens du port le saluèrent, ce qui pendant plus d'une demiheure joint au bruit des fanfares et instrumens guerriers imita parfaitement l'image et le bruit d'un combat.

De la Marine on remonta dans le même ordre à la place d'armes sur la quelle à côté de l'Arbre de la Liberté avait été dressé *en forme pyramidale* l'autel de la patrie.

Le Commandant en Chef Vaubois, le Commissaire et la Commission de Gouvernement se placent successivement sur les degrés de l'Autel de la patrie, en face de l'Arbre de la Liberté. Toutes les troupes réunies sur la place d'armes forment un double bataillon quarré.

Tout à coup la musique militaire cesse, il se fait le plus grand silence, et le Général Vaubois prend la parole en ces termes:

"Peuple de Malte, à peine l'avilissante aristocratie, a-t-elle disparu de votre Isle, qu'une occasion se présente où les français vos libérateurs peuvent vous exprimer la satisfaction qu'ils éprouvent de l'adoption de nouveaux frères. Cet arbre qui vient de s'élever majestueusement, vous appelle sous son ombre pour y cimenter avec effusion du coeur la volonté la plus determinée, d'affermir la Liberté naissante, dont les Français veulent que vous jouissiez avec eux: par cette auguste cérémonie, purifions cette place où tant de braves citadins étaient exposés aux insultes de ces êtres que la vue seule des hommes Libres a foudroyés. C'est ici qu'ils s'assemblaient, qu'ils s'entretenaient de projets sinistres, c'est ici qu'ils inventaient de fausses nouvelles pour les répandre dans le peuple, c'est ici qu'ils exprimaient leur haine contre les amans de la Liberté, et les héros qui l'ont conquise.

Quelle difference aujourd'hui ! Les agens qui vous gouvernent au nom de la République Française, le peuple du bonheur du quel ils sont occupés, ces héros des armées du Nord et du Midi, ces braves qui à la vue de cet arbre qu'ils ont enracinés en tant d'endroits, se promettent encore d'étendre la plantation pour le bonheur général, tous ces frères confondus ne respirent que la concorde, mais en même tems tous jurent avec enthousiasme de pulvériser quiconque serait assez téméraire pour vouloir l'ébranler.

Frères de L'Isle de Malte, ouvrez les yeux sur vos destinées futures: ne voyez-vous pas qu'avec un gouvernement Libre et votre position heureuse dans la Mediterrannée, votre Isle devient l'entrepôt du Levant? Alors plus de misérables dans cette Isle. Réfléchissez-aussi que vous n'avez à craindre d'être traités en ésclaves sur les côtes de Barbarie. Si vous sentez ces avantages, je me persuade que vos âmes retrempées vont prendre une énergie salutaire, et si par hasard les ennemis insultaient vos côtes courrez avec moi au rivage; qu'ils périssent sur votre sol, ou que leur retraite précipitée en ensevelisse un grand nombre dans les flots.

Et vous mes frères d'armes, voyez ces nouveaux concitoyens avec le plus grand intérêt, non seulement vous devez respecter leurs propriétés, mais aussi empêcher que des mauvais sujets (car malheureusement il s'en trouve par tout) ne fassent le moindre tort à ce peuple industrieux et tranquille. Continuez à être terribles dans les combats; mais la victoire gagnée et l'association d'un peuple à la grande famille effectuée, faites succéder de suite à votre ardeur guerrière la bienveillance, la douceur, la fraternité."

Ce discours a obtenu les plus grands applaudissemens. Le Commissaire du Gouvernement a ensuite fait le sien de la manière suivante:--

"C'est en ce jour que commença la guerre de la Liberté. C'est en ce jour que les français ont combattu, c'est à dire, ont vaincu la première fois pour elle. C'est en ce jour que l'étendard tricolor, devant qui les bannières des rois se sont tant de fois abaissées, fût arboré par des mains triomphantes sur les ruines de la Bastille renversée!

Jour Auguste! je te salue. Tu ne te leveras désormais; désormais tu n'éclairera pas la terre sans que tous les hommes dignes de ce nom, te célèbrent avec transport. Ils s'uniront pour rendre hommage à la liberté que tu fis succéder à tant de siècles de tirannie. Ils s'uniront pour payer un tribut de gloire et de regrets à la mémoire de ceux qui osèrent les premiers s'armer, combattre, vaincre et mourir pour rendre à l'homme ses droits et sa dignité!

Jour auguste! en combien de climats, dans un petit nombre d'années, les Français ont deja solemnisé ton rétour! en ce moment même, en combien de lieux, ils célèbrent ton souvenir immortel!

Que de peuples jadis eslaves, ralliés sous ta bannière! que de murailles souillées naguère par les blasons du despotisme, sont décorés de tes étendards!

Du Danube à l'Adige, depuis le Rhin jusqu' au Tibre; de Luxembourg à Léoben; des remparts de Mayence aux rochers du Capitole, l'oeil fier de l'homme Libre, l'oeil attendri de l'homme sensible se répose avec orgueil, avec sérénité sur ces couleurs sacrées qui forment à la fois le drapeau de la Liberté et de la victoire, l'étendard de la philosophie et de l'humanité.

Peuple Maltais, vos mains Libres, unies aux mains Libératrices des Français, viennent de l'arborer dans vos cités, vous n'avez jusqu'ici célébré que les fêtes de l'esclavage, sous les yeux de la tirannie; célébrez aujourd'hui avec vos frères et vos amis, la fête de la Liberté qu'ils vous ont apportée.

Levez les yeux autour de vous, et voyez tous les motifs de confiance et de joie, tous les gages de tranquillité et de bonheur qui vous entourent.

Voyez les Français dont la calomnie et la haine, la mauvaise fois, l'erreur peut-être, vous avaient fait un si infidèle portrait: voyez les généraux et soldats administrateurs et citoyens, vous tendre une main fraternelle et se confondre parmi vous, avec l'abandon de la confiance et de l'égalité.

Dites: Sont ce des vainqueurs ou des amis, des conquérans ou des Libérateurs que vous trouvez dans ces guerriers qui vous ont admis dans leur rangs?

Maltais, croyez aux paroles que le Gouvernement Français vous adresse par mon organe. Vous êtes libres par lui. Par lui vous deviendrez heureux. Votre prosperité comme votre indépendance, seront son ouvrage. Et quelles craintes pourraient rester encore dans l'âme la plus défiante?

Comparez votre situation présente à votre état passé. D'orgueilleux despotes vous commandaient, vous opprimaient sans ménagement et sans pudeur. Il fallait, pour prendre part au gouvernement, être né sur le continent. Il fallait être étranger pour avoir du pouvoir: Trembler et obeir! Voila tout ce qui vous était permis. Le libre usage de vos places publiques vous était interdit, et vos despotes insolens punissaient le Citoyen paisible qui osait fouler le même pavé sur le quel ils promenaient leur vanité desoeuvrée.

Vouliez-vous franchir les mers? et chercher ailleurs un régime moins oppressif?

En guerre avec tout ce qui vous entourait, vos maîtres vous avaient fait un prison de votre Isle, et vous ne pouviez en sortir sans tomber dans un nouvel esclavage.

Sûrs que l'ignorance est l'appui du despotisme on vous avait refusé tous les moyens d'instruction. La connaissance des arts les plus utiles vous était interdite.

Enfin, Citoyens sans patrie, habitans d'un port sans commerce, membres d'une Societé sans guarantie, d'une nation sans alliés, la tirannie s'emparait de voùs au berceau, et ne vous abandonnait qu' à la tombe obscure où vous reléguait son orgueil quand la mort vous enlevait à sa puissance.

Voyez aujourd'hui les hommes désignés par l'estime publique, et appellés par la France à être les chefs de votre grande famille.

Ils sont presque tous nés dans votre patrie: ils sont vos amis, vos égaux. L'autorité même qu'ils exercent n'est qu'un dépôt qu'ils remettront bientôt en d'autres mains. Pour que le long usage du pouvoir n'en amene pas l'abus.

Ces places, ces remparts, ces ports où la nature semble appeller l'industrie, sont devenus la propriété commune de tous: et les Citoyens égaux n'ont plus de lieux que ceux de l'affection, plus de devoirs que ceux qu'impose l'intérêt général de la société.

Le Commerce désormais va vérifier vos ports déserts depuis trop longtems.

Dépôt necessaire de toutes les importations de l'Afrique et de L'Asie, les vaisseaux de tous les peuples couvriront vos mers.

La France vous enverra les arts perfectionnés, et doublera vos richesses agricoles par son industrie manufacturière.

Des écoles de tous les genres vont s'ouvrir dans vos villes, et dans vos campagnes. Vous pourrez enfin développer vos propres pensées, et vous enrichir des pensées des autres.

Toutes les nations qui vous entourent seront en paix avec vous: vos pères, vos fils, vos frères, vos amis, vont rentrer dans vos foyers, et rendus pour jamais à votre tendresse, vous ne craindrez plus pour eux aucun genre d'esclavage.

La France, en vous apportant la Liberté, vous donne l'Europe entière pour alliée.

Une seule Nation.......je me trompe, un seul gouvernement est encore l'ennemi de la France et le votre.

Le Cabinet de Londres conspire la paix et l'humanité.

Mais reposez-vous sur les guerriers français du soin de le soumettre, de punir, d'abbaisser l'orgueil de l'Angleterre.

Elle apprendra bientôt que la victoire est fidèle aux Français sur les deux élémens.

En vain ses vaisseaux fatigueront de leur poids les mers qui vous entourent, ses soldats n'oseront toucher le sol de votre Isle : où s'ils y paraissent, ils y trouveront, comme à Ostende, le deshonneur ou la mort.

Jurons le tous ensemble sous cette bannière désormais commune. Jurez-le Maltais, que votre territoire servira de prison ou de tombeau à tous les anglais qui oseraient y descendre.

Et vous, Soldats Français, jurez-le avec vos nouveaux frères.

N'oubliez-pas que Bonaparte vous a laissé au poste d'honneur, avec des Chefs que sa confiance a désignés parmi l'élite des généraux vainqueurs de l'Europe. Bonaparte l'a voulu. Malte sera l'entrepôt de sa gloire. Soldats de son armée, gardez cet auguste dépôt; et montrez vous en dignes.

Honorez le nom Français dans ces lieux aujourd'hui paisibles, comme vous l'avez honoré sur le champ de bataille, et que, soumis aux lois, à la discipline dans les cités, comme vous bravez l'ennemi dans les combats, l'univers apprenne que le Soldat Français ne fait que de changer de gloire.

Conservez le sceptre de la Mediterrannée arraché pour jamais aux mains débiles et avilies qui ne pouvaient plus le porter. Conservez le pour en faire bientôt une des branches du faisceau départemental de la République Française.

Français, soyez guerriers mais Citoyens, donnez l'exemple des vertus civiles, comme vous avez offert le modèle des vertus militaires; et faites qu'on dise un jour des armées de la République qu'elles ont procuré la Liberté des peuples par leurs conquêtes ; qu'elles leur ont acquis la paix par des victoires, et qu'elles leur ont assuré le bonheur par la justice."

Ce discours a été fréquemment interrompu par les applaudissements les mieux sentis et justement merités.

Ensuite le Président de la Commission de Gouvernement et les Présidents des Municipalités de la Ville ont aussi chacun prononcé leurs discours qui ont été fort applaudis, particulièrement celui du Citoyen Libreri.

Tous les discours achevés, on a jetté au pied de l'arbre de la Liberté tous les titres des ex-nobles maltais, et ex-officiers de l'ancien Gouvernement, et ils ont été brulés au son de la musique et des applaudissemens du peuple.

Il était nuit. Les autorités constituées accompagnèrent le Général Vaubois au Palais National, où tout le beau sexe du pays s'était réunis pour le Bal, le souper et le feu d'artifice—Tout s'est executé avec beaucoup d'ordre, de décence, et à la satisfaction générale. Il était 3 heures du matin lorsque chacun s'est retiré chez soi, chantant les louanges de la Nation Française. (1)

---

(1) Cette Relation composée par le Secrétaire Général Doublet a été lue par lui pendant la Séance du 28 Messidor et la Commission a décidé qu'elle sera transcrite au Régistre des Délibérations de la Commission. (Voir Tome II p. 134.)

* ** *

No. 29

Séance de la Commission du 28 Messidor an VI. Lecture de la lettre du Citoyen La Coretterie premier Secrétaire du Commissaire du Gouvernement Français.

(Régistre des Délibérations, Tome II, page 135—C. A. Office)

———

On a reçu une lettre du Citoyen La Coretterie premier Secrétaire du Commissaire du Gouvernement avec douze exemplaires d'une chanson patriotique qu'il a composée pour la fête nationale du 14 Juillet.

La Commission a ordonné la mention honorable au procès verbal et qu'il sera écrit à ce Secrétaire pour le rémercier de son attention.

* ** *

Exemplaire d'une chanson patriotique en Italien. (1).

CANZONA PER IL GIORNO FESTIVO DELLA LIBERTA'.

Or che inalzato ei l'Albero
S'abbassano I Tiranni,
E da lor superbi Scrani
Scenda la nobiltà.

    Dolce amor di Patria
    S'accenda in questi lidi,
    Formiam comuni gridi
    E viva la libertà.

L'indegno Aristocratico
Non osi alzar la testa,
Che poi allor la festa
Tragica si farà.

    Dolce amor di patria, ecc.

Già reso eguale, e libero
Ma suddito alla Legge
Il popolo, che regge
Sovrano Ei sol sarà.

    Dolce amor di patria, ecc.

———

(1) L'original appartient à M. Tancredi Gouder.

Sul turbido Mar Jognio
S'annegò la Gerosolima spada
E nella Melita contrada
Mai più lampeggerà.

> Dolce amor di patria, ecc.

Giuri implacabil odio,
A' feudi, alle corone
E sempre la Nazione
Libera resterà.

> Dolce amor di patria, ecc.

* * *

Exemplaire d'une chanson patriotique en Maltais. (1)

GHAGNA TA TRIONF
TAL-L'IBERTA'.

Issa li ghaminna l'Arblu
Ma hemsc izziet Cavalieri
Nizel Is-Sultan u It-tron tighu
Mighu nizlu il Consiglieri.

> Ghal-l'armi Repubblicani
> Im-morru contra In-nobiltà
> Uru li ahhna vincituri
> Ghaitu o-o viva il-L'ibertà.

Uaslet ghal-l'Aristocraticu
Dich il chibira pesta
U jech ghalina jarfa rasu,
Ahhna biha namghlu festa.

> Ghal-l'armi Repubblicani, ecc.

Haun il Populu ic-chmanda
U fideihh ghandu il-Ligi
Biesc il hhziena ic-condanna,
U it-taibin biha irriegi.

> Ghal-l'armi Repubblicani, ecc.

Gherek Is-Seif tal Cavalieri
Fil chbir bahar taghna
Barra colla issa il frustieri
Ghaliesc il Maltin haun tic-cmanda.

> Ghal-l'armi Repubblicani, ecc.

* * *

---

(1) L'original appartient à M. Tancredi Gouder.

Ño. 30

La Commission de Gouvernement au Citoyen La Coretterie en date du 28 Messidor an VI, pour le remercier de l'envoi de sa chanson patriotique en l'honneur de la Fête du 14 Juillet.

(Lettres écrites par la Commission etc., pag. 63—C.A. Office)

—

À la Cité de Malte le 28 Messidor
de l'an VI de la République.

Au Citoyen La Coretterie

Secrétaire du Commissaire du Gouvernement français à Malte.

La Commission, Citoyen, a reçu avec autant de plaisir que de sensibilité les Couplets pour la fête nationale du 14 Juillet dont vous êtes l'Auteur, et chacun de ses membres en a pris un exemplaire dans l'intention d'apprendre à les chanter. On voit sans peine qu'ils sont faits par un ami chaud de la liberté, que vous avez été inspiré par Elle, et que vous savez réunir sa verve énergique aux mirthes du tendre Ovide; c'est un éloge que les Maltais qui entendent la langue française aimeront sûrement à vous rendre.

Salut et estime.
Le Président de la Commission
(Signé) Bosredon Ransijat.
Par le Président
Le Secrétaire Général
(Signé) Doublet.

* * *

No. 31

Arrêté de la Commission concernant le payement de 500 écus de Malte aux filles mariées le 14 Juillet 1798. (Séance du 28 Messidor an VI, au Matin.)

(Régistre des Délibérations, Tome II, pag. 149—C.A. Office)

—

Sur la demande de la Municipalité de l'Ouest il a été pris l'arrêté suivant :

"La Commission de Gouvernement vu son arrêté du 13 Messidor présent mois, qui préscrit une dot de cent écus à chacune des cinq filles mariées le jour de la fête nationale du 14 Juillet (v.st.). Considérant que leur mariage ayant été célébré, il est juste de leur faire délivrer cette dot, et que pour cela il est nécessaire d'expédier un ordre au Trésorier du Gouvernement de payer à la Municipalité de l'Ouest cinq cent écus en la chargeant d'en retirer les quittances respectives par acte public.

Après avoir entendu le Commissaire du Gouvernement français.

Arrête :

Le Citoyen Jean François Sant payera entre les mains de la Municipalité de l'Ouest, cinq cent écus, montant des cinq dots des filles mariées le jour de la fête nationale du 14 Juillet.

Le présent arrêté tiendra lieu de Bon.

Le Président de la Commission
(Signé) BOSREDON RANSIJAT.
Par le Président:
Le Secrétaire Général
(Signé) DOUBLET.

* * *

No. 32

Arrêté de la Commission de Gouvernement concernant le paye-ment de 200 écus de Malte pour frais de la Fête du 14 Juillet 1798.

(Régistre des Délibérations, Tome II, pag. 173.—C.A. Office).

La Municipalité de l'Ouest ayant demandé deux mille écus de Malte pour payer la dépense de la Fête du 14 Juillet, il a été pris l'arrêté suivant:

"La Commission de Gouvernement délibérant sur la demande faite par la Municipalité de l'Ouest de deux mille écus de Malte pour les dépenses de la fête du 14 Juillet.

Après avoir ouï le Commissaire du Gouvernement Français Arrête :

Le Citoyen Sant, Trésorier du Gouvernement, payera pour l'objet ci-dessus à la Municipalité de l'Ouest deux mille écus de Malte, dont elle rendra compte dans son Bilan Général, cy.........Sc. 2000

Le présent arrêté tiendra lieu de Bon.

Le Président de la Commission
(Signé) BOSREDON RANSIJAT
Par le Président
Le Secrétaire Général
(Signé) DOUBLET.

* * *

No. 33.

*Arrêté de la Commission de Gouvernement concernant le paye-
ment à faire à la couturière des habits aux filles dotées
par le Gouvernement.* (Séance du 30 Messidor an VI,
au Matin).

(Régistre des Délibérations Tome, II, pag. 179—C.A. Office).

———

À la Citoyenne Damienne Bartolo, Couturière, pour dépense
et travail des habits donnés aux quatre filles de la Cité de
Malte dotées par le Gouvernement le jour de la fête du 14
Juillet, quatre vingt deux écus, neuf tarins, dix grains......

$$\text{Sc. 82-9-10.}$$

* * *

No. 34.

*Arrêté de la Commission de Gouvernement concernant le paye-
ment à faire pour le feu d'artifice de la Fête Nationale*
(Séance du 3 Thermidor an VI, au Matin).

(Régistre des Délibérations, Tome II, pag, 220—C.A. Office)

———

Au Citoyen Joachim Fenech, ouvrier en chef chargé, de la
salle d'artifice, pour le feu d'artifice de la Fête Nationale du 14
Juillet, selon le compte vu par le Général d'Artillerie et appostillé par le Commissaire du Gouvernement, six cent trente
trois écus onze tarins........Sc: 631 ,, 11 ,, 0

* * *

No. 35.

*Arrêté de la Commission en date du 3 Thermidor an VI
concernant le payement de différentes sommes dépensées
pour la Fête du 14 Juillet 1798.*

(Régistre des Ordonnances etc., Tome I, pag. 23—C. A. Office.)

———

La Commission de Gouvernement délibérant sur le rapport
d'un de ses membres concernant les demandes en ordonnances
de payement au Citoyen Trésorier Sant; après avoir entendu le Commissaire du Gouvernement Français
Arrête:

Le Citoyen Trésorier Sant payera les somme suivantes
à ceux qui lui en présenteront les Bons respectifs, signés
par le Président et le Secrétaire Général de la Commission
de Gouvernement, savoir:

Au Citoyen Joachim Fenech, ouvrier en chef chargé de
la salle d'artifice, pour le feu d'artifice de la Fête Nationale
du 14 Juillet, selon le compte vu par le Général d'Artillerie
et appostillé par le Commissaire du Gouvernement six cent
trente trois écus onze tarins..........Sc. 633 11.

Le Président de la Commission
(Signé) Bosredon Ransijat.

* * *

No. 36

*Séance de la Commission de Gouvernement du 25 Messidor an
VII concernant la Fête du 14 Juillet 1799.*
(Régistre des Délibérations, Tome IV, pag. 171—C.A. Office.)

Le Général Brouard écrit à la Commission pour l'inviter
à la fête du 14 Juillet, qui se célèbre demain. La Commission
se rendra au Palais National à 5. heures et demie, avec
les autres Autorités Constituées de l'Ouest: qu'elle invitera
à s'y rendre aussi. La Municipalité et le Juge de Paix de
l'Est se rendront chez leur Commandant, pour célébrer la
même fête dans leur Canton.

La Commission écrit à la Municipalité de l'Ouest, au
Juge de Paix, aux Tribunaux, à la Commission des Domaines
Nationnaux, au Tribunal de Commerce; Mont de Pieté, la
Santé, Trésorier du Gouvernement, Douane, l'Hôpital Civil:—

"La Commission vous invite, Citoyens, à vous rendre
"demain à 5. heures du soir dans la salle de la dite
"Commission pour aller célébrer la fête du 14 Juillet avec
"le Général en Chef et la garnison française."

La Commission écrit à la Municipalité de l'Est: "Vous
"verrez, Citoyens, par la copie ci-jointe de la lettre du Gé-
"néral Brouard, que vous devez vous rendre demain avec
"le Juge de Paix chez le Commandant de votre Canton,
"pour célébrer la fête du 14 Juillet."

* * *

No. 37

*Description de la Fête Nationale du 14 Juillet 1799 célébrée
à Malte.* (Séance du 27 Messidor an VII).
(Régistre des Délibérations, Tome IV, pag. 172—C.A. Office.)

Séance du 27 Messidor.

Hier à 5 heures du soir toutes les Autorités Constituées,
et toutes les Administrations se rendirent auprès de la Com-

mission, et l'accompagnèrent à 5 heures et demie au Palais
National, d'où partit tout le cortège, avec le Général en
Chef, pour se rendre à l'Autel de la Patrie. Le Général
en Chef adressa à ses Camarades un discours aussi énergique, qu' analogue aux circonstances. Les Brigands mirent
toute leur artillerie en oeuvre pour troubler la fête.
Mais leurs bombes, leurs obus, et leurs boulets, ne
firent qu'augmenter l'ardeur des Républicains à chanter
et prolonger les airs et les hymnes patriotiques pendant
deux heures, au bout des quelles la garnison défila sous
l'Arbre de la Liberté devant l'Autel de la Patrie; et l'on
accompagna le Général en Chef en le reconduisant au Palais
National; après avoir fait tout ce que les circonstances ont
permis pour célébrer ce jour à jamais mémorable dans
les fastes de la Liberté du genre humain.

* * *

No. 38

*Séance de la Commission de Gouvernement du 23 Messidor
an VIII, concernant la Fête du 14 Juillet 1800.*
(Régistre des Délibérations, Tome V, pag. 100—C. A. Office)

Séance du 23 Messidor an 8.

Le Général Chanez écrit à la Commission pour l'inviter
de prévenir toutes les Autorités Constituées à se rendre demain
chez le Général en Chef, pour célébrer la fête du 14 Juillet.

La Commission écrit en conséquence à toutes les Autorités Constitueés et répond à la lettre du Général Chanez,
comme suit:—"Conformément à Votre invitation, Citoyen Général, nous avons averti toutes les Autorités Constituées de
se trouver demain à six heures du soir chez le Général en
Chef, pour assister à la fête du 14 Juillet.

* * *

No. 39

*Description de la Fête du 14 Juillet 1798 a' Malte faite par
un contemporain* (1)

Dopo..... s'incominciò tosto il lavoro nella piazza di
palazzo, allora chiamata della libertà. In mezzo di questa

------

(1) BARONE AZZOPARDI:—Giornale della Presa di Malta e Gozo,
dalla Republica Francese e della susseguente Rivoluzione della
Campagna, 8vo. Malta, 1864, pag. 54 *et seq.*

si eresse un grande albero col berretto tricolore in cima.
Vicino a quello si vedova una piramide coperta di tela,
posata sopra una base su quattro scalini. In una facciata
della piramide vi era dipinto lo sbarco dei francesi in Malta;
nella seconda si vedevano gli schiavi con ceppi infranti,
che ballavano coi francesi e Maltesi insieme; nella terza si
scorgeva un guerriero, che ordinava la partenza del Gran
Maestro con tutti i Gerosolimitani; nella quarta eravi espressa
l'apertura del commercio.

Nell'antecedente giorno alla festa, furono invitati tutt' i
funzionarj pubblici e molte famiglie distinte del paese, per
godere dal palazzo la brillante funzione dell'albero, e fu or-
dinata un'illuminazione generale; in quella stessa sera si
fece nella piazza della libertà, come preludio alla festa, grande
fuoco artificiale.

Il molto bramato giorno 14 Luglio essendo arrivato,
alle ore otto di mattino giunsero nella piazza della libertà,
quattro giovani orfane, scelte dal conservatorio del governo,
accompagnate dalla guardia nazionale e suoni, per isposare
in quel giorno di novella perfetta contentezza. Esse si posero
vicino il tempio della libertà in mezzo ai soldati del reg-
gimento dei cacciatori, e della guardia nazionale, che loro
attorno eransi ben disposti. Erano quelle riccamate vestite
di bianco, e le loro teste furono dal generale Vaubois adornate
di ghirlande di rose. Quella cerimonia fu venerata colle
scariche di moschetteria, e collo sparo dei cannoni di tutte
le fortificazioni e vascelli. Corteggiate dalla commissione di
governo, e dalle municipalità, quelle furono portate allora
in palazzo. Di la tutti partirono insieme per la chiesa di
S. Giovanni. Cola' giunti, i generali, e la commissione
di governo, si assisero sopra un palco posto fuori del presbiterio
a man destra, parato di rosso damasco, e le municipalità
a sinistra sopra un altro. Monsignor vescovo recitò da sotto
il trono una omelia, diede alle spose il consenso, e celebrò
la S. Messa. Il commissariò di governo poi con tutto il
suo corteggio si restituì in palazzo, e le spose ebbero in
regalo cento scudi di Malta per ciascuna.

Alle ore tre pomeridiane dello stesso giorno si radunaro-
no sulla piazza della libertà tre reggimenti francesi, quello
de' cacciatori, e della milizia urbana, e si posero a quadru-
plicate file intorno all'altare della libertà. Poco tempo dopo
arrivarono in palazzo le municipalità, la commissione di
governo, gli ufficiali francesi, e maltesi, i giudici di pace,
e tutte le autorità costituite. Così uniti tutt' i corpi civili,

e militari, cinquecento soldati marciarono per la marina, seguiti dal generale in capo e il suo seguito, tutti vestiti nella più grande etichetta. Arrivati nel molo della barriera, il generale, la commissione di governo, il commissario, le municipalità, i giudici di pace, ed i sei giovani maltesi ascritti alla marina, s'imbarcarono sulle scialuppe, e si portarono sul vascello di Malta. La giunti furono salutati dal vascello, ed il commissario di marina consegnò agli aspiranti maltesi lo stendardo, che si dovea porre in cima dell'albero della libertà, e diresse loro il seguente discorso, il quale terminato si alberò nel vascello la bandiera tricolore, e vi fu il saluto di tutt' i vascelli e delle fortificazioni.

DISCORSO
DEL COMMISSARIO ORDINATORE DELLA MARINA MENARD.

"Giovani maltesi che la republica chiama al suo servizio: il generale in capo, il commissario di governo, ed i vostri concittadini vi danno oggi una gran prova della loro stima, e della loro confidenza. Non solamente essi vi ammettono alla celebrazione di questa festa augusta, ma vi confidano ancora la custodia dello stendardo della libertà.

Ugualmente fortunato sono io, che sono stato eletto per rimetterlo nelle vostre mani; che questo felice giorno non esca mai dalla vostra memoria ! Per me, egli mi chiamerà sempre ai miei doveri ed alla fedeltà, che io devo alla republica; per voi che egli serva per elevare i vostri animi alla più grande altezza, per farvi sempre ricordare, che voi appartenete a quel popolo, che ha saputo riformarsi colla sola energia della sua volontà; che egli serva a ricordarvi per sempre, che si è per lui, che voi avete ripreso una nuova vita sopra lo stesso rogo che vi consumava.

Vedete già intorno a voi in un'istante, per una metamorfosi incredibile, la catena della schiavitù divenuta la sciarpa dell'eguaglianza, l'egoismo, l'insolenza, l'abuso del potere disparvero, ed hanno date luogo alla morale, alla ragione, alla giustizia,

Testimonj de' suoi prodigj voi dovete fare tutti i vostri sforzi per consolidare la grande opera; fedeli alle leggi della republica che vi adotta, marciando di un passo fermo, e costante nel sentiero della virtù, voi non dovete giammai perdere di vista, che se la filosofia vuole che l'uomo sia eguale dell'uomo, nell'ordine politico vi devono essere dei superiori, altrimenti l'eguaglianza, che gli spiriti ardenti desiderano, non sarebbe in se stessa che un dispotismo mascherato, che un' anarchia distruttiva delle leggi sociali, e di tutti i nodi, che uniscono la gran famiglia.

Voi avete dei superiori, ma voi potete divenirne, e rispondere come Fabricio al Re di Epiro che voleva corremperlo:—Conservate il vostro oro ed il vostro onore. Noi altri Romani siamo tutti ricchi, perchè la patria che c'innalza ai grandi posti non ci domanda che dei talenti, e delle virtù.

Tali sono, miei giovani, i principj che la republica ha consecrato, che siano vostri: seguendoli fedelmente, restando attaccati al suo servizio, contribuendo alla sua gloria, voi meriterete il nome di francesi, e come essi, voi sarete l'oggetto dell'ammirazione della schiatta futura.

Ricevete questo stendardo, che il valore, e la virtù vi affidano, e portatelo con venerazione sulla piazza della libertà."

* * *

Terminato appena il discorso tutta la comitiva ritornò a terra, ed unita al resto del corteggio che era rimasto sul molo, s'incamminò verso la piazza, nello stesso ordine con cui si era la' portata. Tenevano lo stendardo quattro degli aspirati maltesi accompagnati dagli ufficiali loro concittadini. Giunti nella piazza della libertà, fra lo strepito di armoniosa musica, alla vista di un folto popolo estatico, s'innalzò lo stendardo sull'albero, in mezzo alle acclamazioni di perfetta gioja, ed al fragore de' cannoni di tutte le fortificazioni.

Il generale Vaubois, il commissario di governo, il presidente, e la commissione di governo, pronunciarono allora un discorso al popolo. Fra l'uno e l'altro, la musica, ed il canto degl'inni patriottici, si mescolavano alle grida di giubilo.

Dopo la recita dell'ultimo discorso si lessero diversi componimenti poetici, analoghi alla giornata, e si distribuì fra il popolo un'allocuzione alle vittorie dell'armata francese, ed al di lei ingresso in queste isole. Il corteggio ricondusse indi il generale ed il commissario di governo alle loro rispettive abitazioni, e le truppe, tutte giulive, con musica, marciarono verso i loro quartieri. La giornata terminò con una pubblica festa di ballo e con una illuminazione per tutta la città.

ORDRES ET ARRÊTÉS

DE BONAPARTE

PUBLIÉS PENDANT SON SÉJOUR

À MALTE.

Convention du 24 Prairial, an VI. (1)
(12 Juin 1798)

CONVENTION arrêtée entre la République Française représentée par le citoyen Général en Chef Bonaparte d'une part.

Et l'Ordre des Chevaliers de Saint Jean de Jérusalem représentés par Messieurs: le Bailli Torino Frisari, le Commandeur Bosredon Ransijat, le Baron Mario Testaferrata, le Docteur Nicolas Muscat, l'Avocat Benedetto Schembri, et le Conseiller Bonnanno, de l'autre part.

Et sous la médiation de sa Majesté Catholique le Roi d'Espagne représentée par Monsieur le Chevalier Philippe Amat son chargé d'affaires à Malte.

Art. I. Les Chevaliers de l'Ordre de Saint Jean de Jérusalem remettront à l'armée française la ville et les forts de Malte: ils renoncent en faveur de la République Française aux droits de Souveraineté et de proprieté qu'ils ont tant sur cette Isle, que sur les Isles de Malte, de Goze, et de Cumino.

Art. II. La République Française emploiera son influence au congrès de Rastadt pour faire avoir au Grand Maître sa vie durante, une Principauté équivalente à celle qu'il perd, et en attendant, elle s'engage à lui faire une pension annuelle de trois cent mille francs; il lui sera donné en outre la valeur de deux années de la dite pension à titre d'indemnité pour son mobilier. Il conservera pendant le tems qu'il restera à Malte, les honneurs militaires dont il jouissait.

Art. III. Les Chevaliers de l'Ordre de Saint Jean de Jérusalem Français qui sont actuellement à Malte, et dont l'état sera arrêté par le Général en Chef, pourront rentrer dans leur patrie, et leur résidence à Malte leur sera comptée comme une résidence en France.

Art. IV. La République Française fera une pension de sept cent francs aux Chevaliers Français actuellement à Malte, leur vie durante. Cette pension sera de mille francs pour les Chevaliers sexagénaires et au dessus.

La République Française employera ses bons offices auprès des Républiques: Cisalpine, Ligurienne, Romaine et Helvétique pour qu'elles accordent la même pension aux Chevaliers de ces différentes Nations.

---

(1) Correspondance de Napoléon I, publiée par Ordre de l'Empereur Napoléon III, Paris 1859.—Pièce No. 2636.

Art. V. La République Française employera ses bons offices auprès des autres Puissances de l'Europe pour qu'elles conservent aux Chevaliers de leur Nation, l'exercice de leurs droits sur les Biens de l'Ordre de Malte situés dans leurs Etats.

Art. VI. Les Chevaliers conserveront les propriétés qu'ils possedent dans les Isles de Malte et de Goze, à titre de propriétés particulières.

Art. VII. Les habitans des Isles de Malte et du Goze continueront à jouir comme par le passé du libre exercice de la Religion Catholique, Apostolique et Romaine. Ils conserveront les propriétés et privilèges qu'ils possedent. Il ne sera mis aucune contribution extraordinaire.

Art. VIII. Tous les Actes Civils passés sous le gouvernement de l'Ordre seront valables, et auront leur exécution.

Fait double à bord du Vaisseau *l'Orient*, devant Malte, le vingt quatre Prairial, an sixième de la République Française (12 Juin 1798, V.S.)

(L.S.)	(Signé)	Bonaparte
	,,	Le Commandeur Bosredont Ransijat.
	,,	Il Barone Mario Testaferrata
	,,	Il Dottor G. Nic. Muscat
	,,	Il Dottor Bened. Schembri
	,,	Il Consig. F. T. Bonanni Com.
	,,	Il Balì di Torino Frisari, salvo il dritto di Alto Dominio, che appartiene al mio Sovrano, come Rè delle due Sicilie.
(L.S.)	,,	El Caballero Felipe de Amat.

En exécution des Articles conclus le vingt quatre Prairial entre la République Française et l'Ordre de Malte, ont été arrêtées les dispositions suivantes (1):

Art. I. Aujourd'hui vingt quatre Prairial, le Fort Manoel, le Fort Tigné, le Chateau Saint Ange, les ouvrages de la Bormola, de la Cottonère et de la Cité Victorieuse, seront remis à midy aux troupes Françaises.

Art. II. Demain vingt cinq Prairial le fort Ricasoli, le Chateau Saint Elme, les ouvrages de la Cité Valette, ceux

---

(1) Correspondance de Napoléon I, publiée par ordre de l'Empereur Napoléon III, Paris 1859 — Pièce No. 2637.

BONAPARTE, GÉNÉRAL EN CHEF,

ORDONNE CE QUI SUIT.

ART. PREMIER.

LES Isles de Malte et du Gozo seront administrées par une commission de Gouvernement composée de neuf personnes, qui seront à la nomination du Général en Chef,

ART. SECOND.

Chaque membre de cette commission la présidera à son tour pendant six mois : la Commission choisira un Secrétaire et un Trésorier hors de son sein,

ART. TROISIEME.

IL y aura auprès de la Commission de Gouvernement un Commissaire Français.

ART. QUATRE.

CEtte Commission sera spécialement chargée de toute l'administration des Isles de Malthe et du Gozo, et de la surveillance de la perception de toutes les contributions directes et indirectes. Elle prendra des mesures relatives à l'approvisionnement de l'Isle. L'administration de Santé sera spécialement sous ses ordres.

ART. CINQ.

LE Commissaire ordonnateur en Chef fera un abonnement avec la Commission pour établir ce qu'elle doit donner par mois à la caisse de l'armée.

ART. SIX.

LA Commission de Gouvernement s'occupera incessamment d'organiser des Tribunaux pour la Justice Civile et Criminelle, et se rapprochera le plus possible de l'organisation qui existe actuellement en France; la nomination des membres des Tribunaux aura besoin de l'approbation du Général de division Commandant à Malte en attendant que ces Tribunaux seront organisés, la Justice continuera d'être administrée comme par le passé.

ART. SEPT.

LES Isles de Malte et du Gozo seront divisées en cantons, dont le moindre aura trois mille âmes de population: il y aura dans la Ville de Malte deux municipalités.

ART. HUIT.

CHaque canton sera administré par un corps municipal de cinq membres.

ART. NEUF.

IL y aura dans chaque canton un Juge de paix.

ART. DIX.

LES Juges de paix, les différens Magistrateurs seront nommés par la Commission de Gouvernement, avec l'approbation du Général de division Commandant à Malte.

ART. ONZE.

TOus les biens de l'Ordre de Malte, du Grand Maître et des différens Couvens des Chevaliers appartiennent à la République Française.

ART. DOUZE.

IL y aura une Commission composée de trois membres chargés de faire l'Inventaire des dits biens et de les administrer: elle correspondra avec l'ordonnateur en Chef.

ART. TREIZE.

LA Police sera toute entière sous les ordres du Général Commandant, et des différens Officiers sous ses ordres.

Signé BONAPARTE.

Pour copie conforme, le Général Chef de l'État Major Général.

ALEXANDRE BERTHIER.

Pour copie conforme, le Général de Division Commandant dans l'Isle de Malte,
VAUBOIS.

BONAPARTE, GENERALE IN CAPITE,

ORDINA COME SEGUE.

ARTIC. PRIMO.

LE Isole di Malta, e Gozo saranno amministrate da una Commissione di Governo, composta di nove Persone, che saranno nominate dal Generale in Capite.

ART. SECONDO.

OGni Membro di questa Commissione vi presiederà successivamente per sei mesi: la Commissione sceglierà un Secretario ed un Tesoriere fuori del suo grembo.

ART. TERZO.

PResso la Commissione di Governo vi sarà un Commissario Francese.

ART. QUARTO.

QUesta Commissione sarà spezialmente incaricata di tutta l'amministrazione delle Isole di Malta e del Gozo, e d'invigilare sull'esazione di tutte le contribuzioni dirette ed indirette. Essa piglierà le misure relative all'approvisionamento dell'Isola. L'amministrazione di Sanità sarà specialmente sotto i suoi ordini.

APT. QUINTO.

IL Commissario Ordinatore in capite farà un aggiustamento colla Commissione per istabilire quel ch'essa deve dare mensualmente alla Cassa dell'Armata.

ART. SESTO.

LA Commissione del Governo s'occuperà incessantemente ad organizzare i Tribunali per la giustizia civile e criminale, approssimandosi il più che si potrà all'organizzazione che esiste attualmente in Francia; la nomina dei membri de' Tribunali dovrà essere approvata dal Generale di Divisione Comandante in Malta; finchè questi Tribunali saranno organizzati, la Giustizia continuerà ad essere amministrata come per lo passato.

ART. SETTIMO.

LE Isole di Malta e del Gozo saranno divise in Cantoni; il minore de'quali avrà tremila anime di popolazione. Vi saranno nella Città di Malta due Municipalità.

ART. OTTAVO.

OGni cantone sarà amministrato da un Corpo Municipale di cinque membri.

ART. NONO.

IN ogni cantone vi sarà un Giudice di pace.

ART. DECIMO.

I Giudici di pace, i diversi Magistrati saranno nominati dalla Commissione di Governo, coll'approvazione del Generale di Divisione Comandante in Malta.

ART. UNDECIMO.

TUtt'i beni dell'Ordine di Malta, del Gran Maestro, e de' diversi Conventi de'Cavalieri appartengono alla Repubblica Francese.

ART. DUODECIMO.

VI sarà una Commissione composta di tre Membri incaricati di far l'Inventario dei suddetti beni, e di amministrarli: essa avrà corrispondenza coll'Ordinatore in Capite.

ART. DECIMOTERZO.

LA Polizia sarà tutta quanta sotto gli ordini del Generale Comandante, e dei diversi Officiali subordinati a lui.

Sottoscritto BONAPARTE.

Copia conforme, il Generale Capo dello Stato Maggiore Generale.
ALESSANDRO BERTHIER.

Copia conforme, il Generale di Divisione Comandante nell'Isola di Malta,
VAUBOIS.

Facsimile de l'Ordre de Jour du Général Bonaparte
en date du 26 Prairial an VI, sur la Constitution des Isles
de Malte et du Goze
(Bibliothèque Publique de Malte)

de la Floriane et tous les autres, seront remis à midy aux troupes Françaises.

Art. III. Des Officiers Français se rendront aujourd'hui à dix heures du matin chez le Grand Maître, pour y prendre les ordres pour les Gouverneurs qui commandent dans les différens Ports et ouvrages qui doivent être mis au pouvoir des Français: ils seront accompagnés d'un Officier Maltais: il y aura autant d'Officiers qu'il sera remis de forts.

Art. IV. Il sera fait les mêmes dispositions que ci dessus, pour les forts et ouvrages qui doivent être mis au pouvoir des Français demain vingt cinq.

Art. V. En même temps que l'on consignera les ouvrages des fortifications, l'on consignera l'Artillerie, les Magasins, et Papiers de Génie.

Art. VI. Les Troupes de l'Ordre de Malte pourront rester dans les Casernes qu'elles occupent, jusqu'à ce qu'il y soit autrement pourvû.

Art. VII. L'Amiral Commandant la Flotte Française nommèra un Officier pour prendre possession aujourd'hui des vaisseaux, galères, bâtimens, magasins et autres effets de marine appartenants à l'Ordre de Malte.

(L.S.)	(Signé)	Bonaparte
	,,	Il Barone Mario Testaferrata
	,,	Il Dottor G. Nic. Muscat
	,,	Il Dottor Bened. Schembri
	,,	Il Consig. F. T. Bonanni Com.
	,,	Le Commandeur Bosredont Ransijat
	,,	Il Balì di Torino Frisari
(L.S.)	,,	El Caballero Felipe de Amat.

Arrêtés de Bonaparte

Arrêté du 25 Prairial, an VI.
(13 Juin 1798)

ORDRE (1)

BONAPARTE, GÉNÉRAL EN CHEF
Ordonne ce qui suit

Art. I. Les Isles de Malte et du Goze seront administrées par une Commission de Gouvernement composée de neuf personnes, qui seront à la nomination du Général en Chef.

(1) Correspondance de Napoléon I, publiée par ordre de l'Empereur Napoléon III, Paris 1859—Pièce no. 2643.

Art. II. Chaque membre de cette commission la présidera à son tour pendant six mois: la Commission choisira un Secrétaire et un Trésorier hors de son sein.

Art. III. Il y aura auprès de la Commission de Gouvernement un Commissaire Français.

Art. IV. Cette Commission sera spécialement chargée de toute l'administration des Isles de Malte et du Gozo, et de la surveillance de la perception de toutes les contributions directes et indirectes. Elle prendra des mesures relatives à l'approvisionnement de l'Isle. L'administration de Santé sera spécialement sous ses ordres.

Art. V. Le Commissaire ordonnateur en Chef fera un abonnement avec la Commission pour établir ce qu'elle doit donner par mois à la caisse de l'Armée.

Art. VI. La Commission de Gouvernement s'occupera incessamment d'organiser des Tribunaux pour la Justice Civile et Criminelle, en se rapprochant le plus possible de l'organisation qui existe actuellement en France; la nomination des membres des Tribunaux aura besoin de l'approbation du Général de division Commandant à Malte; en attendant que ces Tribunaux soient organisés, la Justice continuera d'être administrée comme par le passé.

Art. VII. Les Isles de Malte et du Gozo seront divisées en cantons, dont le moindre aura trois mille âmes de population: il y aura dans la Ville de Malte deux municipalités.

Art. VIII. Chaque canton sera administré par un corps municipal de cinq membres.

Art. IX. Il y aura dans chaque canton un Juge de paix.

Art. X. Les Juges de paix, les différens Magistrats, seront nommés par la Commission de Gouvernement avec l'approbation du Général de division Commandant à Malte.

Art. XI. Tous les biens de l'Ordre de Malte, du Grand Maître et des différens Couvents des Chevaliers appartiennent à la République Française.

Art. XII. Il y aura une Commission composée de trois membres chargés de faire l'Inventaire de dits biens et de les administrer: elle correspondra avec l'Ordonnateur en Chef.

Art. XIII. La Police sera toute entière sous les ordres du Général Commandant, et des différens Officiers sous ses ordres (1).

BONAPARTE.

* * *

---

(1) Cet ordre ne porte pas de date dans l'original qui fut imprimé à Malte; mais comme c'est le 13 juin 1798 que Bona-

Arrêté du 25 Prairial an VI.

ORDRE (1)

Quartier Général, Malte, le 25 Prairial, an VI

(13 Juin 1798)

Le Général en Chef ordonne:

Article 1er.—En conséquence de l'ordre d'aujourd'hui relatif à l'organisation du gouvernement, les citoyens ci-dessous, composent la Commission de Gouvernement:

> BOSREDON-RANSIJAT
> VINCENT CARUANA, secrétaire de l'Evêque.
> CHARLES ASTOR, négociant à Malte;
> PAOLO CIANTAR, négociant à Malte;
> JEAN-FRANÇOIS DORELL, échevin actuel;
> GRONGO, juge au Gozzo;
> BENEDETTO SCHEMBRY, Magistrat;
> Le Chanoine don SAVERIO CARUANA, fabricant à la
>   Cité Vieille;
> CHRISTOPHE FRENDO, notaire.

Article 2—Le citoyen Regnaud de Saint-Jean d'Angely est Commissaire du Gouvernement près la dite Commission.

Article 3—Les citoyens Matthieu Poussielgue, Caruson et Roussel, composeront la Commission créée par l'Article 12 de l'Ordre de ce jour.

Article 4.—Le Général Berthier réunira demain les membres composant les deux Commissions; il leur fera prêter le serment d'obéissance à la République, après avoir procédé à leur installation, et dressera de tout procès-verbal.

Article 5.—La Commission de Gouvernement nommera, sous 48 heures, les deux Municipalités de Malte et, sous 5 jours, celles du reste de l'île et du Gozo.

BONAPARTE.

* * *

parte fit son entrée officielle à Malte, c'est donc à ce jour (25 Prairial) que ce premier ordre doit se rapporter (Voir "Commentaires de Napoléon, Tome II: "Campagnes d'Egypte et de Syrie.")

(1) Correspondance de Napoléon I, publiée par ordre de l'Empereur Napoléon III, Paris 1859—Pièce No. 2644.

Arrêté du 25 Prairial, an VI.

ORDRE (1)

Quartier Général de Malte, le 25 Prairial, an VI.
(13 Juin 1798.)

Le Général en Chef ordonne:

Article 1.—Les officiers et soldats qui composaient les corps militaires qui étaient au service de l'Ordre de Malte, tels que le régiment de Malte, les corps de chasseurs, de la marine, des galères et les corps de troupes qui étaient spécialement appelés à la garde des différents forts, ainsi que le corps du Grand Maître, se réuniront aujourd'hui à deux heures après-midi, et se rendront à Birchircara demain à cinq heures du matin. Il en sera passé la revue par le général de brigade Lannes.

Article 2.—Toutes les armoiries seront abbatues dans l'espace de 24 heures. Il est défendu de porter des livrées, ni aucune marque et titre distinctif de noblesse.

Article 3.—Tous les chevaliers et habitants qui seraient sujets d'une Puissance en guerre avec la France, telle que la Russie et le Portugal, seront tenus de quitter Malte sous quarante-huit heures.

Article 4.—Tous les chevaliers qui ont moins de soixante ans sont tenus de quitter Malte sous trois jours.

BONAPARTE.

Arrêté du 25 Prairial, an VI.

ORDRE (2)

Au Quartier Général de Malte, le 25 Prairial an VI
(13 Juin 1798)

Bonaparte, Général en Chef ordonne:

Article 1.—Les chevaliers qui n'étaient pas profès et qui se seraient mariés à Malte;

Article 2.—Les chevaliers qui auraient des possessions particulières dans l'île de Malte;

Article 3.—Ceux qui auraient établi des manufactures ou des maisons de commerce;

---

(1) Correspondance de Napoléon I, publiée par ordre de l'Empereur Napoléon III, Paris 1859—Pièce No. 2645.
(2) Ibid.—Pièce No. 2647.

Article 4.—Enfin ceux compris dans la liste ci-jointe, comme par les sentimens, qu'ils ont pour la République, seront regardés comme citoyens de Malte et pourront y rester tant qu'ils désireront. Ils seront exceptés de l'ordre donné aujourd'hui.

BONAPARTE

** * **

Annexe à la pièce précédente. (1)

Membres de l'Ordre de Malte exceptés par le Général en Chef de l'ordre d'expulsion.

Ransijat, Secrétaire du Trésor;
Fay, Commissaire de fortifications; officier
   d'artillerie;
Breuvart, prêtre;
Rouyer, ancien maître écuyer ;
Sandilleau, prêtre ;
Greicher, ancien Chambrier ;
Frin, prêtre ;
Beaufort, prêtre ;
Daela, servant d'armes,
Tousard, ingénieur ;
Lascaris, les deux frères, l'un et l'autre ont
   refusé de porter les armes contre l'Armée
   et se sont constitués prisonniers ;
Gras, prêtre ;
Boeuf, prêtre ;
Doublet, Secrétaire du Grand Maître

Français. Presque tous m'ont fourni, il y a six mois, des notes utiles, ou ont fait des dons patriotiques pour la descente en Angleterre.

Médicis } Chevaliers Toscans qui ont fait des dons patrio-
Stendardi } tiques pour la descente en Angleterre.

** * **

Arrêté du 25 Prairial, an VI.

ORDRE (2)

Quartier Général, Malte 25 Prairial, an VI.
(13 Juin 1798)
Le Général en Chef ordonne :

Article 1.—Il sera mis les scellés sur tous les effets et toutes les marchandises qui appartiendraient aux négotiants du pays, *russes*, et *purtugais.*

(1) Correspondance de Napoléon 1, publiée par ordre de l'Empereur Napoléon III, Paris 1859—Pièce No. 2646.
(2) Ibid.—Pièce No. 2648.

Article 2.—Le Consul de la République est spécialement chargé d'apposer les scellés.

BONAPARTE

* * *

Arrêté du 25 Prairial an VI.

———

ORDRE (1)

Au quartier général de Malte, 25 Prairial, an VI
(13 Juin 1798)

Bonaparte Général en Chef ordonne:

Art. 1. Les citoyens *Berthollet*, le *Contrôleur de l'Armée*, et un commis du payeur enlèveront *l'or*, *l'argent* et les *pierres précieuses* qui se trouvent dans *l'Eglise de St. Jean* et autres endroits dépendants de l'Ordre de Malte, l'argenterie des Auberges et celle du Grand-Maître.

Art. 2. Ils feront fondre dans la journée de demain tout l'or en lingots, pour être transporté dans la caisse du payeur à la suite de l'Armée.

Art. 3. Ils feront un inventaire de toutes les pierres précieuses qui seront mises sous le scellé dans la caisse de l'Armée.

Art. 4. Ils vendront pour 250 à 300 mille francs d'argenterie à des négotians du pays pour de la monnaie d'or et d'argent qui sera également remise dans la caisse de l'Armée.

Art. 5. Le reste de l'argenterie sera remis dans la caisse du payeur qui la laissera à la Monnaie de Malte, pour être fabriquée, ed l'argent remis au payeur de la division, pour la subsistance de cette division. On spécifiera ce qui cela doit produire, afin que le payeur puisse en être comptable.

Art. 6. Ils laisseront, tant à l'Eglise de St. Jean qu'aux autres Eglises, ce qui sera nécessaire pour l'exercice du culte.

BONAPARTE.

* * *

———

(1) Correspondance de Napoléon I, publiée par ordre de l'Empereur Napoléon III, Paris 1859. Pièce No. 2650.

Arrêté de 25 Prairial, an VI.

ORDRE (1)
Malte, le 25 Prairial, an VI.
(13 Juin 1798)
Bonaparte, Général en Chef, ordonne :

Article 1. Tous les prêtres, religieux et religieuses de quelque Ordre que ce soit, qui ne sont pas natifs des îles de Malte et de Goze, seront tenus d'évacuer l'île, au plus tard, dix jours après la publication du présent ordre. L'Evêque, en ses qualités pastorales, sera seul excepté du présent ordre.

Article 2. Toutes les cures, bénéfices qui, en vertu du présent ordre, seraient vacans, seront donnés à des naturels des îles de Malte et de Goze, n'étant pas juste que des étrangers jouissent des avantages du pays.

Article 3. On ne pourra désormais faire des voeux religieux avant l'age de 30 ans. Il est défendu de faire de nouveaux prêtres, jusqu'à ce que les prêtres actuellement existans, soyent tous employés.

Article 4. Il ne pourra pas y avoir à Malte plus d'un Couvent de chaque Ordre.

Article 5. La Commission de Gouvernement, de concert avec l'Evêque, désignera les maisons où les individus d'un même Ordre doivent se réunir. Tous les biens qui deviendraient inutiles à la subsistance desdits couvens, seront employés à soulager les pauvres.

Article 6. Toutes les fondations particulières, tous les couvens d'ordres séculier et corporations de pénitens, toutes les collégiales—sont supprimés. La Cathédrale seule aura quinze chanoines résidant à Malte et cinq résidant à Cita-Vecchia.

Article 7. Il est expressément défendu à tout séculier qui n'est pas au moins sous-diacre, de porter le collet et la soutane.

Article 8. L'Evêque sera tenu de remettre, dix jours après la publication du présent ordre, l'état des prêtres et le certificat qu'ils sont naturels des îles de Malte et de Goze, et l'état de ceux qui, en vertu du présent ordre, doivent évacuer le territoire.

Chaque chef d'Ordre sera tenu de remettre un pareil état au Commissaire du Gouvernement.

---

(1) Correspondance de Napoléon I, publiée par ordre de l'Empereur Napoléon III, Paris 1859.—Pièce No. 2672.

Tout individu qui n'aurait pas obtempéré au présent ordre, sera condamné à six mois de prison.

Article 9. La Commission de Gouvernement, le Commissaire près elle, le Général de Division, sont chargés chacun en ce qui le concerne, de l'exécution du présent Ordre.

BONAPARTE.

* * *

Arrêté du 27 Prairial, an VI.

ORDRE (1)

Quartier général, Malte, 27 Prairial an VI

(15 Juin 1798)

Bonaparte, Membre de l'Institut National, Général en Chef, ordonne :

Les citoyens de l'Ordre de Jérusalem :

Marc-Antoine *Saint-Exupéry* ;
Joseph *La Panouse* ;
Jean-François-Alexandre *Bourassol* ;
Paul-Victor *Hébrail*, sur le "Causse" ;
Henri-César *Vibrac*, délivré;
Isidore-David *Beauregard* ;
Hippolyte-David *Beauregard*, délivré ;
Camille-David *Beauregard*, délivré;
Jacques-Durand *Sartans*;
Céléstin *Saint-Félix*;
Jean de la *Faye* ;
Joseph-Balthasard *de Pierre*;
Guillaume *Sainte-Colombe* ;
Scipion de *Rouse-Brizon*;
Jean-Chrysostome-Antoine *Rebourg*;
Philippe-Charles-Gabriel *La Bègue*;
Charles-Louis-Budes de *Guébriant*;
Georges-Marie-Réné *Cheffontaines*;
Charles-François-Auguste-Achar de *Brumiloir* ;
Anne-Guy *Desescolais* ;
Hippolyte *Saint-Victor* ;
Jean-Baptiste de *Saint-Léger*
Gédéon *Janvre* ;
Louis-Auguste Daurai *Saint-Poix*;

---

(1) Correspondance de Napoléon I, publiée par ordre de l'Empereur Napoléon III, Paris 1859—Piéce No. 2664.

Jean-Baptiste de *Lescours*, renvoyé par le général en chef pour
    être porté sur la liste ;
Charles-François *Daudigné*, renvoyé par le général en chef
    pour être porté sur la liste;
Louis-François Simon *Pina*, renvoyé par Soulkowski;
François-Charles *La Panouze*, sur le "Causse";
André-Louis *Saint-Simon*, sur le "Sonnant";
Gabriel *Milleville*, sur le "Causse";
Réné-Joseph *du Peyron*, sur le "Causse";
Louis-Auguste *Bourbel*, sur le "Causse";
Hippolyte *Bernis*, sur le "Causse";
Charles *Saint-Chamant*, sur le "Causse";

Seront embarqués comme volontaires à la suite de
l'Armée. (1)

BONAPARTE.

* * *

Arrêté du 28 Prairial, an VI.

———

ORDRE (2)

Liberté.   Egalité

République Française

Au Quartier-général de Malte, le 28 Prairial an VI de la
    République.

(16 Juin 1798)

BONAPARTE

Membre de l'Institut National, Général-en-Chef
ordonne :

Article Premier. Tous les habitants de Malte sont désormais
égaux en droits. Leurs talens, leur mérite, leur patriotisme
et leur attachement à la République Française établissent seuls
entr'eux la différence.

Article Second. L'esclavage est aboli. Tous les esclaves
connus sous le nom de *Bonavogli* sont mis en liberté, et le
contrat déshonorant pour l'espèce humaine qu'ils ont fait,
est détruit.

———

(1) Voir *L. de La Brière*: L'Ordre de Malte, Paris 1897 (Léon
Chailley, ed.) Chapitre VII, pages 149-157. Dans ce chapitre,
dédié à la "Légion Maltaise en Egypte", l'auteur reproduit la liste
des Chevaliers de Malte embarqués à la suite de l'Armée des
Bonaparte. Cette liste comprend 52 noms.

(2) Correspondance de Napoléon I, publiée par ordre de l'Empereur Napoléon III, Paris 1859—Pièce No. 2668.

Article Troisième. En conséquence de l'article précédent, tous les Turcs qui sont esclaves de quelques particuliers, sont mis entre les mains du Général Commandant pour être traités comme prisonniers de guerre, et vu l'armistice qui existe entre la Porte Ottomane et la République Française, ils seront renvoyés chez eux, lorsque le Général-en-Chef l'ordonnera, et lorsqu'il aura connaissance que les Beys consentent à renvoyer à Malte tous les esclaves français ou maltais qu'ils ont en leur pouvoir.

Article Quatrième. Tous les habitants de l'île de Malte et du Gozo sont tenus de porter la cocarde tricolore. Aucun habitant de Malte ne pourra porter l'habit national français, à moins qu'il n'ait obtenu la permission spéciale du Général-en-Chef. Le Général-en-Chef accordera la qualité de citoyen français et la permission de porter l'habit aux habitants de Malte et du Gozo qui se distingueront par leur attachement à la République, par quelque action d'éclat, trait de bienveillance ou de bravoure.

Article Cinquième. Dix jours après la publication du présent ordre, il est défendu d'avoir des armoiries soit dans l'intérieur, soit à l'extérieur des maisons, de cacheter des lettres avec des armoiries, ou de prendre des titres féodaux.

Article Sixième. L'Ordre de Malte étant dissous, il est expressément défendu à qui que ce soit de prendre les titres de Bailli, Commandeur, Chevalier etc.

Article Septième. Dix jours après la publication du présent ordre, il est défendu, sous quelque prétexte que ce soit, de porter des uniformes des corps de l'ancien Ordre de Malte.

Article Huitième. On mettra dans chaque église, à la place où étaient les armes du Grand Maître, celles de la République Française.

Article Neuvième. L'île de Malte appartenant à la République Française, la mission des différents Ministres Plénipotentiaires a cessé.

Article Dixième. Tous les Consuls étrangers cessent leurs fonctions et ôteront les armes qui sont sur leurs portes, jusqu'à ce qu'ils aient reçus des lettres de créance de leur Gouvernement, pour continuer leur service dans la ville de Malte, devenue port de la République Française.

Article Onzième. Tous les étrangers venant et vivant à Malte, seront obligés de se conformer au présent ordre, quelque soit le grade et le rang qu'ils ont chez eux.

Article Douzième. Tous les contrevenants aux articles ci-dessous, seront condamnés pour la première fois, à une amende du tiers de leurs revenus; pour la seconde fois, à trois mois de prison; pour la troisième fois à un an de prison; pour la quatrième fois, à la déportation de l'île de Malte, et à la confiscation de la moitié de leurs biens. Il devra toujours y avoir 10 jours d'intervalle entre la récidive.

BONAPARTE.

Pour copie conforme : le gén. de division, Chef de l'Etat-Major Général:

ALEXANDRE BERTHIER

Pour copie conforme : le général divisionnaire, Commandant-en-Chef des îles de Malte et du Gozo:

VAUBOIS.

* * *

Arrêté du 28 Prairial, an VI.

———

Liberté   Egalité

ORDRE (1)

REPUBLIQUE FRANÇAISE.

Au Quartier-général de Malte, le 28 Prairial an VI de la République.

(16 Juin 1798).

BONAPARTE, Membre de l'Institut National, Général en Chef, ordonne :

I. Il sera fait un désarmement général de tous les habitants des îles de Malte et du Gozo. Il ne sera accordé des armes que par une permission du Général-Commandant, et à des hommes dont le patriotisme sera connu.

II. L'organisation des Chasseurs-Volontaires dans les îles de Malte et du Gozo sera continuée; mais elle ne sera composée que d'hommes sur les services desquels on peut compter: on aura soin sur-tout d'avoir des officiers patriotes.

III. Les signaux seront rétablis depuis la pointe du Gozo jusqu'à Malte.

IV. Les lois de la santé à Malte ne seront ni plus ni moins rigoureuses que les lois de la santé de Marseille.

V. Il sera formé une compagnie de trente volontaires, composée de jeunes gens de quinze à trente ans, et pris dans les familles les plus riches.

———

(1) Correspondance de Napoléon I, publiée par ordre de l'Empereur Napoléon III, Paris 1859—Pièce 2669.

VI. Le général de division désignera dans l'espace de dix jours, à la Commission de Gouvernement, les hommes qui doivent composer ladite compagnie.

La Commission de Gouvernement le leur fera signifier, et dix jours après ils seront obligés d'être habillés et armés d'un sabre; ils auront le même uniforme que les guides de l'armée, à l'exception qu'ils porteront l'éguillette et le bouton blanc.

VII. Ceux qui ne se trouveront pas à la revue que passera le Général de division, dix jours après, seront condamnés, les jeunes gens à un an de prison, et les parents jouissant du bien de la famille, à mille écus d'amende.

VIII. La Commission de Gouvernement désignera soixante jeunes gens de neuf à quatorze ans, appartenans aux plus riches familles, lesquels seront envoyés à Paris pour être élevés dans les collèges de la République; les parens seront tenus de leur faire 800 liv. de pension, et de leur donner 600 liv. pour leur voyage; le passage leur sera accordé sur les vaisseaux de guerre.

IX. La Commission de Gouvernement enverra au Général en Chef la liste de ces jeunes gens, au plus tard dans vingt jours.

Ils devront avoir habit, pantalon et gilet bleus, parements et revers rouges, lisérés de blanc.

Ils seront débarqués à Marseille, où le Ministre de l'Intérieur donnera les ordres pour les faire passer dans les écoles nationales.

X. Le Commissaire-Ordonnateur de la Marine désignera à la Commission de Gouvernement six jeunes-gens Maltais appartenants aux familles les plus riches, pour être placés comme aspirants de Marine, et pouvoir s'instruire et parvenir à tous les grades.

XI. Comme l'éducation intéresse principalement la prospérité et la sûreté publique, les parents dont les enfants seraient désignés, et qui s'y refuseraient, seront condamnés à payer mille écus d'amende.

XII. Les classes pour les Matelots seront rétablies comme dans les ports de France. Lorsque l'escadre aura besoin de Matelots, et qu'il n'y aura pas assez de jeunes gens de bonne volonté, on prendra de préférence les jeunes gens de quinze à vingt-cinq ans; si cela ne suffit pas, on prendra ceux de vingt-cinq à trente-cinq, et enfin ceux de trente-cinq à quarante-cinq.

BONAPARTE.

Arrêté du 28 Prairial an VI.

ORDRE (1)

Quartier général, Malte, 28 Prairial, an VI.

(16 Juin 1798)

Le Général en Chef ordonne :

Article 1. Il y aura dans chaque municipalité de la ville de Malte un bataillon de *Garde nationale*, composé de 900 hommes, qui portera l'uniforme: habit vert, parements, revers et collet rouges et passe-poils blancs.

Cette garde nationale sera choisie parmi les hommes les plus riches, les marchands et ceux qui sont le plus intéressés à la tranquillité publique.

Article 2. Ils fourniront tous les jours toutes les gardes et patrouilles nécessaires pour la police; il ne feront jamais de garde dans les forts.

Article 3. L'institution du corps des Chasseurs sera conservée.

Article 4. Le Général de division fera un règlement, tant pour l'organisation et le service de la garde nationale que pour l'organisation et le service des chasseurs; on donnera aux uns et aux autres la quantité d'armes nécessaire pour le service.

Article 5. On formera quatre compagnies de vétérans de tous les vieux soldats qui avaient été au service de l'Ordre de Malte et qui sont incapables d'un service actif. Les deux premières, dès l'instant qu'elles seront organisées, seront envoyées pour tenir garnison dans le port de Corfou.

On exécutera le présent article, quelque difficulté que l'on puisse y rencontrer, mon intention n'étant pas que cette grande quantité d'hommes habitués à l'Ordre de Malte continuent à y rester.

Article 6. On formera quatre compagnies de cannoniers à peu près sur le même pied que celles qui existaient ci-devant, qui seront employés dans les batteries de la côte. Il y aura dans chacune de ces compagnies de cannoniers, un officier et un sous-officier français.

Article 7. Tous les individus qui voudront former une compagnie de 100 Chasseurs seront maîtres de la former; eux

---

(1) Correspondance de Napoléon I, publiée par ordre de l'Empereur Napoléon III, Paris 1859—Pièce No. 2670.

et les officiers de ces compagnies seront conservés, et, dès l'instant qu'elles seront organisées, le Général de Division les fera partir pour rejoindre l'Armée.

BONAPARTE.

** * **

Arrêté du 28 Prairial, an VI.

ORDRE (1)

Quartier général de Malte, 28 Prairial, an VI.

(16 Juin 1798.)

Le Général en Chef ordonne:

Article 1. Toutes les troupes françaises qui sont à Malte seront habillées en coton. La confection des habits sera donnée aux corps; leur armement sera réparé.

Article 2. On pourra les habiller sans aucune difficulté en coton blanc, si on en trouve pas de bleu, avec des collets et parements rouges et bleus, afin qu'elles portent toujours les trois couleurs.

Article 3. Les premiers corps dont il faut soigner l'équipement sont les deux bataillons de la 19e; après eux les bataillons de la 7e d'infanterie légère.

Article 4. Le général de division se concertera avec la Commission de Gouvernement et prendra toutes les mesures, même les plus sévères, pour que la garnison de Malte ait dans ses casernes les fournitures que la loi accorde. On lui fera faire le moins de service possible, étant nécessaire, à cet effet, de faire faire le service de la place par la Garde Nationale.

Article 5. Le général de division fournira au Commandant de la Marine la troupe qui lui sera nécessaire pour maintenir la police dans l'arsenal.

Article 6. Au moins une fois tous les deux mois, le général divisionnaire ira faire une tournée dans l'Ile du Gozo, afin de voir les habitants, de causer avec eux, de s'assurer que les commandants ne commettent pas de vexations particulières, et de réprimer les abus. Au moins une fois par mois, le général de division fera une tournée dans l'île de Malte.

Article 7. Le meilleur hôpital, celui qui était servi par les Chevaliers, doit être exclusivement destiné aux Français.

BONAPARTE.

---

(1) Correspondance de Napoléon I, publiée par ordre de l'Empereur Napoléon III, Paris 1859—Pièce No. 2671.

** * **

Arrêté du 28 Prairial, an VI.

ORDRE (1)

Quartier général, Malte, 28 Prairial an VI.

(16 Juin 1798)

Le Général en Chef ordonne:

Article 1. Le général de division, le commissaire du Gouvernement, celui de la Marine, se réuniront pour chercher dans l'île un local pour établir un nouveau lazaret.

Article 2. Les bâtiments marchands et les étrangers continueront à faire la quarantaine dans le lazaret ordinaire.

Article 3. Le nouveau lazaret doit comprendre un espace de terrain de la valeur d'un quarré de 400 toises de long sur autant de large, et contenir différentes bastides ou maisons de campagne.

Il doit y avoir de quoi caserner 500 ou 600 soldats, de quoi loger un général et plusieurs officiers supérieurs. Il est nécessaire qu'il y ait une belle maison de campagne et un beau jardin. Il est destiné à faire faire quarantaine, soit aux convalescents qui seraient obligés de retourner en France, soit aux différents détachements de l'Armée.

Article 4. On fera l'acquisition du local, qui sera choisi en l'échangeant contre des biens nationaux.

BONAPARTE.

** * **

Arrêté du 29 Prairial, an VI.

ORDRE (2)

Quartier Général, Malte, le 29 Prairial an VI.

(17 Juin 1798)

Le Général en Chef ordonne :

Article 1. Les femmes et enfants des Grenadiers de la Garde du Grand-Maître et du régiment de Malte qui partent avec la flotte française recevront, les femmes, 20 sous par décade; les enfants au-dessous de 10 ans, 10 sous par décade.

---

(1) Correspondance de Napoléon 1, publiée par ordre de l'Empereur Napoléon III, Paris 1859—Pièce No. 2673.

(2) Ibid.—Pièce No. 2686.

Article 2. Tous les enfants mâles au dessous de 10 ans seront embarqués sur les bâtiments de la République comme mousses.

Article 3. Il sera fait par le payeur une retenue de 1 sou 6 deniers, par jour, sur la paye de chaque grenadier ou soldat du régiment de Malte qui a des enfants.

Article 4. Les femmes des sous-officiers auront 30 sous par décade, et les enfants au dessous de dix ans en auront 15.

Article 5. La retenue en sera faite sur les appointements de leurs maris.

Article 6. La Commission de Gouvernement est chargée de l'exécution du présent Ordre.

BONAPARTE.

* * *

Arrêté du 29 Prairial, an VI.

———

ORDRE (1)

Quartier général, Malte, 29 Prairial an VI.

(17 Juin 1798)

Le Général en Chef ordonne :

Article 1. Les prêtres latins ne pourront pas officier dans l'église qui appartient aux Grecs.

Article 2. Les messes que les prêtres latins ont coutume de dire dans l'église Grecque seront dites dans les autres églises de la place.

Article 3. Il sera accordé protection aux Juifs qui voudraient établir une synagogue.

Article 4. Le Général Commandant remerciera les Grecs établis à Malte de la bonne conduite qu'ils ont tenue pendant le siège.

Article 5. Tous les Grecs des îles de Malte, du Gozo et ceux des départements d'Ithaque, Corcyre et de la Mer Egée, qui conserveraient des relations quelconques avec la Russie, seront condamnés à mort.

Article 6. Tous les bâtiments Grecques qui naviguent sous pavillon russe, s'ils sont pris par les bâtiments français, seront coulés bas.

BONAPARTE.

———

(1) Correspondance de Napoléon I, publiée par ordre de l'Empereur Napoléon III, Paris 1859—Pièce No. 2687.

* * *

Arrêté du 30 Prairial, an VI.

ORDRE (1)

Quartier général, Malte, 30 Prairial an VI.

(18 Juin 1798)

Le Général en Chef ordonne :

Article 1. La Commission de Gouvernement se divisera en bureau et en conseil.

Article 2. Le bureau sera composé de trois membres, y compris le Président.

Article 3. Le conseil nommera, tous les six mois, un des deux membres qui doivent composer le bureau.

Article 4. Le bureau sera en activité constante de service; chacun des membres aura 4000 francs d'appointements.

Article 5. Le conseil ne se réunira qu'une fois par décade, pour prendre connaissance de ce qu'aura fait le bureau.

Article 6. Il leur sera accordé à chacun un traitement de 1000 francs par an.

Article 7. Les membres du bureau, seront pour cette fois, les citoyens N... N... pour 6 mois, et le citoyen N. pour 1 an.

Article 8. Le Commissaire du Gouvernement aura 6000 francs d'appointements; outre ses frais de bureau, il lui sera accordé, sur l'extraordinaire une gratification pour son établissement.

BONAPARTE.

* * *

Arrêté du 30 Prairial, an VI.

ORDRE (2)

Quartier général, Malte, 30 Prairial an VI.

(18 Juin 1798)

Le Général en Chef ordonne :

Article 1. Le Général de division Commandant aura la police

---

(1) Correspondance de Napoléon I, publiée par ordre de l'Empereur Napoléon III, Paris 1859 Pièce No. 2691.

(2) Ibid.—Pièce No. 2692.

générale de l'île et du port ; ancun bâtiment ne peut ni entrer ni sortir qu'en conséquence de son ordre.

Article 2. La Commission de Gouvernement est chargée de l'organisation civile, judiciaire et administrative.

Article 3. Elle ne peut rien faire que sur la demande du Commissaire, ou après avoir ouï son rapport ; les conclusions du Commissaire doivent être mises dans toutes les délibérations de la Commission.

Article 4. Tout ce qui est règlement ne peut être publié ni avoir son effet que visé par le Commissaire et le Général de division.

Article 5. La Commission des domaines est chargée de faire l'inventaire de tous les meubles et immeubles appartenant à la République, ainsi que de l'administration de tous les biens nationaux.

Article 6. Elle enverra tous les mois les inventaires qu'elle aura faits, et le bordereau de ce qu'elle aura reçu, au Commissaire du Gouvernement.

Article 7. Elle ne fera faire aucune vente qu'en conséquence d'un ordre du Général en Chef; et, s'il survenait des circonstances extraordinaires qui exigeassent des fonds, le Commissaire du Gouvernement, le Général de division, le Commissaire des guerres et la Commission se réuniraient et prendraient un arrêté, en conséquence duquel il serait autorisé à vendre jusqu' à la concurrence de 150,000 francs. Le Commissaire du Gouvernement serait alors chargé de faire un règlement et d'en suivre tous les détails.

Article 8. La Commission des domaines n'aura pas d'autre payeur que celui de la division militaire, qui aura un régistre et une caisse particulière pour les objets y relatifs.

Article 9. Le Général Commandant l'île aura seul le droit de contrôler et de se mêler de l'administration du pays. Les généraux commandants sous lui, les commandants de place et autres agents militaires ne se mêleront en aucune manière des objets administratifs.

Le Général Commandant ne pourra jamais être représenté par un de ses subordonnés.

Bonaparte.

* * *

Arrêté du 30 Prairial, an VI.

ORDRE (1)

Quartier général, Malte, 30 Prairial an VI
(18 Juin 1798)

Bonaparte, Général en Chef, ordonne :

Article 1.—Les Commissaires des domaines nationaux auront chacun 4000 francs d'appointements par an.

Article 2.—Ceux qui ne sont pas établis dans le pays auront six mois d'appointements, en forme de gratification, pour leur établissement.

Article 3.—Sur les fonds provenant des domaines, il sera accordé également une somme de 6,000 francs au Commissaire du Gouvernement pour son établissement, dont 3,000 seront payés sur les premiers fonds et 3,000 dans six mois.

Article 4.—Les frais de logement et de bureau de la Commission ne pourront pas excéder la somme de 12,000 à 15,000 francs par an.

BONAPARTE.

* * *

Arrêté du 30 Prairial an VI.

ORDRE (2)

Quartier général de Malte, 30 Prairial an VI
(18 Juin 1798)

Bonaparte, Général en Chef ordonne :

Article 1.—Les impôts établis seront provisoirement maintenus. Le Commissaire du Gouvernement et la commission administrative en assureront la perception.

Article 2.—Dans le plus court délai, il sera établi un système d'impositions nouvelles, de manière que le produit total, pris sur les doines, le vin, l'enrégistrement, le timbre, le tabac, le sel, les loyers des maisons et des domestiques, s'élève à 720,000 francs.

Article 3.—De cette somme, il sera versé chaque mois 50,000 francs dans la caisse du payeur de l'Armée. Le versement n'aura lieu cependant que dans trois mois, et, jusque-là, la caisse des domaines nationaux y suppléera.

---

(1) Correspondance de Napoléon I, publiée par ordre de l'Empereur Napoléon III, Paris 1859.—Pièce No. 2693.

(2) Ibid.—Pièce No. 2695.

Article 4.—Les 120,000 francs restants seront laissés pour pourvoir aux frais d'administration, justice etc., selon l'état par aperçu ci-joint.

Article 5.—Cet état sera arrêté définitivement par la Commission de Gouvernement avec le Commissaire de la République française, lors de l'organisation des tribunaux et des diverses parties du service administratif.

Article 6.—Les parcs des villes et l'entretien pour la propriété et les lumières seront payés par les habitants

Article 7.—L'entretien des fontaines, ainsi que les gages des employés attachés à ce service, par un droit qui sera établi sur les bâtiments qui font de l'eau.

Article 8.—Il sera établi un droit de passe pour l'entretien des routes.

Article 9.—L'instruction publique sera payée avec les biens qui y sont déjà affectés, et, en cas d'insuffisance, avec ceux des fondations et couvents supprimés, suivant l'ordre précédent du Général en Chef.

Article 10.—Les gages des magistrats de Santé et frais y relatifs seront payés par un droit sur les vaisseaux et sur les voyageurs.

Article 11.—Le Mont-de-piété, sera maintenu, en séparant l'administration ancienne à compter du 1er. Messidor; et le Commissaire du Gouvernement sera tenu de l'organiser de manière à ne laisser aucune inquiétude à la République sur l'approvisionnement de l'île.

Article 12.—Les hôpitaux seront organisés sur des bases nouvelles, et il sera pourvu à leurs besoins par des biens des couvents de fondations supprimées; ceux qui y sont déjà affectés leur seront conservés.

Article 13.—La poste aux lettres sera organisée de manière à couvrir par la taxe des lettres la dépense qu'elle occasionnera.

Article 14.—Les dépenses relatives au passage de l'Armée, aux fournitures faites pour elles, à l'établissement du nouveau Gouvernement, seront prises sur les fonds qui resteront disponibles pendant les 3 mois où le Gouvernement ne payera rien à l'Armée.

Article 15.—Le Commissaire du Gouvernement est autorisé à régler provisoirement les cas imprévus, en rendant compte de sa détermination au Général en Chef.

Bonaparte.

* * *

Arrêté de 30 Prairial, an VI.

ORDRE (1)

Quartier général, Malte, 30 Prairial an VI
(18 Juin 1798)

Bonaparte, Général en Chef, ordonne :

Article 1. Il sera établi à Malte une *Ecole Centrale*, qui remplacera l'Université et les autres chaires.

Article 2. Elle sera composée:

1. D'un professeur d'arithmétique et de stéréométrie, aux appointements de 1800 francs ;

2. D'un professeur d'algèbre et de stéréotomie, aux appointements de 2000 francs;

3. D'un professeur de géometrie et d'astronomie, aux appointements de 2400 francs;

4. D'un professeur de mécanique et de physique, aux appointements de 3,000 francs;

5. D'un professeur de navigation, aux appointements de 2,400 francs;

6. D'un professeur de chimie, aux appointements de 1,200 francs;

7. D'un professeur des Langues Orientales, aux appointements de 1,200 francs;

8. D'un Bibliothécaire chargé du cours de géographie, aux appointements de 1000 francs.

Article 3 A l'Ecole Centrale seront attachés:

1. La Bibliothèque et le Cabinet d'Antiquités;

2. Un Museum d'histoire naturelle;

3. Un Jardin de Botanique;

4. L'Observatoire.

Article 4. Une somme de 3000 francs sera affectée à l'entretien du matériel et de l'Ecole Centrale.

Article 5. Les professeurs formeront ensemble un Conseil qui s'occupera des moyens de perfectionner l'instruction, et proposera à la Commission de Gouvernement les mesures de l'administration qu'il jugera nécessaires.

Article 6.—Les appointements des professeurs, le salaire des employés dont l'état aurait été arrêté par la Commission de Gouvernement, et les dépenses nécessaires pour l'entretien des divers établissements, seront payés sur les fonds ci-devant affectés à l'entretien de l'Université et de la chaire des Langues Orientales.

---

(1) Correspondance de Napoléon I, publiée par ordre de l'Empereur Napoléon III, Paris 1859—Pièce No. 2694.

Article 7.—Il sera affecté au Jardin de Botanique un terrain de 30 arpents que la Commission de Gouvernement désignera, sans délai, parmi les terrains les plus fertiles et les plus près de la ville.

Article 8.—Il sera fait à l'Hôpital de la ville de Malte un cours d'anatomie, de médecine et d'accouchement, pour les officiers qui y seront attachés.

BONAPARTE.

* * *

Arrêté du 30 Prairial, an VI.

ORDRE (1)

Quartier général, Malte, 30 Prairial an VI
(18 Juin 1798)

Bonaparte, Général en Chef, ordonne :

Article 1.—Il sera établi dans les îles de Malte et du Gozzo quinze *écoles primaires.*

Article 2.—Les instituteurs des écoles enseigneront aux élèves à lire et à écrire en français, les éléments du calcul et du pilotage, et les principes de la morale et de la constitution française.

Article 3.—Les instituteurs seront nommés par la Commission de Gouvernement.

Article 4.—Ils seront logés dans une maison nationale, à laquelle sera attaché un jardin.

Article 5.—Leur salaire en argent sera de 1000 francs dans les villes et de 800 francs dans les cazals (2).

Article 6.—Il sera affecté au payement de chaque instituteur une portion suffisante des biens des couvents supprimés.

Article 7.—La distribution des écoles et les règlements sur leur administration et régime seront confiés à la Commission de Gouvernement.

BONAPARTE.

* * *

---

(1) Correspondance de Napoléon I, publiée par ordre de l'Empereur Napoléon III, Paris 1859—Pièce No. 2696.

(2) Cazal—Village.

Arrêté du 30 Prairial, an VI.

ORDRE (1)

Quartier Général, Malte, 30 Prairial an VI.
(18 Juin 1798)

Bonaparte, Général en Chef, ordonne:

Article 1.—L'Evêque n'exercera d'autre justice qu'une police sur les ecclésiastiques. Toutes procédures relatives aux mariages seront du ressort de la justice civile et criminelle·

Article 2.—Il est expressément défendu à l'Evêque, aux ecclésiastiques et aux habitants de l'île de rien reçevoir pour l'administration des sacrements, le devoir de leur état étant de les administrer gratis. Ainsi les droits d'étôle et autres pareils restent abolis.

Article 3.—Aucun prince étranger ne pourra avoir d'influence ni dans l'administration de la religion, ni dans celle de la justice. Ainsi aucun ecclésiastique ni habitant ne pourra avoir recours au Pape, ni à aucun Métropolitain.

BONAPARTE.

* * *

Arrêté du 30 Prairial, an VI.

ORDRE (2)

Quartier général, Malte, 30 Prairial an VI,
(18 Juin 1798)

Bonaparte, Général en Chef, ordonne :

Article 1.—On affectera pour l'Hôpital des fonds des Couvents ou dotations supprimées, jusqu' à la concurrence de 40,000 francs de rente. On prendra de préférence toutes les dotations qui existent, déjà affectées aux hospices, quelque dénomination qu'elles aient.

Article 2.—On affectera des biens nationaux pour 300,000 francs, pour les créanciers du Grand Maître.

Article 3.—On vendra pour 300,000 francs de biens nationaux pour subvenir aux besoins de la garnison et de la marine.

---

(1) Correspondance de Napoléon I, publiée par ordre de l'Empereur Napoléon III, Paris 1859—Pièce No. 2697.
(2) Ibid.—Pièce No. 2698.

Article 4.—On vendra pour 300,000 francs de biens nationaux pour la fondation de l'approvisionnement du siège.

Article 5.—Le Commissaire du Gouvernement se concertera avec la Commission des domaines pour la vente desdits biens.

BONAPARTE.

* * *

Arrêté du 30 Prairial, an VI.

ORDRE (1)

Quartier général de Malte, 30 Prairial an VI,
(18 Juin 1798)

Bonaparte, Général en Chef, ordonne :

Article 1.—Le général Vaubois fera déporter à Rome, sous quarante huit heures, les Consuls d'Angleterre et de Russie.

Article 2.—Si ces deux Consuls sont naturels du pays, la déportation sera d'une année, au bout de laquelle ils pourront rentrer, si la République française n'a pas à se plaindre d'eux.

BONAPARTE.

* * *

Arrêté du 30 Prairial, an VI.

ORDRE (2)

Quartier général, Malte, 30 Prairial an VI,
(18 Juin 1798)

Bonaparte, Général en Chef, ordonne :

Article 1.—Le Commissaire ordonnateur ouvrira un crédit, sur le payeur de la place, de 3,000 francs par mois, pour le Commandant de l'Artillerie;

4,000 francs par mois, pour le Commandant du Génie;

25,000 francs par mois, pour la Marine.

Et 3,000 francs par mois, pour l'extraordinaire, à la disposition du Général Commandant.

BONAPARTE.

---

(1) Correspondance de Napoléon I, publiée par ordre de l'Empereur Napoléon III, Paris 1859—Pièce No, 2700.

(2) Ibid.—Pièce No. 2701.

CORRESPONDANCE DE BONAPARTE
CONCERNANT MALTE.

Correspondance de Bonaparte
concernant Malte.

Bonaparte au Ministre des Relations Extérieures (1) (*Extrait.*)

Quartier général, Passariano, 27 Fructidor an V
(13 Sept. 1797) (2)

Pourquoi ne nous emparerions nous pas de l'île de Malte ?
L'Amiral Brueys pourrait très bien mouiller là et s'en emparer.
Quatre cents Chevaliers et, au plus, un régiment de 500
hommes sont la seule défense de la ville de La Valette. Les
habitants qui montent à plus de cent mille, sont très portés
pour nous et sont dégoûtés des Chevaliers qui ne peuvent
plus vivre et meurent de faim. Je leur ai fait exprès con-
fisquer tous leurs biens en Italie. Avec l'île de Saint-Pierre,
que nous a cédée le roi de Sardaigne, Malte, Corfou etc,
nous serons maîtres de toute la Méditerranée.

BONAPARTE.

* * *

Talleyrand à Bonaparte. (3) (*Extrait*).

Paris, le 8 Vendémiaire an VI (29 Sept. 1797)
Au Général-en Chef.

Quant à Malte, je me réfère à ma lettre du 6 Vendémiaire, qui contient les intentions les plus positives du Directoire à cet égard.

Ch. Maur. Talleyrand.

* * *

(1) Correspondance de Napoléon I, publiée par ordre de l'Empereur Napoléon III, Paris 1859—Pièce No. 2195.
(2) Cette lettre se trouve aux Archives des Affaires Etrangères.
(3) Correspondance inédite officielle et confidentielle de Napoléon Bonaparte avec les Cours etrangères, les princes, les
ministres et les généraux français et étrangers, en Italie, en
Allemagne et en Egypte, Tome VII, pag. 278, Paris 1829.

Bonaparte au Directoire Exécutif. (1) (*Extrait*).

Passerano, le 2 Vendémiaire an VI
(23 Septembre 1797)

Enfin, si nous avons la paix, notre escadre, en abandonnant ces mers et s'en retournant en France pourra prendre quelques troupes, et, en passant, mettre 2,000 hommes de garnison à Malte : île qui, tôt ou tard, sera aux Anglais si nous avons la sottise de ne pas les prévenir.

Je vous demande donc :

1..

2..

3..

4. Que vous preniez un arrêté qui m'autorise à cultiver les intelligences que j'ai déjà à Malte, et, au moment où je le jugerai propre, de m'en emparer et d'y mettre garnison.

BONAPARTE.

***

La Reveillière—Lepaux à Bonaparte. (2)

Paris, le 12 Vendémiaire an VI
(3 Octobre 1797)

Les détails contenus, citoyen général, dans votre lettre du 2 de ce mois, et la copie de celle que vous avez écrite, le 1 au contre-amiral Brueys, ont satisfait le Gouvernement. Vous devez avoir reçu les instructions relatives à la nécessité d'empêcher que l'île de Malte ne soit occupée par les Anglais ni par les autres ennemis de la République. Toutes vos dispositions et vos vues sont approuvées, et l'on va donner au ministre de la marine les ordres que vous demandez.

Le Président du Directoire Exécutif :
(Signé) L. M. Reveillière—Lepaux.

***

(1) Correspondance inédite officielle et confidentielle de Napoléon, T. VII, pag. 327.

(2) Ibid. T. VII, pag. 334.

Bonaparte au Consul de la République Française à Malte
(Caruson). (1)

Milan, le 23 Brumaire an VI (13 Nov. 1797)

De nouvelles relations, citoyen, vont résulter de la réunion à la République française des îles de Corfou, Zante, Céphalonie et Cerigo. Je charge le citoyen Poussielgue, premier Secrétaire de la Légation de France à Gênes, qui a la confiance du Gouvernement et toute la mienne, de se transporter dans les différentes échelles du Levant, à l'effet d'y recueillir les observations et d'y prendre tous les renseignemens nécessaires pour mettre le gouvernement en état de faire les changemens et modifications à apporter dans nos relations commerciales et politiques dans cette partie, et d'établir dans la manière la plus sûre, la correspondance et les communications régulières entre le continent de la République française et ses îles de l'Adriatique.

Je vous prie d'aider le citoyen Poussielgue de vos connaissances et des vos lumières dans tout ce qui concerne sa mission et de le faire connaître auprès du gouvernement du pays où vous résidez.

L'intention du gouvernement de la République française est de consolider toujours ses intérêts avec ceux des gouvernemens étrangers, dans les relations qu'il peut avoir à établir chez eux.

BONAPARTE.

*
* *

Bonaparte
à la Commission d'Inspecteur Général des échelles du Levant. (2)

La réunion à la République française des îles de Corfou, Zante, Céphalonie et Cerigo, allant procurer à la France de nouvelles relations politiques et commerciales dans la Méditerranée et dans le Levant; et le gouvernement voulant, le plutôt possible établir ses rapports d'une manière régulière et avantageuse, le général en chef de l'Armée d'Italie charge en son nom, le citoyen Poussielgue, premier Secrétaire de la

---

(1) Correspondance inédite officielle et confidentielle de Napoléon, T. VII, pag. 343.

(2) Ibid. T. VII, pag. 344.

Légation de la République française à Gênes, de se transporter immédiatement, en qualité d'Inspecteur Général des échelles du Levant auprès des différens Consuls et agents de la République dans le Levant, et en général de visiter tous les etablissemens français situés dans cette partie; il examinera dans chaque point la situation actuelle de notre commerce et de nos relations; observera les changemens éprouvés depuis la révolution; recherchera les moyens les plus prompts de rétablir l'ancienne prospérité de notre commerce et de l'accroître en proportions des avantages de notre nouvelle position; il examinera sous quels rapports il conviendrait d'étendre de modifier nos relations politiques; il prendra enfin des renseignemens sur la manière la plus sûre d'établir notre correspondance et nos communications régulières et périodiques entre le continent de la France et nos îles de l'Adriatique, en fixant les points intermédiaires en Corse, en Sardaigne, en Sicile ou à Malte, ou en les établissant sur le continent de l'Italie par Ancone. Au retour de cette mission, qu'il accélérera autant qu'il sera possible, il remettra au général en chef de l'Armée d'Italie son rapport général sur tous les objets dont il est chargé par la présente commission.

BONAPARTE.

* * *

Bonaparte au Ministre des Relations Extérieures. (1)

Milan, le 24 Brumaire an VI
(14 Nov. 1797)

Vous trouverez ci-joint, citoyen Ministre, copie de la commission que j'ai donnée au citoyen Poussielgue et de ma lettre au Consul à Malte.

Le but réel de la mission du citoyen Poussielgue est de mettre la dernière main aux projets que nous avons sur Malte.

BONAPARTE.

* * *

Arrêté du Directoire Exécutif, du 23 Germinal an VI (2)
(12 Avril 1798)

Le Directoire Exécutif considérant que l'Ordre de Malte s'est mis, de son propre mouvement, et dès le commencement de la guerre actuelle, en état d'hostilité contre la France;

---

(1) Correspondance inédite officielle et confidentielle de Napoléon, T. VII, pag. 346.

(2) Ibid. T. I, pag. 14.

qu'il en a fait la déclaration expresse par un manifeste de son Grand-Maître, du 10 Octobre 1793 (v.s.); qu'il a même protesté par cet acte insolent qu'il ne devait, ni pouvait, ni ne voulait reconnaître la République Française; que les efforts qu'il a faits avant et depuis pour seconder la coalition des rois armés contre la Liberté, ont constamment répondu à cette expression de ses sentiments; que tout récemment encore, il vient de mettre le comble à ses attentats contre la République, en recevant dans son sein et en admettant à ses premières dignités des Français universellement connus pour les ennemis les plus acharnés de la Patrie et flétris à jamais, pour avoir porté les armes contre elle; que tout annonce de sa part l'intention de livrer incessamment son territoire à l'une des puissances encore en guerre contre la France, et par là de paralyser la navigation française dans la Méditerranée; qu'à tous égards, cet ordre envers la République Française, dans la même position que toutes les puissances contre lesquelles, à l'époque de l'établissement du régime constitutionnel, la nation se trouvait en état de guerre, sans déclaration préalable de sa part, par cela seul qu'elles s'étaient mises elles-mêmes dans cet état; qu'ainsi il n'est besoin d'aucun acte du Corps Législatif pour que le Directoire Exécutif prenne contre l'Ordre de Malte les mesures que prescrivent l'honneur et l'intérêt national,—Arrête ce qui suit.

Article 1.—Le Général-en Chef de l'Armée d'Orient est chargé de s'emparer de l'île de Malte.

Article 2.—Il dirigera, à cet effet, immédiatement sur l'île de Malte, les forces de terre et de mer qui sont sous ses ordres.

Le présent arrêté ne sera point imprimé.

Signé :

La Reveillière-Lepaux.

Merlin,

Rewbell,

François de Neufchâteau.

* * *

Arrêté supplémentaire portant la même date. (1)

Paris le 23 Germinal an VI.

Le Directoire Exécutif ordonne:

Article 1.—L'ordre donné par l'arrêté de ce jour, au général Bonaparte, commandant en chef l'Armée d'Orient, de s'emparer de l'île de Malte, ne sera par lui exécuté, qu'autant qu'il le jugera possible, sans compromettre le succès des autres opérations dont il est chargé. Le Directoire Exécutif s'en rapporte entièrement sur ce point à sa prudence.

Article 2.—Le présent arrêté ne sera point imprimé.

Signé :

La Reveillière-Lepaux,
Merlin,
Rewbell,
François de Neufchâteau.

* * *

Bonaparte à Desaix. (2) (*Extrait*).

Paris, 30 Germinal an VI (17 Avril 1798)

....

Vous recevrez incessamment des ordres pour partir le 15. Côtoyez toutes les côtes de Naples; passez le phare de Messine et mouillez à Syracuse, ou dans toute autre rade dans les environs.

....

Notre point de réunion sera sur Malte.

....

BONAPARTE.

* * *

Bonaparte à Desaix. (3)

Paris, le 1 Floréal an VI. (20 Avril 1798).

Vous recevrez l'ordre de vous rendre de Civita-Vecchia à Syracuse, et vous n'avez pas plus de chemin à faire que si vous vous rendiez à Toulon; ainsi en partant le 15, il y a possibilité à ce que vous soyez le 20 au point désigné, et il serait difficile, même favorisés autant qu'on peut l'être, que nous fussions à la même époque sur Malte.

---

(1) Correspondance inédite officielle et confidentielle de Napoléon, T. I, pag. 16.

(2) Ibid. T. I, pag. 100.

(3) Ibid. T. I, pag. 102.

Je préfère de vous voir aller à Syracuse plutôt qu'à Trepano, parceque je crois que vous côtoyerez toujours l'Italie et profiterez du vent de terre.

Si, pendant votre navigation, les vents deviennent contraires et s'opposent à votre passage au détroit et vous permettent de vous rendre promptement à Trepano, je ne verrai aucun inconvénient à cela, mais dans ce cas, il faudrait doubler le cap Trepano et vous mettre dans une rade, d'où vous pussiez sortir avec le même vent qui vous est nécessaire pour vous rendre des îles de St. Pierre à Malte.

....

BONAPARTE.

* * *

Bonaparte à Augier, Consul à Cagliari (1) (*Extrait*).

Toulon, le 27 Floréal, an VI (16 Mai 1798)

....

Vous interrogerez tous les bâtiments pour avoir des nouvelles des Anglais, et si vous appreniez qu'ils ont mouillé dans la Méditerranée, vous expédirez un bâtiment que vous prêterez, à la suite de l'Amiral Brueys, pour l'en informer.

Vous dirigerez ce bâtiment du côte de Malte.

BONAPARTE.

* * *

Bonaparte au Directoire Exécutif. (2) *(Extrait)*

A bord de *l'Orient,* (3) 30 Floréal an VI
(19 Mai 1798).

....

J'ai emmené un bataillon de la 7e d'infanterie légère; j'ai ordonné qu'on réunit à Toulon les deux autres bataillons, que je désirerais que vous fissiez partir sur les bâtiments qui seront prêts à partir d'ici à dix jours. Cette demi-brigade serait destinée à tenir garnison à Malte. Je désirerais que vous fissiez passer à cet effet, le reste de la 26e demi-brigade dans la 8e division.

---

(1) Correspondance inédite officielle et confidentielle de Napoléon etc., T. I, pag. 127.

(2) Correspondance de Napoléon I, publiée par ordre de l'Empereur Napoléon III, Paris 1859—Pièce No. 2604.

(3) En grande rade, à Toulon.

Je ferai prendre en Corse un ou deux bataillions de la 23e d'infanterie légère pour tenir aussi garnison à Malte.

....

BONAPARTE.

* * *

Berthier à l'Amiral Brueys

———

A bord de *l'Orient*, 18 Prairial an VI (1)
(6 Juin 1798)

Le Général-en-Chef, citoyen Amiral, ayant arrêté ses dispositions relatives à l'île de Malte, me donne ordre de vous les faire connaître, afin que vous donniez à la Marine que vous commandez les ordres nécessaires, de concert avec ceux que je donne aux troupes.

L'intention du Général-en Chef est que l'escadre et le convoi se trouvent le plus tôt possible devant la baye de Marsa-Sirocco, afin d'y opérer le débarquement des troupes qu'il destine à l'opération de Malte en même temps que les vaisseaux de la deuxième escadre, *Le Franklin*, *Le Spartiate*, *L'Aquilon* et *Le Guerrier*, se porteront devant le grand golfe pour y bloquer le fort de Malte.

L'intention du Général-en Chef est que le Contre Amiral Decrès, qui commande *La Diane*, soit chargé du détail du débarquement, et, par conséquent, de le protéger.

Le Général-en Chef destine pour le débarquement les 4 et 7 demi- brigades légères, le 6, 19 et 80 de Ligne, et un train d'Artillerie.

Les troupes ci-dessus désignées et l'Artillerie sont réparties tant sur les bâtiments de guerre que sur ceux composant le convoi. L'intention du Général-en Chef est que chaque bâtiment de guerre ou du convoi soit chargé de débarquer ses troupes; mais quant aux vaisseaux de guerre *Le Franklin*, *Le Spartiate*, *Le Guerrier* et *L'Aquilon*, destinés à bloquer le port de Malte, ils mettront leurs grandes chaloupes à la mer, sur lesquelles ils embarqueront les troupes de débarquement désignées pour les conduire à terre, et ils continueront leur route pour se rendre devant Malte; leurs chaloupes qui se trouveront employées au débarquement resteront affectées aux vaisseaux *L'Orient*, *Le Tonnant*, *Le Peuple Souverain* et *L'Heureuse* ainsi que vous le désignerez.

————————

(1) Correspondance de Napoléon 1, publiée par ordre de l'Empereur Napoléon III, Paris 1859—Pièce No. 2618.

Comme le vaisseau *L'Orient* se trouve avoir beaucoup de troupes à débarquer, vous, donnerez des ordres pour y employer des bâtiments légers de l'escadre, comme avisos, tartanes et chaloupes cannonières.

Les dispositions ci-dessus exigent des ordres préparatoires tant de terre que de mer, que je divise en deux parties:

La première est de faire parvenir dès demain matin, le plus tôt possible, les ordres ci-après :

1. Vos ordres pour que chaque bâtiment de guerre arme dans la journée du 19 ses grandes chaloupes, avec un obusier de coronade et des pierriers à quarante coups à tirer, prêtes à être mises à la mer.

2. Faire passer à poupe de tous les bâtiments de guerre et de convoi pour ordonner que tous les officiers commandants les différents détachements de troupe à bord des vaisseaux, soit troupes de garnison, soit de l'armée, passent demain une revue pour s'assurer que les armes sont en état, et faire les dispositions nécessaires pour que chaque homme ait, au premier ordre six cents cartouches et six pierres à fusil, et soit prêt à débarquer.

3. Ordonner à tous les bâtiments de convoi de Corse de mettre une marque distinctive apparente, et qu'ils ayent à se réunir ensemble autour d'un bâtiment de guerre de convoi, qui sera désigné par vous et qui portera de même une marque distinctive;

4. Prévenir ces bâtiments qu'au signale de trois coups de canon, tirés par le vaisseau Amiral et répétés par le Commandant du convoi ils se railleront à la frégate *La Diane*, laquelle, après le signal de trois coups de canon, en tirera quatre pour appeller ces bâtiments autour d'elle; cette frégate portera un signal que vous désignerez, et que vous ferez connaître à ces bâtiments.

La deuxième partie des ordres regardera le moment et le point du débarquement, ordres qui seront donnés lorsqu'on sera devant Marsa-Scirocco.

Par ordre du Général-en-Chef.
(Signé) BERTHIER.

Berthier à l'Amiral Brueys (1)

A bord de *l'Orient*, 21 Prairial an VI (9 Juin 1798).

Le Général-en-Chef, Citoyen Amiral, me charge de vous prévenir que son intention est que vous donniez des ordres à la frégate *La Sérieuse* de réunir à elle tous les bâtiments de transport composant le convoi de Gênes, et de se tenir, avec le dit convoi, à portée de débarquer, soit à la cale des Vieilles Salines, dite della M[...], soit à la cale de Saint-Paul, ainsi que vous le jugerez le plus à propos. Vous préviendrez le Commandant de *La Sérieuse* que le débarquement ne s'opérera que lorsque le Général-en-Chef en enverra l'ordre. Vous lui recommanderez de ne commettre aucun acte d'hostilité jusqu'à ce moment. Aussitôt que les troupes seront débarquées on s'occupera de faire de l'eau et de ramasser du fourrage.

Le Général-en-Chef vous invite, vous invitez le Commandant de *La Sérieuse* à se mettre aux ordres du Général *Baraguey d'Hilliers* pour tout ce qui est relatif au débarquement. Je vous préviens que le général *Baraguey* a des ordres à ne pas débarquer que le nombre de troupes nécessaire pour s'emparer des forts et batteries de l'île, et aussi pour le mouillage de son convoi et le faciliter tous les moyens de faire de l'eau et de se procurer du fourrage.

Par ordre du Général-en-Chef.
Signé: BERTHIER.

Berthier au Général Baraguey d'Hilliers (2)

A bord de *l'Orient*, devant Malte, 21 Prairial an VI
(9 Juin 1798)

En conséquence des dispositions du Général-en-Chef, Citoyen Général, vous vous tiendrez prêt à débarquer, soit à la cale des Vieilles Salines ou della Mellieha, soit à la cale de Saint-Paul île de Malte, côté du Nord. L'Amiral Brueys a donné des ordres pour que tout le convoi de Gênes se réunisse autour de la frégate *La Sérieuse*. Vous

---

(1) Correspondance de Napoléon I, publiée par ordre de l'Empereur Napoléon III, Paris 1858—Pièce No. 2619.

(2) Ibid.—Pièce No. 2620.

ferez reconnaître tous les points qui vous paraîtront les plus favorables pour débarquer, soit dans une cale, soit dans une autre.

L'intention du Général-en-Chef est que, jusqu'au moment où il vous enverra l'ordre d'effectuer le débarquement, vous ayez soin de ne rien faire qui puisse alarmer ni donner la moindre inquiétude aux habitants.

Lorsque vous recevrez l'ordre de débarquer, vous aurez soin de surprendre le débarquement en faisant approcher plusieurs bâtiments de votre convoi demandant à faire de l'eau, et faisant porter plusieures chaloupes chargées de monde sur le point que vous jugerez les plus à propos; dès l'instant que vous aurez débarqué, vous ferez faire de l'eau.

L'intention du Général en Chef est que vous ne débarquiez que le nombre de troupes nécessaire pour vous rendre maître des batteries, des tours et des positions qui assurent votre mouillage.

Vous aurez soin de tenir votre convoi prêt à partir au premier ordre et d'avoir également les moyens de faire rembarquer les troupes que vous aurez mises à terre et qui ne seront pas destinées pour rester à Malte. Le Général-en-Chef présume que vous aurez trois ou quatre jours pour faire votre eau.

Vous ferez prévenir le Général-en-Chef aussitôt que vous aurez effectué votre débarquement, d'après les nouveaux ordres que vous recevrez. Il vous fera parvenir les ordres et les nouvelles dispositions, soit par mer, soit par l'île de Malte.

L'intention du Général-en-Chef est que vous ne vous occupiez d'autre sujet, dans l'île de Malte, que, ce que prescrit cette instruction, d'occuper les points qui couvriront le mouillage où vous ferez votre eau.

Le Général-en-Chef défend qu'il soit débarqué aucun cheval.

Par ordre du Général-en-Chef

(Signé) Berthier.

*
* *

Berthier au Contre-Amiral Brueys (1)

A bord de *l'Orient*, devant Malte, 21 Prairial an VI
(9 Juin 1798).

Le Général-en Chef, en conséquence de ses dispositions, Citoyen Amiral, vous prie de donner des ordres au convoi de Civita-Vecchia de se rendre devant le port de *Marsa-Scirocco*, où il attendra des nouveaux ordres pour effectuer le débarquement commandé par le général *Desaix*. Le débarquement ne s'opérera que lorsque le Général-en Chef donnera des nouveaux ordres. Recommandez qu'on ne commette aucune espèce d'hostilité jusqu'à ce moment. Aussitôt que le débarquement sera effectué le convoi s'occupera de faire de l'eau et d'avoir du fourrage. Vous mettrez le Commandant du Convoi aux ordres du général Desaix, pour tout ce qui a rapport au débarquement.

Par ordre du Général-en Chef
(Signé) Berthier.

* * *

Berthier au Général Desaix (2)

A bord de *l'Orient*, devant Malte, 21 Prairial an VI.
(9 Juin 1798)

Le Général-en Chef ordonne au général Desaix de placer le plus tôt possible sur une des [illegible] parcourir ce soir toute la partie de la côte de l'île de Malte depuis la tour *Saint Thomas* jusqu'à [illegible].

Je le préviens que son convoi a reçu de l'Amiral l'ordre de se rendre vis-à-vis le port de *Marsa-Scirocco*.

L'intention du Général-en Chef est que vous choisissiez le point le plus favorable pour effectuer votre débarquement à Marsa-Scirocco. Il désire que demain, au point du jour, 300 ou 400 hommes débarquent des chaloupes dans un des points que vous aurez choisis hors de portée de toute batterie, dans le temps que trois ou quatre bâtiments de votre convoi, qui tirent le moins d'eau, s'avanceront sous le prétexte de faire de l'eau, à Marsa-Scirocco; et par ce moyen on se trouvera être maître du débarquement.

---

(1) Correspondance de Napoléon I, publiée par ordre de l'Empereur Napoléon III, Paris [illegible]. — Pièce No. [illegible].
(2) Ibid.—Pièce No. 2622.

Le général de marine *Du Chayla* avec quatre vaisseaux de guerre, mouillera à une lieue au large de Marsa-Scirocco pour y appuyer votre débarquement.

Tous les hommes de la 80.demi-brigade, de la 7e. Légère, de la 19e. et de la ... que le général Du Chayla pourra avoir à bord de ses vaisseaux seront débarquées avec vos troupes et se réuniront à leur corps qui doivent débarquer dans un autre point.

L'intention du Général-en-Chef est que, dès l'instant que vous serez maître de toutes les batteries et des tours, et que vous pourrez mouiller sûrement dans la baie de *Marsa-Scirocco*, vous marcherez sur la ville, en cherchant à surprendre une porte, ou à escalader un des points des ouvrages de la Cottonera qui n'a pas de fossé. Mais si l'ennemi est sur ses gardes, l'intention du Général-en Chef est que vous vous contentiez d'investir le Fort de *Ricasoli* et l'ouvrage de la Cottonera, en communiquant par votre gauche avec la division du général *Vaubois*, qui doit débarquer à la cale *Saint-Julien* et investir l'autre partie de la ville.

Vous aurez soin de ne débarquer que les troupes nécessaires pour l'opération ci-dessus, mais aucune cavalerie.

Vous donnerez des ordres pour que, dès l'instant que le convoi sera entré dans le port de Marsa-Scirocco, on fasse de l'eau et que l'on prenne du fourrage pour les bâtiments qui portent des chevaux. On doit se tenir prêt à partir dans trois jours.

Vous ... dans la citadelle de tâcherez de faire nourrir votre division par les villages de *Zabar, Zeitun, Gudia, Tarschen*.

L'ordre du Général-en Chef est que vous prépariez tout, cette nuit, pour vous débarquement, mais que vous ne commenciez aucune espèce d'hostilité que vous n'ayez reçu de nouveaux ordres.

Vous direz aux habitants que les Français ne viennent en aucune manière pour changer ni les mœurs ni la religion, que la plus sévère discipline sera maintenue, et que les prêtres et les moines seront spécialement protégés. Au surplus, le Général-en Chef fera une proclamation pour toute l'île.

Par ordre du Général-en Chef
(Signé) BERTHIER.

***

Bonaparte au Général Berthier (1)

A bord de *l'Orient*, devant Malte
21 Prairial an VI (9 Juin 1798)

Vous donnerez l'ordre, Citoyen Général, à l'Amiral *Brueys* de faire venir le convoi de Marseille autour de la frégate *L'Alceste*, à portée de débarquer à la cale de *La Ramla*; ce débarquement ne s'opérera que lorsque je donnerai des nouveaux ordres. Il recommandera au Commandant du convoi de ne commettre aucun acte d'hostilité jusqu'à ce moment.

Si l'Amiral pense que la cale du port de *Miggiarro* soit plus avantageuse pour y mouiller le convoi, dès l'instant que l'île sera occupée par les troupes françaises, il pourra y faire mouiller le convoi.

Il mettra le commandement de la frégate *L'Alceste* sous les ordres du général *Reynier*, pour tout ce qui est relatif au débarquement.

BONAPARTE.

* * *

Bonaparte au Général Berthier (2)

A bord de *l'Orient*, devant Malte,
21 Prairial an VI (9 Juin 1798)

Le Chef de l'état-major général, donnera l'ordre au général *Reynier* de se tenir prêt à débarquer à la cale de *la Ramla* et à s'emparer de toute l'île du *Gozzo*, au premier ordre qu'il en recevra; l'Amiral Brueys a donné l'ordre pour que tout le convoi de Marseille se réunisse autour de la frégate *L'Alceste*.

Il lui donnera l'ordre de reconnaître le plus tôt possible la côte du Nord de l'île du Gozzo et particulierement la cale de *Aaïn Rihauna*, la cal de la *Ramla* et les autres, afin qu'il choisisse celle qui sera la plus propre à son débarquement.

Jusqu'à ce que le général Reynier soit débarqué il aura soin de ne rien faire qui puisse alarmer les habitants.

Lorsque le général Reynier recevra l'ordre de débarquer il aura soin de surprendre le débarquement en faisant approcher plusieurs bâtiments du convoi, demandant à faire de l'eau et

---

(1) Correspondance de Napoléon I, publiée par ordre de l'Empereur Napoléon III, Paris 1859—Pièce No. 2623.

(2) Ibid.—Pièce No. 2624.

faisant porter plusieurs chaloupes chargées de monde sur le
point qu'il jugera à propos.

Dès l'instant que son débarquement sera effectué, il fera
faire de l'eau et transporter des fourrages à bord des écuries.
Il aura soin de ne laisser débarquer que le nombre de troupes
nécessaires pour prendre possession de l'île. Il nommera un
chef de brigade ou un chef de bataillon, à la suite, commandant de l'île.

La compagnie de canonniers de la 4e. demi-brigade est
destinée à rester dans l'île.

Il fera organiser un hôpital de cent lits pour faire débarquer les malades. Il fera vivre toute sa division avec des
vivres qu'il fera prendre dans l'île.

Le général Reynier fera une proclamation extrèmement
simple qu'il fera traduire en langue du pays et copier par les
écrivains du pays, contenant que les Français ne viennent en
aucune manière pour changer ni les moeurs ni la religion,
que la plus sévère discipline sera maintenue et que les prêtres
seront spécialement protégés. Il marquera beaucoup d'égards
à tous les prêtres et aux moines, et fera mettre les scellés sur
les caisses et effets qui appartiendront aux Chevaliers de
Malte; il fera transporter toutes les armes dans un seul endroit.

S'il y avait quelques personnages qui paraissent mal intention-
nés, il prendra des otages qu'il fera conduire à bord de la
frégate.

Le général Reynier me rendra compte de la situation morale
des habitants de l'île; il me fera connaître la forme d'administration qu'il donnera et les mesures et écritures qu'il
aura à faire; aucune des troupes qui composent sa division,
hormis la compagnie de canonniers de la 4e. demi-brigade,
ne devant rester dans l'île, toutes devant repartir dans
trois ou quatre jours.

On ne fera débarquer aucun cheval; les généraux en trouveront facilement pour eux et pour leurs aides-de-camp au
premier village.

Le général Reynier veillera à ce que sa division soit nourrie
de viande fraîche; il enverra chercher le général Baraguey
à bord du Causse, et il se tiendra à ses ordres.

BONAPARTE.

Berthier au Général Reynier (1)

A bord de *l'Orient*, le 21 Prairial an VI,
(9 Juin 1798) 9 heures du soir.

Le Général-en Chef. étant décidé à attaquer l'île et les possessions de l'Ordre de Malte, vous ordonne d'exécuter ponctuellement l'ordre et les dispositions que je vous ai fait passer et dont l'exécution a été soumise à la réception du présent ordre.

Par ordre du Général-en Chef
(Signé) BERTHIER

* * *

Berthier au Général Reynier (2)

A bord de *l'Orient*, 21 Prairial an VI (9 Juin 1798).

En suite des ordres du Général-en Chef, citoyen général, je donne des instructions au Commissaire de guerre *Duprat* pour assurer la subsistance de votre division pendant cinq jours dans l'île du Gozzo, pour compléter l'approvisionnement des chevaux pour un mois et s'assurer des ressources existantes dans l'île, appartenantes au gouvernement Maltais. Je le charge de vous les communiquer et j'ai l'honneur de vous prier de seconder le dernier objet de ces instructions par la force armée, si elle lui est nécessaire.

Par ordre du Général-en Chef
(Signé) BERTHIER.

* * *

Berthier au Général Vaubois (3)

Devant Malte, 21 Prairial an VI (9 Juin 1798).

D'après l'ordre du Général-en Chef, il est ordonné au général Vaubois de partir le 22, à deux heures du matin. pour se rendre sur un des points de la côte, depuis la pointe *Saint Julien* à la cale de *la Madeleine*. La partie des troupes

---

(1) Correspondance de Napoléon I, publiée par ordre de l'Empereur Napoléon III, Paris 1859—Pièce No. 2625.
(2) Ibid.—Pièce No. 2626.
(3) Ibid.—Pièce No. 2627.

qui est commandée par le chef de Brigade *Marmont* marchera 100 ou 200 (pieds?) en avant de celle commandée par le général *Lannes*. Arrivé sur la côte le citoyen Marmont effectuera son débarquement dans le point qui lui paraîtra le plus favorable, et s'emparera des batteries qui pourraient s'opposer à l'entier débarquement de la division.—Dès l'instant que cela sera fait, le citoyen Marmont prendra position au jardin *Spinola*.

Le général Lannes enverra d'autres détachements pour s'emparer des autres batteries qui maîtrisent *la cale de La Madeleine*, telles que la tour de *Saint-Marc*.

Lorsque la 19e. de bataille et la 4e. Légère, qui sont embarquées sur le convoi d'Ajaccio seront avirées, le citoyen Marmont se portera pour bloquer la *Cité Valette* en se plaçant du côte de la *Cité Pinto*; il étendra ses postes jusqu'à *Cazal Novo*, afin de se joindre à la gauche du général *Desaix*.

Le général bloquera le fort de *Marsa-Musceit* et le fort qu'on assure n'être pas achevé et qui est sur la pointe de *Dragut*; les trois compagnies de la 18e. de Ligne et celles de la 32e. sont destinées à former la garde du Quartier-général et se tiendront à *Cazal Gargur*.

Il sera formé une colonne mobile de la 6e. de Ligne ou un détachement pour se porter à *Cazal Lia*, *Cazal Attard* et jusqu'à la *Cité Vieille*, pour soumettre les habitants.

Le général *Vaubois* fera une proclamation dans laquelle il assurera aux habitants l'exercice de leur religion et une bonne discipline, et que tous les villages où le peuple sera tranquil seront protégés.

Le commissaire de la division fera faire du pain et fournir les autres vivres nécessaires aux troupes dans les villages.

L'adjudant général *Boyer* sera provisoirement attaché pour le débarquement au général de division Vaubois.

Par ordre du Général-en Chef
(Signé) BERTHIER.

* * *

ORDRE (1)

A bord de *l'Orient*, devant Malte
21 Prairial an VI (9 Juin 1798).

Ordre de partir à minuit, pour exécuter le débarquement conformément aux dispositions du 21.

BONAPARTE.

(1) Correspondance de Napoléon I, publiée par ordre de l'Empereur Napoléon III, Paris 1859—Pièce No. 2628.

Caruson au Grand-Maître de l'Ordre de Malte

à bord de *l'Orient*, 22 Prairial an VI. (1)
(10 Juin 1798).

Eminence,

Ayant été appellé pour aller à bord du vaisseau Amiral porter la réponse que Votre Eminence avait faite à la proposition de permettre à l'escadre de faire de l'eau, le Général-en Chef Bonaparte a été indigné de ce qu'Elle ne voulait accorder la permission de l'eau, qu'à quatre bâtiments à la fois; et, en effet, quel temps ne perdrait-il pas à cinq ou six-cents voiles pour se procurer, de cette manière l'eau et d'autres choses dont ils ont un pressant besoin? Ce refus a d'autant plus surpris le Général Bonaparte, qu'il n'ignore pas la préférence accordée aux Anglais et la proclamation faite par le prédécesseur de Votre Eminence.

Le général Bonaparte est résolu à se procurer de force ce qu'on aurait dû lui accorder, en suivant les principes de l'hospitalité qui est la base de votre Ordre.

J'ai vu les forces considérables qui sont aux ordres du général Bonaparte, et je prévois l'impossibilité où se trouve l'Ordre de resister. Il eût été à souhaiter que, dans une circostance si majeure, Votre Eminence, par amour pour son Ordre et ses Chevaliers, et toute la population de Malte, eût pu proposer quelque moyen d'accomodement.

Le général n'a point voulu que je retournasse dans une ville qu'il se croit désormais obligé de traiter en ennemie, et qui n'a plus d'espoir que dans la loyauté du général Bonaparte. Il a donné les ordres les plus précis pour que la religion, les moeurs et les propriétés de Maltais soyent scrupuleusement respectées.

Par ordre du Général-en Chef

(Signé) CARUSON

Consul de France à Malte

***

---

(1) Correspondance de Napoléon I. publiée par ordre de l'Empereur Napoléon III, Paris 1859—Pièce No. 2629.

Siège et défense de Malte

Berthier
au Citoyen Ganteaume, Chef d'Etat-Major de l'Escadre.

A bord de *l'Orient.* 22 Prairial an VI, minuit. (1)
(10 Juin 1798)
Ordre d'exécution pour toutes les dispositions du débarquement.

Je vous prie, citoyen, d'envoyer sur le champ à la frégate *La Diane* l'ordre de faire débarquer à la cale *Saint-Julien* les deux pièces de campagne du calibre de 12 et les autres objets d'artillerie qui ont été ordonnés.

Vous donnerez également l'ordre pour qu'on débarque du bord de *l'Orient,* un Obusier de six pouces et les objets d'artillerie qui devraient être débarqués avec lui. Quant à la pièce de campagne que devait débarquer *l'Orient,* il ne le fera pas jusqu'à nouvel ordre.

Envoyez l'ordre au *Timoléon* de débarquer sur le champ un Obusier de 6 pouces ainsi que les autres objets qui lui ont été ordonnés.

Vous ordonnerez que tous les objets d'artillerie soient débarqués le plus tôt possible à la Cale Saint-Julien.

Par ordre du Général-en Chef
(Signé) BERTHIER.

Baraguey d'Hilliers à Bonaparte (2).

A bord de *La Sérieuse,* le 22 Prairial an VI
(10 Juin 1798).

J'ai l'honneur de vous informer que conformément à vos ordres, mon général, les troupes de la division se sont emparées dans le courant de la journée, de toutes les batteries, forts et postes qui enveloppent et défendent les cales *Saint-Paul* et *Melleha.* Les troupes maltaises ont défendu les divers postes qu'elles occupaient, autant qu'elles l'ont pu, mais tout a cédé à l'ensemble des dispositions que les trois colonnes dans lesquelles j'avais divisé les troupes de débarquement, ont exécuté avec autant d'audace que d'intelligence;

---

(1) Correspondance de Napoléon I, publiée par ordre de l'Empereur Napoléon III, Paris 1859—Pièce No. 2630.
(2) Correspondance inédite officielle et confidentielle de Napoléon etc., T. I, pag. 148, Paris 1829.

nous n'avons eu personne tué ou blessé: un soldat maltais et un chevalier ont été tués. Nous avons fait 150 prisonniers, dont trois chevaliers, lesquels sont tous français. Je vous les adresse en vous prévenant qu'ils paraissent instruits, mais affectent beaucoup de discrétion. Je pense néanmoins qu'un peu de terreur les fera parler, si on les interroge isolément: il n'y a que deux jours qu'ils sont hors de la place. Leurs noms sont: *Saint-Simon, Daudinier* et *Bisier*. Quant aux soldats prisonniers, comme ils étaient tous de la milice du pays, j'ai cru utile de les renvoyer dans leurs villages respectifs chargés de paroles de paix pour leurs concitoyens, et pénétrés de la générosité française.

Les forts et batteries pris sont armés d'environ 50 pièces de canon et assez bien approvisionnés en munitions de guerre. Les troupes maîtresses de tous les forts placés entre le ruisseau qui tombe dans la *cale Saint-Paul* et le rivage qui regarde l'île de Goze, ont pris position sur les hauteurs en avant de ce ruisseau; c'est ainsi que j'attendrai vos ordres ultérieurs. Il y a environ 9000 hommes à terre. Le pays n'offre aucune ressource pour le bois et une très grande pénurie d'eau, parceque les ruisseaux qui débouchent dans les cales *Saint-Paul et Melleha* sur la carte, n'arrivent point en effet jusqu'à la mer, mais se dégorgent dans des citernes éloignées du rivage, et où il me parait extrêmement difficile d'aller puiser; cependant je donnerai des ordres demain pour que quelques bâtiments en fassent l'essai; s'il réussit, ce dont je doute, je ne vous importunerai plus de mes observations; dans le cas contraire je vous prierai de m'indiquer un autre endroit pour se faire de l'eau, avec la célérité que vous me prescrirez.

Le porteur de cette lettre est chargé de vous remettre trois pavillons maltais qui ont été enlevé dans les forts.

BARAGUAY D'HILLIERS.

* * *

Brueys à Bonaparte (1)

A bord de *l'Orient*, le 22 Prairial an VI

(10 Juin 1798)

Il me parait que les chevaliers font les rétifs, et quoique j'imagine bien que ce ne soit qu'un feu de paille, il me faudra

---

(1) Correspondance inédite officielle et confidentielle de Napoléon etc., T. I., pag. 149, Paris 1829

peut-être de l'artillerie et un supplément de troupes pour
l'éteindre.

Nous serions plus à même de faire tous les débarquements
que vous croiriez nécessaires, en mouillant sur la côte. D'un
autre côté il serait utile que les vaisseaux fussent sous voiles,
pour menacer continuellement de forcer l'entrée du port.

Je pense que le mieux serait de faire mouiller le convoi
dans les anses dont vous serez maître, ainsi que les vaisseaux,
frégates Vénitiennes, les bombardes et chaloupes cannonières,
et que l'armée, ainsi que les frégates restassent sous voiles
pour se porter sur tous les points et faire surveiller le dehors,

Veuillez bien me donner vos ordres sur le tout. Je me
tiendrai le plus près de terre possible, et la nuit, on me reconnaîtra par mes trois feux de poupe et mon feu de hune.

Je vous prie de convoyer à l'escadre quelques bâtiments
à rames, aussitôt que cela vous serait possible; alors nous
armerons nos chaloupes avec leurs canons, la côte sera parfaitement gardée, et les canots peuvent être utils pour tirer
un vaisseau d'embarras et entretenir avec la terre une communication active.

BRUEYS.

*

Berthier au Général Dommartin

A bord de *l'Orient*, 22 Prairial an VI, à minuit (1)
(10 Juin 1798)

Je vous préviens, citoyen général, que je viens de donner
l'ordre pour faire débarquer sur le champ, à la *cale Saint-
Julien* de pièces de 12 de *La Diane*, un obusier de 6 pouces
de *l'Orient* et un du *Franklin*, ainsi que les objets qui, suivant votre premier ordre, doivent accompagner ces pièces.

L'intention du Général-en Chef est que vous fassiez commander cette artillerie par un Chef de bataillon, et que vous
la placiez contre le fort de la pointe *Dragut*. Vous vous con-
certerez avec le général *Caffarelli* pour placer ces pièces en
différentes batteries, que l'on ne remarquera pas jusqu'à ce
que vous receviez un nouvel ordre.

Le Général-en Chef désire que ces batteries soient en
état de tirer dans la journée du 25; il pense que la meilleure
manière de faire ces batteries serait avec des tonneaux que

(1) Correspondance de Napoléon I, publiée par ordre de l'Empereur Napoléon III, Paris 1859—Pièce No. 2631

l'on trouverait dans les bastides. L'objet principal de ces batteries doit être d'empêcher aucun homme de sortir, et de faire faire, autant que cela serait possible, avec ce petit nombre de pièces le feu de l'ennemi.

Le Général-en Chef désire que cela se fasse le plus tôt possible, afin d'en imposer à l'ennemi et d'activer les négotiations qui commencent.

Par ordre du Général-en Chef.
(Signé) BERTHIER.

*
* *

Reynier à Bonaparte (1)

Goze, le 23 Prairial an VI (11 Juin 1798).

Votre aide-de-camp a dû vous apprendre qu'hier, lors du débarquement, les habitants de Goze s'y sont opposés et ont commis les premières hostilités; j'ai dû déployer plus de force que je ne comptais d'abord. Après le départ de votre aide-de-camp, j'ai marché sur la *cité de Chambray* et le château de Goze; beaucoup d'habitants s'étaient enfermés dans le *fort de Chambray* avec leurs bestiaux. Je leur ai fait savoir que nous respecterions leurs propriétés et leur culte, s'ils n'opposaient pas une résistance inutile, et ils ont laissé entrer nos troupes dans le fort; comme ils ne pouvaient plus baisser le pont levis, ils ont jeté des planches et des cordes à nos troupes pour les aider à entrer.

Lorsque nos troupes se sont avancées sur le château de Goze, les habitants sont venus au devant d'elles pour se recommander; ils ont annoncé l'évacuation du fort, et nos troupes y sont entrées. Je n'ai pas encore pu savoir si le Gouverneur et trois autres chevaliers de Malte s'étaient sauvés à la cité Chambray; ils étaient, peu de moments avant notre entrée, dans le château, et je soupçonne qu'ils se sont cachés: je les ferai chercher.

Le combat qui a engagé nos premières troupes à poursuivre les paysans et m'a forcé de débarquer plus de troupes que je ne comptais, ainsi que la fuite des habitants qui ont abandonné leurs maisons, ont occasionné quelques désordres dans les villages; je m'occupe de les réparer et de rétablir

---

(1) Correspondance inédite officielle et confidentielle de Napoléon etc,, T.I. pag. 153, Paris 1829.

une bonne discipline. Je fais rembarquer toutes les troupes, à l'exception de huit compagnies.

Il me sera bien difficile de me procurer dans cette île les vivres nécessaires pour nourrir toute la division en vivres frais, et ravitailler le convoi. On ne pourra pas avoir des fourrages, car ce pays a beaucoup moins de ressources qu'on ne me l'annonçait. Je ferai tout ce que je pourrai pour accélérer et me procurer ces fournitures.

J'attendrai vos ordres, général, pour me rembarquer. Je vous prie de me faire renvoyer un aviso, afin que je puisse communiquer avec vous et vous faire mieux connaître la situation morale de ce pays.

REYNIER.

**

Berthier au Général Vaubois

A bord de *l'Orient*, 23 Prairial an VI (1)

(11 Juin 1798)

Vous trouverez ci-joint, citoyen général, la copie d'un ordre que j'envoie aux généraux *Caffarelly* et *Dommartin*, relativement à l'artillerie qui sera placée contre le fort de *la pointe Dragut*.

Quant à la brigade qui est sous les ordres du Citoyen *Marmont*, l'intention du Général-en Chef est que vous fassiez reconnaître les points où l'on pourrait établir des batteries, soit pour reserrer le blocus, soit pour attaquer les ouvrages de la place.

Dans tous les cas vous devez ordonner, que sur le champ des sapeurs et des travailleurs, que vous prendrez dans la brigade Marmont, et qui seront payés, remuent des terres de manière à faire croire à l'ennemi que nous établissons des batteries, en faisant un bout d'épaulement avec des terres et d'autres avec des tonneaux qu'on remplira de terre; ce qui inquiétera l'ennemi et aura le double avantage de lui faire user sa poudre, s'il est aussi sot pour tirer et d'accélérer de son côté les négociations qui sont entamées.

____

(1) Correspondance de Napoléon I, publiée par ordre de l'Empereur Napoléon III, Paris 1859—Pièce No. 2632.

Il est essentiel que la ville soit bloquée de manière à n'y laisser rien entrer ni en sortir, et que vous établissiez une communication avec le *général Desaix*.

Par ordre du Général-en Chef
(Signé) BERTHIER.

* * *

Berthier au Consul de la République Batave à Malte

A bord de *l'Orient*, 23 Prairial an VI (1)
(11 Juin 1798).

Le Général-en Chef de l'Armée française devant Malte, Citoyen Consul, me charge de vous prévenir que, l'Ordre de Saint-Jean de Jérusalem se trouvant en guerre avec la République Fraçaise, vos pouvoirs cessent auprès dudit Ordre, en conséquence du traité d'amitié et d'alliance qui existe entre la République Française et la République Batave.

Vous pouvez vous rendre à bord du vaisseau Amiral français *L'Orient*, avec vos effets et votre famille: il vous sera désigné un bâtiment.

Par ordre du Général-en Chef.
(Signé) BERTHIER.

* * *

Berthier au Grand Maître de l'Ordre de Malte.

A bord de *l'Orient*, 23 Prairial an VI (2)
(11 Juin 1798).

En conséquence de la demande que Votre Excellence a faite d'une suspension d'armes, le Général-en Chef a ordonné à son aide-de-camp, Chef de brigade, de se rendre près de Vous, et l'a autorisé à conclure et à signer une suspension d'armes.

Je prie Votre Excellence d'être convaincue des marques de l'estime que j'ai pour Elle.

Par ordre du Général-en Chef.
(Signé) BERTHIER.

* *

---

(1) Correspondance de Napoléon I, publiée par ordre de l'Empereur Napoléon III, Paris 1859.—Pièce No. 2633.

(2) Ibid.—Pièce No. 2634.

Berthier au Général Vaubois

A bord de *l'Orient*, 23 Prairial an VI (1)
(11 Juin 1798)

Le Général-en Chef est instruit, général, que le Grand Maître de l'Ordre de St. Jean de Jérusalem fait prévenir le Commandant militaire français qu'il y a une suspension d'armes.

Il n'y a que des parlementaires, de part et d'autre de la ville, à bord de *l'Orient*.

Si la suspension d'armes a lieu, elle ne l'aura que pour la place, au moins que les autres postes de l'île n'y soient mentionnés positivement.

Le Général-en Chef espère que dans le courant de la journée, vouz serez maître de la Cité Vieille et de toute l'île, ainsi que vous en avez reçu l'ordre hier par le Général-en Chef et par moi.

Par ordre du Général-en Chef.
(Signé) BERTHIER.

* * *

Lucy à Bonaparte

Au Quartier-général de Buckucare le 24 Prairial an VI (2)
(12 Juin 1798)

La service de subsistance s'organise; on a trouvé 50 quintaux de grains à Citta-Vecchia que l'on utilise. Il serait difficile cependent de se passer des ressources du bord par le défaut de moyens qu'offre ce pays.

Ce matin, on commence l'établissement à Citta-Vecchia pour 300 malades; aussitôt que *Desgenettes* y aura assuré ses dispositions, il se rendra à la partie de l'Est, pour y établir un autre hôpital.

Je fais réunir dans un parc, tous les bestiaux que les paysans ont abandonnés; il y a déjà un grand dépôt.

Les syndics des communes organisent les moyens de transport. Je ferai payer les habitants pour rétablir la confiance.

On est à la recherche des moyens de completer l'approvisionnement des fourrages.

LUCY

---

(1) Correspondance de Napoléon I, publiée par ordre de l'Empereur Napoléon III, Paris 1859—Pièce No. 2635.

(2) Correspondance inédite officielle et confidentielle de Napoléon etc. T. I., pag. 154, Paris 1829.

Bonaparte à l'Evêque de Malte

A bord de *l'Orient*, devant Malte le 24 Prairial an VI (1).
(12 Juin 1798)

J'ai appris avec un véritable plaisir, Monsieur l'Evêque, la bonne conduite que vous avez tenue et l'accueil que vous avez fait aux troupes françaises à leur entrée à Citta-Nobile. Vous pouvez assurer vos diocésains que la religion Catholique Apostolique et Romaine sera non-seulement respectée mais que ses ministres seront specialement protégés.

Je ne connais pas de caractère plus respectable et plus digne de la vénération des hommes qu'un prêtre qui, plein du véritable esprit de l'Evangile, est persuadé que ses devoirs lui ordonnent de prêter obéissance au pouvoir temporel et de maintenir la paix, la tranquillité et l'union parmi ses ouailles.

Je désire, Monsieur l'Evêque, que vous vous rendiez sur le-champ dans la ville de La Valette et que, par Votre influence, vous mainteniez le calme et la tranquillité parmi le peuple.

Je m'y rendrai moi-même ce soir. Dès mon arrivée, vous me présenterez tous les cureés et les chefs des Ordres religieux.

Soyez persuadé, Monsieur l'Evêque, du désir que j'ai de vous donner des preuves de l'estime et de la considération que j'ai pour votre personne.

BONAPARTE.

* * *

ORDRE DU JOUR

A bord de *l'Orient*, 24 Prairial an VI (2)
(12 Juin 1798)

L'Armée est prévenue que l'ennemi s'est rendu; l'étendard de La Liberté flotte sur les forts de Malte.

Le Général-en Chef rappelle l'Armée à la plus exacte discipline il veut que les personnes et les propriétés soient respectées, et que le peuple de Malte soit traité avec amitié.

Par ordre du Général-en Chef.
(Signé) BERTHIER.

---

(1) Correspondance de Napoléon I, publiée par ordre de l'Empereur Napoléon III, Paris 1859 —Pièce No. 2638.
(2) Ibid.—Pièce No. 2639.

Kléber à Bonaparte.

A bord du *Franklin*, le 25 Prairial an VI (1)
(13 Juin 1798).

Je m'empresse, citoyen général, de vous féliciter de la conquête importante que vous venez de faire à la République. Mais moi puis-je me féliciter d'avoir été un témoin aussi passif d'un événement si extraordinaire ?

Je charge mon aide-de-camp de prendre vos ordres relativement aux savants et artistes, à bord du *Franklin*, qui désirent ardemment de voir la ville de Malte, ainsi que plusieurs officiers qui auraient besoin de quelques provisions; veuillez avoir la bonté de me communiquer vos intentions à ce sujet.

KLÉBER.

* * *

Dupuy à Bonaparte. (2)

Malte, le 25 Prairial an VI (13 Juin 1798)

Conformément à vos ordres, je me suis transporté dans les diverses *prisons du bagne*, pour connaître les différents griefs des hommes sujets du roi de Naples, détenus dans les *galères de Malte*.

Il ne m'a point été difficile de les apprendre, puisqu'eux mêmes se déclarèrent presque tous coupables d'assassinats, vols et autres délits et pour cela condamnés aux galères de Naples pour plusieurs années.

Le temps de leur punition serait expiré pour un grand nombre s'ils étaient restés à Naples ; mais la terreur panique qu'a inspiré, au Gouvernement Napolitain la conspiration du Chevalier Médichy, en 1795, où il avait enrôlé tous les forçats, décida le roi de Naples à se débarasser d'eux et à en envoyer 500 aux galères de Messine et 500 aux galères de Malte.

Il existe en tout dans les galères et prisons de Malte *700 forçats Siciliens* et *600 esclaves turcs* ou barbaresques; ces hommes méritent de l'attention, et beaucoup peuvent être utilisés. Ils m'ont demandé avec instance de les faire employer comme matelots. Leur demande est naturelle, car le lieu où

---

(1) Correspondance inédite officielle et confidentielle de Napoléon etc., T.I. pag. 155.—Paris 1829.
(2) Ibid. T.I., pag. 159.

on les renferme est affreux. J'ai donné des ordres pour le rendre plus salubre, et pour leur faire fournir les subsistances qui leur manquent.

Dupuy.

* * *

Reynier à Bonaparte

Rabato, dans l'île de Goze, le 25 Praial an VI (1)

(13 Juin 1798)

Conformément aux ordres que vous m'avez donnés, général, j'ai pris possession de l'île de Goze le 22 de ce mois. Cette île était défendue par des corps de milice composés d'habitants et formés en un régiment de mousquetaires de 800 hommes, un régiment de gardes-côtes de 1200 hommes, et en une compagnie de 300 dont 30 montés, en tout 2300 hommes qui étaient répartis sur les différents points de la côte, garnis de forts et batteries dans tous les endroits de la partie septentrionale de l'île.

Afin d'éviter de perdre du monde et de commettre les premières hostilités en débarquant près des forts et batteries. et pour ne pas exposer les bâtimens aux feux des batteries des côtes; j'ai cherché un point qui ne fût pas gardé, et eloigné des batteries, et j'ai choisi le *Redum-Kibir*, entre la tour neuve et la première batterie de la *cale de Ramla*. Dans cet endroit, la côte est trés-escarpée et les habitans la regardaient comme à l'abri de toute insulte. Un passage que les eaux ont fait pour s'écouler dans ces rochers qui bordent la côte, pouvait servir à gravir les hauteurs.

Toute la matinée du 22 a été employée à rallier le convoi, distribuer des signaux et se rapprocher de la côte. La variation des vents et le calme m'ont beaucoup retardé.

A une heure après midi, j'étais avec *L'Alceste* et le convoi. éloigné de huit à neuf cents toises de la côte; le calme empêchait de s'approcher, pour le moment, d'avantage. — Pressé d'exécuter le débarquement et d'arriver à l'endroit que j'avais choisi, avant que les ennemis eussent aperçu mon dessein et garni ce point de troupes, je fis embarquer des troupes dans tous les canots et chaloupes, et je partis de la frégate *L'Alceste*, avec la troisième compagnie de grenadiers de la 85e. demi-

---

(1) Correspondance inédite officielle et confidentielle de Napoléon etc., T. I, pag. 160.—Paris 1829.

brigade; les bombardes, *L'Etoile* et *Le Pluvier* s'approchèrent de terre avec les chaloupes; aussitôt que les ennemis ont vu la direction qu'elles prenaient, ils ont couru de tous côtes pour garnir les hauteurs. Espérant arriver comme eux, j'ai fait force de rames ; les rochers étaient garnis de paysans qui ont fait pleuvoir une grêle de balles sur les chaloupes, lorsque elles ont été à porté.

Le citoyen *Bertrand*, sergent-major de grenadiers, fut tué dans ma chaloupe. Les batteries de Ramla et de Terre-Neuve commencèrent à tirer. Les chaloupes de *L'Alceste* où j'étais avec le général *Fugières*, votre aide-de-camp *Bonaparte*, les capitaines du génie *Geoffroy* et *Sabatier* et la troisième compagnie de grenadiers, abordèrent les premiers.

Deux cents hommes garnissaient la crête des rochers élevés qui dominent le point où les chaloupes abordèrent, et à chaque moment ce nombre d'hommes augmentait. Nous montâmes aussi vite qu'il était possible, et presque sans tirer, malgré la pente rapide formée par des épaulements de terre et de rochers, malgré le feu des ennemis qui plongeait le terrain et les quartiers de terre qu'ils nous jetaient. Etonnés cependant de l'audace des grenadiers, qui s'avançaient toujours malgré tous les obstacles, ils prirent la fuite lorsqu'ils virent les premiers hommes sur la hauteur. Ce combat fut décidé dans quelques minutes et avant qu'aucune des chaloupes qui suivaient eut le temps d'arriver; quelques grenadiers prirent la première batterie de Ramla.

Les bombardes *L'Etoile* et *Le Pluvier* tirèrent fort bien et avec succès sur les ennemis et leurs batteries.

Je fis rassembler les troupes à mesure qu'elles débarquèrent sur la hauteur de Redum-Kibir, et lorsqu'elles furent réunies, je me mis en marche avec une partie de la 85e. demi-brigade pour aller à la cité Chambray par *Casal-Nadur*, afin de m'emparer de ce fort et de couper la communication de Goze avec Malte, par *le port Migiaro*.

Je fis en même temps marcher ce qui était débarqué de la 9e. demi-brigade par *Cazal-Sciara*, sur le château de Goze, et un détachement sur la tour de *Mazzal-Formio*.

Le fort de Chambray était rempli d'habitants qui s'y étaient réfugiés avec leurs bestiaux; je leur envoyai une proclamation pour les informer de nos intentions et les empêcher de faire une vaine défense qui leur deviendrait funeste. Je laissai devant ce fort trois compagnies pour attendre leur réponse, et je partis pour le château de Goze.

Aussitôt que les habitants de *Ràbato* et du château de Goze virent arriver les troupes françaises, ils envoyèrent au devant d'elles pour témoigner leur soumission, et remettre les clefs du château. Le Gouverneur ainsi que les autres Chevaliers de Malte s'étaient sauvés, et les troupes françaises entrèrent le soir dans le château.

La proclamation que j'envoyai à Chambray, fit un très-bon effet: les ponts-levis étant brisés, les habitants aidèrent nos troupes à entrer dans le fort, et retournèrent avec leurs bestiaux dans leurs habitations.

Nous avons trouvé dans l'île environ 140 pièces de canon, dont 44 dans le château de Goze et 22 au fort de Chambray; le reste dans les forts, tours et batteries des côtes. On a aussi trouvé beaucoup de fusils et magazins de blé.

Les habitants qui avaient pris les armes n'ayant aucune marque distinctive et s'étaient sauvés à notre approche, je n'ai pas fait de prisonniers. J'ai pensé qu'il valait mieux les traiter avec douceur pour les engager à rentrer dans leurs habitations et reprendre leurs occupations. Trois de leurs blessés sont à l'hôpital.

Le Gouverneur et les autres Chevaliers de Malte s'étaient cachés, mais les uns se sont présentés d'eux-mêmes, d'autres ont été arrêtés. Je les laisse libres dans le bourg de Ràbato, jusqu'à ce qu'on connaisse le sort des Chevaliers de Malte.

J'ai conservé l'administration civile et judiciaire de l'île afin d'avoir des autorités auxquelles je puisse m'adresser pour tous les besoins des troupes.—Chaque village a un syndic qui est subordonnée à une administration centrale qui réside à Ràbato, et qui est composée de quatres jurats. Le Gouverneur de l'île en était le cinquième membre et le Président. Je l'ai remplacé par un membre que j'ai choisi dans une liste de candidats que je me suis fait présenter par les autres jurats.

La population de l'île de Goze est de treize à quatorze mille âmes. Elle est cultivée avec soin, mais son genre de culture qui est le coton, présente peu de ressources pour la subsistance: elle ne pourra pas entièrement ravitailler les bâtimens qui transportent ma division. J'espère qu'on aura suffisamment de bestiaux pour nourrir la division en viande fraîche, pendant qu'elle sera ici.

On aura difficilement les moutons nécessaires pour embarquer. Le vin qui était dans l'île est déjà épuisé; les magazins de blé pourraient suffir pour faire le pain et le biscuit qui nous sont nécessaires et pour en délivrer aux habitants; mais les combustibles indispensables pour chauffer les fours, manquent totalement; il faudrait nous envoyer du bois, de Malte, et, si on devait relâcher encore quelques jours, en envoyer chercher en Sicile ou à Lampedouse.

Nous avons bien de la peine à nous procurer assez de paille et d'orge pour approvisionner les bâtiments qui portent les chevaux.

Les habitants commencent à se rassurer et à voir combien notre invasion leur sera avantageuse dans la suite. Quelques uns s'étaient persuadés qu'on allait leur partager les terres de l'Ordre de Malte et s'mparaient déjà des terrains qui leur convenaient. J'ai dû arrêter cela. L'Ordre possédant plusieurs fermes dans cette île, j'ai fait signifier qu'elles seraient dorénavant domaines nationaux.

J'attends, général, que vous m'envoyez de nouveaux ordres sur l'administration de cette île, et que vous m'en fassiez partir aussitôt que le convoi sera ravitaillé.

REYNIER.

** **

Bonaparte au Citoyen Garat, Ministre à Naples.

Quartier—général à Malte, le 25 Prairial an VI (1)
(13 Juin 1798)

Je vous envois, Citoyen Ministre, un courrier que j'expédie à Paris. Je vous prie de lui fournir les passeports nécessaires, et de l'expédier en toute diligence.

Je vous prie de donner à la Cour de Naples une connaissance pure et simple de l'occupation de Malte par les troupes françaises, et de la souveraineté et propriété que nous venons d'y acquérir.

Vous devez en même temps faire connaître à S.M. le roi des Deux Siciles, que nous comptons conserver les mêmes relations que pour le passé pour notre approvisionnement, et que si Elle en agissait avec nous autrement qu'Elle en agissait avec Malte, cela ne serait rien moins qu'amical.

----

(1) Correspondance de Napoléon I, publiée par ordre de l'Empereur Napoléon III, Paris 1859—Pièce No. 2640.

Quant à la suzeraineté que le Royaume de Sicile a sur Malte, nous ne devons pas y refuser, toutes les fois que Naples reconnaîtra la suzeraineté de La République Romaine.

Je m'arrête ici deux jours pour faire de l'eau, après lesquels je pars pour l'Orient.

....

BONAPARTE.

* * *

Bonaparte au Directoir Exécutif.

Quartier-général, Malte, 25 Prairial an VI (1)

(13 Juin 1798)

Nous sommes arrivés le 21, à la pointe du jours, à la vue de l'île du Gozzo. Le convoi de Civitta-Vecchia y était arrivé depuis trois jours.

Le 21 au soir j'ai envoyé au *Grand Maître* un de nos Aides-de-camp pour demander la faculté de faire de l'eau dans différents mouillages de l'île.

Le Consul de la République à Malte vint me porter sa réponse, qui était un refus absolu, ne pouvant, disait-il, laisser entrer plus de deux bâtiments de transport à la fois, ce qui, calcul fait, aurait exigé plus de trois cents jours pour faire de l'eau.

Le besoin de l'armée était urgent et me faisait un devoir d'employer la force pour m'en procurer.

J'ordonnais à l'Amiral *Brueys* de faire des préparatifs pour la descente. Il envoya le Contre-Amiral *Blanquet du Chayla* avec son escadre et le convoi de Civitta-Vecchia pour l'effectuer dans la cale de *Marsa-Scirocco*. Le convoi de Gênes débarqua à la cale *de Saint-Paul*, celui de Marseille à l'île du Gozzo.

Le général de brigade *Lannes*, le Chef de brigade *Marmont*, descendirent à la portée du canon de la place; le général *Desaix* fit débarquer le général *Belliard* avec la 21e. Il s'empara de toutes les batteries et de tous les forts qui défendaient la rade et le mouillage de *Marsa-Scirocco*.

Le 22, à la pointe du jour, nos troupes étaient à terre sur tous les points, malgré l'obstacle d'une cannonade vive, mais extrêmement mal exécutée.

______

(1) Correspondance de Napoléon I, publiée par ordre de l'Empereur Napoléon III, Paris 1859—Pièce No. 2641.

Le 22 au soir, la place était invéstie de tous le côtés, et le reste de l'île était soumis.

Le général *Reynier* venait de s'emparer de l'île du Gozzo; le général Baraguey d'Hilliers, de tout le midi de l'île de Malte, après avoir fait plusieurs Chevaliers et 200 hommes prisonniers. Le général Desaix était à une portée de pistolet du glacis de la *Cottonera* et du fort *Riccasoli;* il avait fait aussi plusieurs Chevaliers prisonniers.

Les malheureux habitants, effrayés au delà de ce qu'on peut imaginer, s'étaient refugiés dans la ville de Malte, qui se trouva, par ce moyen, suffisamment garnie de monde.

Pendant toute la soirée du 22, la ville cannona avec la plus grande activité. Les assiégés voulurent faire une sortie; mais le Chef de brigade Marmont, à la tête de la 19e., leur enleva le Drapeau de L'Ordre.

Le 23, je commençais à faire débarquer l'Artillerie. *Nous avons peu de places en Europe aussi fortes et aussi soignées que Malte.*

Je ne m'en tins pas aux seuls moyens militaires, et j'entamai différentes négotiations; le résultat en a été heureux.

Le Grand Maître m'envoya demander, le 23 au matin, une suspension d'armes.

J'ai envoyé mon Aide-de-camp, Chef de brigade *Junot*, au Grand Maître, avec la faculté de signer une suspension d'armes, s'il consentait, pour préliminaires, à négocier de la réddition de la place.

J'envoyai les citoyens *Poussièlgue* et *Dolomieu* pour sonder les intentions du Grand Maître et des habitants.

Le 23, à minuit, les Chargés de pouvoirs du Grand Maître vinrent à bord de L'Orient, où ils conclurent dans la nuit la Convention dont vous trouverez ci-joints les articles.

A la tête de la députation du Grand Maître était le Commandeur *Bosredon-Ransijat*, Chevalier de la ci-devant *Langue d'Auvergne*, qui, du moment qu'il vit que l'on prenait les armes contre nous, a sur-le-champ écrit au Grand Maître que son devoir comme Chevalier de Malte, était de faire la guerre aux Turcs et non à sa patrie; qu'en conséquence il déclarait ne vouloir prendre aucune part à la mauvaise conduite de l'Ordre dans cette circonstance. Il fut sur-le-champ mis en prison, et il n'en sortit que pour être chargé de venir négocier.

Hier 24, nous sommes entrés dans la place, et nous avons pris possession de tous les forts. Aujourd'hui, à midi, l'Escadre y est venue mouiller.

Je suis extrêmement satisfait de la conduite de l'Amiral Brueys, de l'harmonie et de l'ensemble qui règnent dans toute l'escadre. J'ai beaucoup à me louer du zèle et de l'activité du citoyen *Ganteaume*, chef de division de l'Etat-Major de l'Escadre.

Le citoyen *Motard*, Capitaine de frégate, a commandé les chaloupes de débarquement; c'est un jeune officier d'espérance.

Nous avons trouvé à Malte 2 vaisseaux de guerre, 1 frégate, 4 galères, 1200 pièces de canon, 1,500,000 livres de poudre, 40,000 fusils etc. On vous en enverra incessamment l'état.

Vous trouverez ci-joints différents ordres que j'ai donnés pour l'établissement du gouvernement de cette île.

Vous trouverez ci-jointe la liste des Français résident à Malte, la plupart Chevaliers, qui, un mois avant notre arrivée, ont fait des dons pour la descente en Angleterre.

Je vous prie d'accorder le grade de général de brigade au Citoyen Marmont.

BONAPARTE.

* * *

Exposé de la conduite de Malte à l'égard de la France pendant la Révolution.

Quartier-général, Malte, 25 Prairial an VI (1)

(13 Juin 1798)

Dès 1791 jusqu'en 1795, ce Gouvernement a ouvertement autorisé et encouragé ceux des Chevaliers qui voulaient se joindre à l'armée des émigrés.

Les émigrés qui se sont refugiés à Malte, quoique non Chevaliers, ont été, par honneur et en leur qualité d'émigrés, agrégés à l'Ordre, entre autres le comte de Narbonne-Tritzlar, qui de plus, a été accueilli avec la plus grande distinction.

Malgré le décret qui déclarait biens nationaux les biens que l'Ordre possédait en France, le Grand Maître n'a pas cessé jusqu'à présent de donner les chimériques Commanderies de France à mesure qu'elles vaquaient.

---

(1) Correspondance de Napoléon I, publiée par ordre de l'Empereur Napoléon III, Paris 1859—Pièce No, 2642.

Lors de la déclaration de l'Espagne contre la France, tous les vaisseaux de guerre espagnols eurent ouvertement la permission de recruter des matelots à Malte, et, sur la demande de la Cour d'Espagne, 4000 fusils lui furent accordés pour ses armées de terre.

Permis aussi aux Anglais de recruter des matelots dans l'île, et avec un tel dénouement de la part du Gouvernement de Malte, qu'il prononçait la peine des galères pour 3 ans à ceux qui violaient leurs engagements.

En 1794, Elliot, Vice-roi de Corse pour l'Angleterre, manquait de poudre pour conserver sa conquête: il en obtint 200 quintaux du Gouvernement de Malte.

Jusqu'en 1796, tous les bâtiments français de commerce entrant dans le port étaient contraints de baisser le pavillon national.

Au mois de Décembre dernier, deux frégates françaises, *La Juistice* et *L'Artémise*, vinerent mouiller dans le port: l'agent consulaire sollicita vainement la permission de recruter des matelots, et, dans le même temps, 2 corsaires Anglais eurent toutes les facilités à cet égard.

Tous les partisans de la Révolution ont été persécutés, plusieurs d'entre eux exiliés sans formalité, et dans le mois de mai 1797, un grand nombre arrêtés et emprisonnés comme des criminels; *Vassallo*, un des hommes les plus recommandables du pays par ses profondes connaissances, condamné à être renfermé pour sa vie.

De tous ces faits, il résulte que Malte a été l'ennemie de la France depuis la Révolution, et, de son manifeste, qu'elle a été en état de guerre contre elle dès 1793.

** * **

Bonaparte au général Berthier

Quartier-général, Malte 25 Prairial an VI (1)

(13 Juin 1798)

Vous donnerez l'ordre aux citoyens *Monge* et *Berthollet* de faire la visite de la Monnaie et du Trésor de l'Eglise de Saint-Jean, et autres endroits où il pourrait y avoir des choses précieuses.

BONAPARTE.

---

(1) Correspondance de Napoléon 1, publiée par ordre de l'Empereur Napoléon III, Paris 1859—Pièce No. 2649.

Bonaparte à Berthier

Quartier-général, Malte, 25 Prairial an VI (1)
(13 Juin 1798)

Le général Berthier réunira demain, à midi, à la municipalité, tous les officiers municipaux, les magistrats de santé, les magistrats de police, tous les juges, les chefs de tous les métiers, les chefs d'Ordres, les curés, et enfin tous les différents employés quelconques, et leur fera prêter serment d'obéissance à la République Française. Il fera, de tout, dresser un procès-verbal que chacun signera.

BONAPARTE.

* * *

Bonaparte au général Berthier

Quartier-général, Malte 25 Prairial an VI (2)
(13 Juin 1798)

Vous voudrez bien, citoyen général, envoyer un officier faire la visite des différentes prisons de l'Etat pour mettre en liberté tous ceux qui y seraient détenus pour cause d'opinions.

BONAPARTE.

* * *

Bonaparte au général Berthier

Quartier-général, Malte 25 Prairial an VI (3)

Vous voudrez bien, citoyen général, donner l'ordre pour que le nommé Laporte, Napolitain, qui a été mis aux galères pour opinion, soit sur le champ mis en liberté.

BONAPARTE.

* * *

Bonaparte à Berthier

Quartier- général, Malte le 25 Prairial an VI (4)
(13 Juin 1798)

Vous donnerez l'ordre au général de division Desaix

------

(1) Correspondance de Napoléon I, publiée par ordre de l'Empereur Napoléon III, Paris 1859—Pièce No. 2651.
(2) Ibid.—Pièce No. 2652.
(3) Ibid.—Pièce No. 2653.
(4) Ibid.—Pièce No. 2654.

d'évacuer demain après midi, tous les forts et postes qu'il occupe dans la ville de Malte.

Il sera relevé dans la matinée par les troupes qu'y enverra le général Vaubois.

Le général Desaix retournera à Marsa-Scirocco en continuant d'occuper les villages que vous lui avez précédemment désignés. Il se disposera en manière à pouvoir lever l'ancre le 28.

Le général Vaubois enverra la 19e. pour occupr tous les postes qu'occupait le général Desaix.   e

Vous le préviendrez que mon intention est de laisser ici la 19e. de bataille, la 30e. de bataille, la 7e. d'infanterie légère et 5 compagnies d'artillerie.

BONAPARTE.

* * *

Bonaparte au général Dugua

Quartier-général, Malte, 26 Prairial an VI (1)
(14 Juin 1798)

Vous voudrez bien, citoyen général, donner l'ordre aux *grenadiers du Grand-Maître* de se tenir prêts à s'embarquer demain; ils seront traités et soldés comme les grenadiers français.

Vous donnerez l'ordre aux soldats qui composent le *régiment des Chasseurs* de se rendre chez eux; au *bataillon des Galères* de se rendre à l'arsenal, où ils seront mis à la disposition du Commandant de la Marine. Vous donnerez le même ordre au *bataillon de Malte* de se tenir prêts à s'embarquer demain.

BONAPARTE.

* * *

Bonaparte au général Berthier

Quartier-général, Malte, 26 Prairial an VI (2)
(14 Juin 1798)

Vous voudrez bien, citoyen général, donner l'ordre au général Vaubois de faire remplacer la 4e. d'Infanterie Légère dans les postes qu'elle occupe, et lui donner l'ordre de se rendre demain à la cale de Saint-Paul où elle s'embarquera.

---

(1) Correspondance de Napoléon I, publiée par ordre de l'Empereur Napoléon III. Paris 1859—Pièce No. 2657.

(2) Ibid.—Pièce No. 2658.

Vous donnerez l'ordre au général Vaubois d'envoyer dands l'île du Gozzo un détachement de 200 hommes, la division du général Reynier devant en partir.

Vous donnerez l'ordre au général Reynier de se rembarquer le 28, et de venir avec son convoi, le 29, croiser devant le port de Malte sans y entrer.

Vous donnerez l'ordre aux différents détachements de la 41e. qui sont sur l'escadre, de débarquer pour tenir garnison à Malte.

Vous ferez embarquer demain les trois compagnies de grenadiers de la 18e. et de la 32e. et les quatre compagnies de la 25e; ces troupes se rembarqueront sur le même vaisseau où elles étaient.

Vous ferez aussi embarquer demain les trois compagnies de grenadiers de la 19e. et le 1er. bataillon, qui se renderont à Saint-Paul et se rembarqueront sur les bâtiments du convoi de Corse; le 2e. et le 3e. bataillons de cette demi-brigade resteront à Malte jusqu'à nouvel ordre.

Il restera donc en garnison à Malte :

7e. lègére	900	hommes
6e. de ligne	518	,,
41e. de ligne	285	,,
80e. de ligne	650	,,
19e. de ligne (2 bataillons)	700	,,
Total	3,053	

et cinq compagnies d'artillerie.

Vous donnerez l'ordre que tous les malades de l'escadre et des différents convois soient transportés à l'hôpital à Malte.

Vous ferez embarquer, le 28, les guides à pied: 200 sur *l'Orient* et le reste sur le *Guillaume-Telle*.

Les bâtiments sur lesquels étaient embarqués les Guides seront à la disposition du général *Baraguey d'Hilliers*; le restant des bâtiments qui servaient à embarquer les deux bataillons de la 19e., qui restent à Malte, serviront de supplément pour embarquer la 4e. d'infanterie légère.

BONAPARTE.

*_**

Bonaparte au général Berthier.

Quartier-général, Malte, 26 Prairial, an VI (1)
(14 Juin 1798)

Vous voudrez bien, citoyen général, donner l'ordre par la frégate *La Sensible*, aux trois compagnies de Carabiniers de la 23e. demi-brigade d'infanterie légère, ainsi qu'aux différentes compagnies franches Corses, qui doivent s'embarquer à Porto-Vecchio, de se rendre sous l'escorte de la frégate, *La Badine*, à Malte, où elles recevront de nouveaux ordres.

Vous voudrez bien également ordonner au citoyen *Belleville*, consul à Gênes, au Commandant de Civita-Vecchia et aux différents commandants des dépôts à Toulon, d'envoyer à Malte les hommes qu'ils auraient des différents corps de l'Armée.   BONAPARTE.

* * *

Bonaparte aux Consuls de Tunis, Tripoli et Alger.

Au Quartier-général de Malte, le 27 Prairial an VI (2)
(15 Juin 1798)

Je vous préviens, citoyens, que l'Armée de la République est en possession depuis deux jours de la ville et des deux îles de Malte et du Gozo. Le pavillon tricolore flotte sur tous les forts.

Vous voudrez bien, citoyens, faire part de la destruction de l'Ordre de Malte et de cette nouvelle possession de la République au Bey, près duquel vous vous trouvez, et lui faire connaître que, désormais, il doit respecter les Maltais, puisqu'ils se trouvent sujets de la France.

Je vous prie aussi de lui demander de mettre en liberté les différents esclaves maltais qu'il avait; j'ai donné l'ordre pour qu'on mit en liberté plus de 2000 esclaves barbaresques et turcs que l'Ordre de Saint-Jean de Jérusalem tenait aux galères.

Laissez entrevoir au Bey que la puissance qui a pris Malte en deux ou trois jours, serait dans le cas de le punir, s'il s'écartait un moment des égards qu'il doit à la République.   BONAPARTE.

---

(1) Correspondance de Napoléon I, publiée par ordre de l'Empereur Napoléon III, Paris 1859—Pièce No. 2659.

(2) Correspondance inédite officielle et confidentielle de Napoléon etc., T. I., pag. 144, Paris 1829.

Bonaparte au général Chabot.

Au Quartier-général à Malte, le 27 Prairial an VI (1)
(15 Juin 1798)

Nous sommes entrés, citoyen général, depuis 3 jours à Malte. La République vient, par la, d'acquérir une place aussi forte que passablement située pour le commerce.

Les habitants des trois départements qui composent votre division, doivent en tirer un avantage tout particulier. Annoncez leur cette bonne nouvelle.

Je laisse le général Vaubois pour commander ici. Vous pourrez correspondre avec lui pour tous les objets dont vous pourriez avoir besoin.............................

Je vous prie d'éxpédier à notre Ministre à Constantinople, la nouvelle de l'occupation de Malte par l'Armée française, et de la destruction de l'Ordre de St. Jean de Jérusalem. Annoncez en même temps cette nouvelle à Ali-Pacha, au pacha de Scutary, et au pacha de la Morée.

....

BONAPARTE.

* * *

Bonaparte aux Commissaires du Gouvernement à Corcyre, Ithaque, et près les départements de la mer Egée.

Au Quartier-général de Malte le 27 Prairial, an VI (2)
(15 Juin 1798)

Je vous préviens, citoyens, que le pavillon de la République flotte sur tous les forts de Malte, et que l'Ordre de Saint-Jean de Jérusalem est détruit.

Je vous instruirai incessamment de la direction que prendra l'Armée.

Apprenez aux habitants de votre département ce que nous faisons dans ce moment-ci; ils en tireront tout l'avantage. N'oubliez aussi aucun moyen de le faire connaître à tous les Grecs de la Morée et des autres pays.

BONAPARTE.

————

(1) Correspondance inédite officielle et confidentielle de Napoléon etc., T.I. pag. 145.

(2) Correspondance de Napoléon I, publiée par ordre de l'Empereur Napoléon III, Paris 1859—Pièce No. 2662.

Banaparte aux Consuls de Tunis, Tripoli et Alger.

Au Quartier-général de Malte, le 27 Prairial, an VI. (1)
(15 Juin 1798)

Je vous préviens citoyens, que l'Armée de la République est en possession depuis deux jours de la ville et de deux îles de Malte et du Gozo. Le pavillon tricolore flotte sur tous les forts.

Vous voudrez bien, citoyens, faire part de la destruction de l'Ordre de Malte et de cette nouvelle possession de la République au Bey, près duquel vous vous trouvez, et lui faire connaître que, désormais il doit respecter les Maltais, puisqu'ils se trouvent sujets de la France.

Je vous prie aussi de lui demander de mettre en liberté les différents esclaves Maltais qu'il avait; j'ai donné l'ordre pour que l'on mit en liberté plus de 2000 esclaves barbaresques et turcs que l'Ordre de St. Jean de Jérusalem tenait aux galères.

Laissez entrevoir au Bey que la puissance qui a pris Malte en trois jours, serait dans le cas de le punir, s'il s'écartait un moment des égards qu'il doit à la République.

BONAPARTE

* * *

Bonaparte au Directoire Exécutif.

Quartier-général, Malte, 28 Prairial an VI (2)
(16 Juin 1798)

L'escadre commence à sortir du port, et, le 30, nous comptons être tous à la voile pour suivre notre destination.

J'ai laissé pour commander l'île, le général de division Vaubois; c'est lui qui a commandé le débarquement et il s'est concilié les habitants de l'île par sa sagesse et sa douceur.

Le Grand-Maître part demain pour se rendre à Trieste. Sur les 600,000 francs que nous lui avons accordés, il laisse ici 300,000 francs pour payer ses dettes. Je ferai prévaloir ces 300,000 fr. sur les terres que nous avons appartenant à l'Ordre.

------

(1) Correspondance de Napoléon I, publiée par ordre de l'Empereur Napoléon III. Paris 1859—Pièce No. 2665.

(2) Ibid.—Pièce No. 2667.

Je lui ai donné 100,000 fr. comptants, et le payeur lui a remis quatre traites sur celui de Strasbourg, de 50,000 fr. chacune, faisant les 200,000 francs. Je vous prie d'ordonner qu'elles soient acquittées.

Toute l'argenterie, d'ici, y compris le trésor de Saint-Jean, ne nous donnera pas un million. Je laisse cet argent pour subvenir aux dépences de la garnison et à l'achèvement du vaisseau *Le Saint-Jean.*

Vous trouverez ci-joints les noms que j'ai donnés aux deux vaisseaux, à la frégate et aux Galères que nous avons trouvés ici.

Vous trouverez ci-joint la copie de plusieurs ordres que j'ai donnés. Je n'ai rien oublié de ce qui pourrait nous assurer cette île.

Je vous prie d'envoyer le reste de la 7e. demi-brigade d'infanterie légère, de la 8oe. et de la 23e.; cette dernière est en Corse.

Nous avons besoin ici d'un bon corps de troupes : rien n'égale l'importance de cette place; elle est soignée et dans le meilleur état, mais les fortifications sont trés étendues.

Je vous prie de faire rejoindre tous les hommes de nos demi-brigades qui sont restés en arrière; cela se monte à plusieurs milliers. Malte aurait aussi besoin de quatre compagnies d'artillerie à pied.

J'ai fait embarquer comme matelots tous les esclaves turcs qui étaient ici; ils nous seront utils.

Le nombre des Chevaliers de Malte français se monte à 300. Une partie ayant plus de 60 ans pourra rester ici. J'emmène avec moi tout ce qui avait moins de 30 ans. Le reste se rend à Antibes, afin que ceux qui n'ont pas porté les armes contre la France puissent rentrer, conformément à l'article 3 de la Capitulation.

BONAPARTE.

* * *

Bonaparte à l'Ordonnateur Major.

Malte, le 28 Prairial an VI (1)
(16 Juin 1798)

Il y a déjà longtemps que vous n'avez reçu de nos nouvelles. Vous devez cependant avoir reçu deux avis que je

---

(1) Correspondance inédite officielle et confidentielle de Napoléon etc., T. I., pag. 169, Paris 1829.

vous ai envoyés. Je n'ai reçu de Toulon, depuis mon départ, que le brick qui est parti 48 heures après nous.

Après deux jours de fusillade et de cannonade, nous avons obtenu la ville de Malte et tous ses forts : nous y avons trouvé deux vaisseaux de guerre, une frégate, quatre galères. quinze-à dix-huit cents pièces de canon, et 40,000 fusils.

Du reste l'Arsenal est fort peu approvisionné. *La Sensible* que je vous expédie, conduira l'Ambassadeur de La République à Constantinople.

J'espère que les trois vaisseaux vénitiens, grâce à vos soins, seront à présent en état, et que toutes les troupes restées en arrière, peuvent partir sous leur escorte.

Addressez tout ce qui nous serait destiné à Malte qui, nécessairement, doit-être notre première échelle.

Je désirerais que ces vaisseaux prissent sous leur escorte, toutes les troupes que le Consul de Gênes a à nous envoyer.

Je vous prie d'expédier deux fois par décade, un aviso pour Malte, d'où il retournera à Toulon : le commissaire de la Marine, qui est à Malte, nous éxpédiera vos courriers là où nous serons.

BONAPARTE.

* * *

Bonaparte à l'Ordonnateur Major.

———

Malte le 28 Prairial an VI (1)

(16 Juin 1798)

Il y a déjà longtemps que vous n'avez reçu de nos nouvelles. Vous devez cependant avoir reçu deux avisos que je vous ai envoyés. Je n'ai reçu de Toulon, depuis mon départ, que le brick qui est parti 48 heures après nous.

Après deux jours de fusillade et de cannonade, nous avons obtenu la ville de Malte et tous ses forts: nous y avons trouvé deux vaisseaux de guerre, une frégate, quatre galères, quinze à dix-huit cents pièces de canon, et quarante mille fusils.

Du reste, l'arsenal est fort peu approvisionné.

La Sensible que je vous expédie, conduira l'Ambassadeur de la République à Constantinople.

——— ——

(1) Correspondance de Napoléon I, publiée par ordre de l'Empereur Napoléon III, Paris 1859—Pièce No. 2674.

J'espère que les trois vaisseaux Vénitiens, grâce à vos soins, seront à present en état, et que toutes les troupes restées en arrière, pourront partir sous leur escorte.

Adressez tout ce qui nous serait destiné, à Malté, qui nécessairement doit être notre première échelle.

Je désirerais que ces vaisseaux prissent sous leur escorte, toutes les troupes que le Consul de Gênes a à nous envoyer.

Je vous prie d'expédier deux fois par décade, un aviso pour Malte, d'où il retournera à Toulon : le Commissaire de la Marine, qui est à Malte, nous expédiera nos courriers là où nous serons.

BONAPARTE.

*
* *

Bonaparté au Directoire Exécutif.

Quartier-général, Malte, 29 Prairial an VI (1)
(17 Juin 1798)

Vous trouverez ci-joint l'original du traité que venait de conclure l'Ordre de Malte avec la Russie. Il n'y avait que cinq jours qu'il était ratifié, et le courrier qui est le même que j'ai arrêté, il y a deux ans, à Ancone, n'était pas encore parti. Aussi S. M. L'Empereur de Russie me doit des remerciements, puisque l'occupation de Malte épargne à son trésor 400,000 roubles. Nous avons mieux entendu que lui-même les intérêts de sa nation.

Cependant si son but avait été de préparer les voies pour s'établir dans le port de Malte, Sa Majesté aurait du, ce me semble, faire les choses un peu plus en secret, et ne pas mettre ses projets tant à découvert. Mais enfin, quoiqu'il en soit, nous avons, dans le centre de la Méditerrannée, *la place la plus forte de l'Europe*, et il en coutera cher à ceux qui nous délogeront.

BONAPARTE.

*
* *

Au général Dommartin, Commandant l'Artillerie.

Quartier-général, Malte 29 Prairial an VI (2)
(17 Juin 1798)

Je vous préviens, Général, que l'intention du Général

---

(1) Correspondance de Napoléon I, publiée par ordre de l'Empereur Napoléon III, Paris 1859 —Pièce No. 2676.

(2) Ibid. —Pièce No. 2680.

en Chef étant d'envoyer à Paris la pièce de 4 maltaise qui se trouve dans l'arsenal, et qui, par son travail, mérite d'être conservée, vous voudrez bien la faire embarquer aujourd'hui sur la Frégate *La Sensible* qui doit partir cette nuit.

C'est le général Baraguey d'Hilliers qui est chargé de l'apporter à Paris, de même que les Drapeaux de Malte.

Par ordre du Général-en Chef.
(Signé) BERTHIER.

* * *

Bonaparte au roi d'Espagne.

Malte, 29 Prairial an VI (1)
(17 Juin 1798)

La République Française a accepté la médiation de Votre Majesté pour la capitulation de la ville de Malte.

Mr. le Chevalier d'Amatti, Votre Résident dans cette ville a su être agréable à la fois à la République française et au Grand-Maître. Mais par l'occupation du port de Malte par la République, la place de Mr. d'Amatti se trouve supprimée. Je le recommande à Votre Majesté, pour qu'Elle veuille bien ne pas l'oublier dans la distribution de ses grâces.

Je prie Votre Majesté de croire aux sentiments d'estime et à la très-haute considération que j'ai pour Elle.

BONAPARTE.

* * *

Bonaparte au général Berthier

Quartier-général, Malte 29 Prairial an VI (2)
(17 Juin 1798)

Vous voudrez bien, Citoyen Général, donner l'ordre au général Baraguey d'Hilliers de se rendre en toute diligence à Paris.

Il s'embarquera sur la frégate *La Sensible* qui part cette nuit et qui le conduira à Toulon. Il portera à Paris *le grand drapeau de l'Ordre de Malte*, les drapeaux *du régiment de Malte* et des *Gardes du Grand-Maître* qui com-

---

(1) Correspondance de Napoléon I, publiée par ordre de l'Empereur Napoléon III, Paris 1859— Pièce No. 2682.

(2) Ibid.—Pièce No. 2685.

posaient la garnison, et enfin *le drapeau* qui a été pris par le Chef de Brigade Marmont (1) lors de la sortie des Maltais.

Vous voudrez bien envoyer également à Paris *la pièce de 4* qui est à l'Arsenal, et qui mérite par son travail d'être conservée.

Vous donnerez le commandement de la division du général Baraguey-d'Hilliers au général Menou.

BONAPARTE.

* * *

Banaparte au général Berthier.

Quartier-général, Malte, 29 Prairial an VI (2)
(17 Juin 1798)

Vous trouverez ci-jointe, Citoyen Général, la liste des chevaliers de Malte, Français, qui se trouvaient présents dans cette ville au moment de notre arrivée. Vous l'adresserez au Ministre de la Police générale, en lui faisant connaître que vous avez, conformément à mon ordre et aux dispositions de la Convention arrêtée, délivré à chacun de ces chevaliers un passeport pour se rendre à Antibes, sans que, par là, vous ayez rien prétendu préjuger pour ou contre eux.

Aux termes de la Convention les chevaliers de Malte qui s'y trouvent dans ce moment-ci doivent être considérés comme s'ils avaient résidé en France; ainsi les chevaliers qui n'auraient quitté la France que pour venir à Malte, qui n'avaient jamais porté les armes contre la République, doivent être considérés comme citoyens Français, tandis qu'il n'y a rien de prononcé sur les autres.

Vous ferez observer au Ministre que, sur les trois cents, une partie ayant passé les 60 ans, sont autorisés à rester à Malte. Puis ceux qui avaient moins de 26 ans, je les ai menés avec moi.

Et enfin, une petite partie se sentant coupable d'avoir porté les armes contre leur patrie, ne rentrera pas. Ainsi les trois cents seront reduits à moitié.

Vous préviendrez les Chevaliers que le Commissaire Ordonnateur en chef a ordre de donner à chacun d'eux 150 Livres pour leur voyage.

BONAPARTE.

---

(1) Plus tard Maréchal et Duc d'Istrie.

(2) Correspondance de Napoléon I, publiée par ordre de l'Empereur Napoléon III, Paris 1859—Pièce No. 2688.

Bonaparte au Directoire Exécutif.

Quartier-général de Malte, le 30 Prairial an VI (1)
(18 Juin 1798)

Le général Baraguey d'Hilliers, vous porte le grand Drapeau de l'Ordre et ceux de plusieurs des régiments de Malte.

La santé de cet officier l'obligeait de retourner à Paris.

Le général Baraguey d'Hilliers s'est conduit toujours avec distinction à l'Armée d'Italie, et s'est fort bien acquitté des différentes missions que je lui ai confiées.

BONAPARTE.

* * *

Bonaparte au Directoire Exécutif.

Quartier-général, Malte, 30 Prairial, an VI (2)
(18 Juin 1798)

Vous trouverez ci-joint copie des nouveaux ordres pour l'organisation de l'île. Vous en trouverez, entre autres, un pour l'instruction publique.

Je vous prie d'envoyer ici trois élèves de l'École Polytechnique, qui pourront vous être désignés par le citoyen Guyton de Morbeau. Le premier montrera l'arithmétique et la géographie descriptive, le second l'algèbre, le troisième la méchanique et la physique. Ils seront logés et bien payés. Vous trouverez aussi ci-joint plusieurs des meilleures vues de l'île de Malte.

Je vous envoie *une galère en argent.* C'est le modèle de la première galère qu'a eu *l'Ordre de Rhodes*: aussi cela est curieux par son ancienneté.

Je vous envoie un *surtout de table* venant *de Chine.* Il servait au Grand-Maître dans les grandes cérémonies; il est assez bien travaillé.

BONAPARTE.

---

(1) Correspondance de Napoléon I, publiée par ordre de l'Empereur Napoléon III, Paris 1859—Pièce No. 2690.

(2) Ibid.—Pièce No. 2699.

Bonaparte au Ministre des Relations Extérieures.

Quartier-général, Malte 30 Prairial an VI (1)

(18 Juin 1798)

Je vous envoie, citoyen Ministre, la frégate *La Sensible* à votre disposition.

Vous trouverez à Malte des nouvelles de mon arrivée dans l'Orient.

J'ai tardé à vous envoyer la frégate, parceque j'ai cru essentiel qu'elle vous portât la nouvelle de la prise de Malte.

Croyez au plaisir que j'aurais de vous revoir et de vous convaincre de l'estime que j'ai pour vous.

L'escadre sort du port, et dans une heure je remonte sur le vaisseau.

BONAPARTE.

* * *

Vaubois à Bonaparte.

Malte le 5 Messidor an VI (2)

(23 Juin 1798)

Je profite de la première occasion pour vous donner des nouvelles de Malte. Cette île est assez tranquille quoiqu'il y ait quelque animosité entre des habitans. Ce qui est pour eux un objet de jalousie, c'est de voir les moindres places dans les mains des ci-devant Chevaliers. Je crois qu'on doit les satisfaire pleinement à ce sujet, et qu'il faut qu'ils partent à l'exception des plus âgés, de ceux qui se marient, et de deux ou trois qui sont patriotes.

Nous suivons en tous points vos volontés : ce qui me paraît les plus pressant d'obtenir, ce sont les approvisionnements de siège, il y a assez de canons, assez de mitraille, il ne s'agit que d'avoir de quoi fournir à la subsistance de tout le monde.

VAUBOIS.

---

(1) Correspondance de Napoléon I, publiée par ordre de l'Empereur Napoléon III, Paris 1859—Pièce No. 2703.

(2) Correspondance inédite officielle et confidentielle de Napoléon etc., T. I. pag. 179.—Paris 1829.

ORDRE
———

A bord de *l'Orient*, le 10 Messidor an VI (1)
(28 Juin 1798)
Bonaparte Général-en Chef ordonne :

Article 1e.—L'Amiral aura la partie des ports et côtes occupés par l'Armée. Tous les règlements qu'il fera, et ordres qu'il donnera, auront leur exécution.

Article 2e.—Les ports de Malte et d'Alexandrie seront organisés conformément aux règlements que fera l'Amiral, ainsi que ceux de Corfou et de Damiette.

....

Article 3e.—Les classes pour les matelots seront établies à Malte, en Egypte et dans les îles de la mer Ionienne. Tous les matelots ayant moins de trente ans, seront requis pour l'escadre.

BONAPARTE.

* * *

Garat à Bonaparte (Extrait).
———

Naples, le 12 Messidor an VI (2)
(30 Juin 1798)

Je vous ai écrit deux fois, général, le 19 Prairial, au moment où les signaux du château St. Elme signalèrent une escadre Anglaise, je fis partir une speronare, je la fis courir après vous, pour vous porter cette nouvelle. Deux ci-devant chevaliers de Malte ont voulu se rendre dans cette île pour être admis par vous au traitement généreux que vous avez fait à leurs camarades, je vous ai écrit une seconde fois par eux.

....

J'ai dit au capitaine que d'après votre lettre du 16 Prairial, il paraissait certain que le 18 ou, au plus tard, le 19 au matin, vous aviez quitté Malte, pour reprendre votre route vers l'Orient.

Je lui ai dit qu'il paraissait également certain que depuis le 3 ou le 4 Messidor, l'escadre Anglaise était devant Malte.

....

———

(1) Correspondance inédite officielle et confidentielle de Napoléon etc., T.I, pag. 175.
(2) Ibid. T.I., pag. 184.

Cependant, depuis qu'on a su Bonaparte dans la Méditerranée et à Malte, la police de cette ville a plus efficacement protégé les Français.........

....

GARAT.

* *
*

ORDRE

Alexandrie, le 15 Messidor, an VI (1)
(3 Juillet 1798)
Bonaparte, Général-en Chef ordonne :

Article 1e.—Tous les matelots turcs qui étaient esclaves à Malte et qui ont été mis en liberté, et qui sont de Syrie, des îles de l'Archipel ou du Bey de Tripoli seront sur-le-champ mis en liberté.

Article 2e.—L'Amiral les fera debarquer demain à Alexandrie, d'où l'Etat-Major leur donnera des passeports pour se rendre chez eux, et de proclamations en arabe.

BONAPARTE.

* *
*

Schérer à Bonaparte.

Paris, le 16 Messidor an VI (2)
(4 Juillet 1798)

Le général Berthier m'a fait passer, général, la relation du débarquement d'une partie de votre armée à l'île de Malte.

Une des places les plus fortes du monde, prise aussitôt qu'assiégée et presque sans effusion du sang français, est encore un de ces prodiges avec lesquels il n'appartient qu'à vous de nous familiariser.

La conquête d'une île aussi importante sous tous les rapports, suffirait pour consommer une grande expédition; mais pour votre armée elle n'est que le début des évènements qui vont continuer d'imprimer à vos travaux le sceau du génie, et leur donner ce charactère du grandeur que les siècles ne peuvent effacer.

SCHÉRER.

---

(1) Correspondance inédite officielle et confidentielle de Napoléon etc. T. I., pag. 196.

(2) Ibid. T. I. Pag. 214.

Livourne, le 18 Messidor an VI (1). (*Extrait*)
(16 Juillet 1798)

Des Lettres de Naples, dont on se méfie, annoncent que l'escadre Anglaise était le 2 Messidor devant Messine faisant route pour Malte..............Le capitaine Jean de Giorgio, Grec Ottoman, est arrivé à Livourne le 15, manquant de Malte de 14 jours. Il a dit que la flotte française en était partie 2 jours avant lui, sans qu'on connu sa destination. Il a ajouté que les français avaient laissé 6000 hommes de garnison dans Malte et en avaient recruté 12 à 15 mille. On s'accorde à dire que les richesse trouvées dans cette île en marchandises appartenant aux Anglais, sont immenses.

(point de signature—Agent secret)

* * *

Bruyes à Bonaparte (2) (*Extrait*)

———

A bord de *l'Orient* le 19 Messidor an VI
(7 Juillet 1798)

Je crois que la meilleure manière de faire parvenir vos premières dépêches en France, c'est d'expédier le petit corsaire nommé *La Cisalpine*, à Malte, et d'écrire par duplicata à Otrante, où nous enverrons l'aviso *La Marguerite*. Mais je pense que désormais le moyen le plus sûr pour établir une correspondance active avec la France et nos îles, sera de se servir des esperonards de Malte : ce sont d'excellents bâtiments, qui arriveront toujours à leur destination, malgré toute la marine anglaise. Si vous approuvez ce projet, j'écrirai au commandant des armes et à l'ordonnateur à Malte, pour mettre six esperonards en activité, et pour en faire partir un tous les dix jours pour Alexandrie, quand même il n'aurait à vous donner que les nouvelles de Malte.

BRUEYS.

———————

(1) Correspondance inédite officielle et confidentielle ʹde Napoléon etc., T.I. pag. 220.
(2) Ibid. T.I., pag. 237.

Kléber à Bonaparte. (Extrait)

———

Au Quartier-général d'Alexandrie, le 21 Messidor an VI (1)
(9 Juillet 1798)

L'absence des soldats maltais, les difficultés apportées
à leur débarquement, ont reculé jusqu'à ce moment l'organisation de la colonne mobile du général Dupuy..............

KLÉBER.

* * *

Kléber à Bonaparte. (Extrait)

———

Au Quartier-général d'Alexandrie, le 22 Messidor an VI (2)
(10 Juillet 1798)

....

Les Maltais sont enfin débarqués; le général Dupuy
compte marcher d'abord à *Thurium* sur la route de Damanhour, et le là se rendre à Aboukir pour établir la communication du lac.

....

KLÉBER.

* * *

Devoize à Bonaparte (Extrait)

———

Tunis, le 27 Messidor an VI (3)
(15 Juillet 1798)

J'ai reçu la lettre que vous m'avez fait l'honneur de m'écrire
le 27 Prairial dernier. J'en ai donné officiellement communication au Bey. Ce prince a appris avec autant d'intérêt que
de satisfaction la nouvelle de l'importante conquête que vous
venez de faire à la République. Je n'ai eu qu'un mot à lui
dire : "Les Maltais sont devenus sujets de la France" : à
l'instant les fers de 66 esclaves maltais ou étrangers, pris
sous le pavillon de cette nation, sont tombés, malgré tous les
ressorts qu'on fait jouer les ennemis de la République pour
faire échouer cette négotiation. Un bâtiment est déjà apprêté:
ils seront bientôt rendus à leurs foyers, dont plusieurs étaient
séparés depuis quinze à vingt ans.

———————

(1) Correspondance inédite officielle et confidentielle de Napoléon, T. I. pag. 249
(2) Ibid. T. I. pag. 253.
(3) Ibid. T. I. pag. 286.

Ils y béniront sans doute le régime libérateur sous le
quel ils vont avoir le bonheur de vivre.

....

Devoize.

* * *

Vaubois à Bonaparte.

Au Quartier-général, de Malte, le 27 Messidor an VI (1)
(15 Juillet 1798)

Le général Lanusse et le citoyen Tallien se rendant à
l'armée, vous remettront le détail de notre situation. Nos
approvisionnements éprouvent des difficultés par une suite de
la bonne volonté de la puissane Napolitaine et des Siciliens.

La quarantaine est établie en Sicile, sans raison, par
rapport aux Maltais; nos navigateurs y sont très mal reçus.
Les lettres n'ayant pas opéré tout ce que nous en attendions,
nous avons pris le parti de députer au vice-roi de Sicile.
Peut-être cette entrevue ramènerait-elle la liberté du commerce.
Je désirerais, pour amener les Siciliens à des réflexions utiles,
que nos communications s'ouvrissent avec la Barbarie, et
en adressant de nouvelles lettres aux Beys, je suis persuadé
que les choses prendraient une tournure plus favorable. Je
les stimule autant que je le puis. J'ai reçu une lettre très aimable
du pacha de Tripoli; j'attend les réponses des autres.

Quoique les Maltais semblent se rapprocher de nous
journellement; quoique dans une charmante fête du 14 Juillet,
leur attachement ait éclaté, il ne sont pas plus empressés
d'acheter des biens nationaux. Cette ressource que vous nous
avez indiquée, sera peut-être encore nulle pendant bien du
temps. Je serais on ne peut pas plus fâché que l'argent vous
manquât pour remplir toutes vos vues, et mon chagrin
s'accroîtrait encore si la solde éprouvait du retard.

Je n'ai pas lieu d'être content des militaires, et, malgré
tous mes soins, ils témoignent de l'impatience. Ils ont sans
doute éprouvé des privations pendant qu'on travaillait aux
fournitures des casernes; mais on s'en est occupé aussitôt
que possible, et les travaux se continuent.

Je suis, j'ose l'assurer, généralement aimé dans l'île, et
je vois avec douleur que mes frères d'armes, dont j'adoucis

----

(1) Correspondance inédite officielle et confidentielle de Napoléon, T. I. pag. 287.

le sort autant qu'il est en mon pouvoir, en agissent mal à mon égard. Je ne vous dissimule pas, général, que j'aimerais mieux des corps entiers et disciplinés, que des démembremens de plusieurs. Les choses iront cependant de mieux en mieux si l'argent ne manque pas; mais si par hasard il y avait interruption d'une décade dans le payement de la solde, nous verrions le soldat se porter à des excés, j'en suis certain. Nous pourrons aller jusqu'en Fructidor, mais à cette époque il nous faut de nouveaux fonds.

La Commission du Gouvernement, les municipalités vont très-bien; ce peuple est vraiment attachant par sa douceur et sa bonté. Je l'observe de très-près, et j'ai lieu de croire qu'il n'y aura pas de machinations.

Des frégates anglaises au nombre de trois, connues, sont presque entièrement en vue. Elles nous gênent prodigieusement pour nos approvisionnemens. Nous sommes très-assurés aussi que des corsaires anglais arment à Messine. Leur projet est de nous affamer, et les Siciliens secondent leurs vues de leur mieux.

Tout va assez d'accord ici; nous sommes cependant un peu en contradiction avec Regnaud sur un seul point. Je crois qu'il a tort, car il est seul de son avis, et s'il persiste, c'est une affaire d'amour-propre. L'objet est de grande conséquence, car il est question de l'admistration de l'université (1). Il voudrait mettre à la tête un homme contre lequel il y a beaucoup à dire. Tous les capitalistes en meurent de peur. Une administration qui assure la subsistance de l'île et des troupes, qui tient dans ses mains la fortune de tant de particuliers, qui est en déficite, mais dont il est facile de remonter le crédit, et qui éprouvera des secousses extrêmement dangereuses si la confiance est alarmée, tout cela est du plus

---

(1) Les produits de l'île de Malte ne pouvant pas suffire à la subsistance de ses habitants, les princes normands, allemands et espagnols, leur avaient accordé la faculté de tirer de la Sicile la quantité de denrées qui leur était nécessaire, et à cette faveur ils avaient ajouté celle d'une pleine et entière franchise de droits.

Pour l'exploitation de ce privilège on forma à Malte, sous le titre d'*Université*, une administration qui, régie par les jurats, était chargée de faire en Sicile les achats au moyen des capitaux que les Maltais versaient dans sa caisse, et dont elle leur payait l'intérêt à raison de 5 % Cette administration vendait, en outre, les denrées achetées, et fixait leur prix de manière à couvrir les frais et à se réserver un léger bénéfice.—*Miège. Histoire de Malte,* Tome II, pag. 407.

grand intérêt.—Mais nous ne nous brouillerons pas, j'espère, et tout ira bien.

Regnaud a des moyens, mais il est un peu impérieux et un peu vain; je ne lui opposerai que mon amour pour le bien public, et malgré la petite différence de façon de penser, l'harmonie entre nous ne sera pas détruite.

Quand j'ai la conviction du bien, je ne saurais céder, malgré le reproche qu'on me fait d'être trop bon.

VAUBOIS.

* * *

Bosredon de Ransijat à Bonaparte.

———

Malte, le 29 Messidor an VI (1)
(17 Juillet 1798)

Je prends la liberté de vous informer que la Commission que vous avez nommée pour organiser le nouveau gouvernement poursuit avec beaucoup de zèle et d'activité ses travaux, auxquels d'ailleurs elle se livre avec d'autant plus d'empressement, qu'outre les motifs de répondre à la confiance que vous lui avez témoignée, elle y trouve encore la satisfaction d'apercevoir dans le peuple Maltais, les plus heureuses dispositions pour se plier aux nouvelles institutions, surtout parmi les habitans de la ville, qui les goûtent d'autant plus, qu'ayant plus de lumières que le peuple de la campagne, ils étaient plus exposés aux véxations des ci-devant Chevaliers qu'ils ont vu partir en général avec une extrême joie. Ils paraissent s'affectionner beaucoup aux Français que vous avez laissé dans cette île pour la garder, et la belle fête qui a été célébrée ici le 26 Messidor, et dont je laisse à l'éloquent Regnaud le soin de vous faire la description, en a fourni les preuves bien touchantes; car d'après la grande allégresse qu'on y a manifestée, et la parfaite harmonie qui a régné entre les Maltais et les Français on avait jugé, qu'il n'y avait à Malte, ce jour-la, qu'une seule nation.

En général, le Maltais, quoi qu'il soit plongé dans l'ignorance et la superstition plus qu'aucun autre peuple, sera, j'espère, un de ceux qui, à raison de sa bonté naturelle et de sa docilité, adoptera plus vite et observera plus exactement la constitution française. Il est enchanté de l'affabilité

———

(1) Correspondance inédite officielle et confidentielle de Napoléon, T. I., pag. 290, Paris 1829.

et de la bonté du général Vaubois, qui est vraiment un excellent homme et le plus propre à remplir l'objet auquel vous l'avez destiné. Sa conduite franche et loyale lui gagne tous les coeurs, et la Commission de gouvernement, surtout, s'en loue infiniment; car il se prête toujours avec zèle et de la meilleure grâce à tout ce qui peut faciliter nos opérations. Ainsi, grâces vous soient rendues, citoyen général, de nous avoir donné un si brave homme, qui par toutes ses bonnes qualités, influe si éfficacement sur l'esprit du Maltais, qu'il ne contribuera pas peu à accélérer l'époque de la soumission de ce bon peuple aux nouvelles lois.

J'espère donc qu'à votre retour, vous serez content de Malte, parceque ses habitants sauront apprécier, comme il le doivent, le bienfait inestimable de la liberté que vous leur avez donné. BOSREDON RANSIJAT.

* * *

Brueys à Bonaparte (Extrait).

———

A bord de *l'Orient*, le 2 Thermidor an VI (1)

(21 Juillet 1798)

La frégate *L'Arthémise* qui avait été escorter le Grand-Maître jusque sur les îles Méléda, est de rotour depuis hier......

....

BRUEYS.

* * *

Kléber à Bonaparte (Extrait).

———

Au Quartier-général à Alexandrie, le 3 Thermidor an VI (2)

(22 Juillet 1798)

......Vous serez peutêtre étonné de voir que cette colonne mobile (Dupuy) n'a pas été organisée d'après vos intentions, mais nos troupes se livrant avec une extrême répugnance aux travaux des fortifications, quoiqu'on leur payât d'assez fortes journées, le commandant du génie et moi, nous avons pensé que les Maltais y seraient infiniment plus propres, parce qu'ils sont plus faits aux grandes chaleurs que les Français, qui s'en trouvent accablés, Au reste le général Dupuis n'a

———————

(1) Correspondance inédite officielle et confidentielle de Napoléon, T. I., pag. 299.

(2) Ibid.—T. I. pag. 310.

fait qu'y gagner, et ce qu'il n'a pu faire avec le détachement
que je lui avais donné, il l'eût fait bien moins encore avec
les Maltais.

KLÉBER.

* * *

Ribbaud à Bonaparte (Extrait.)

Messine, le 9 Thermidor an VI (1)

(27 Juillet 1798)

Je m'empresse de vous rendre un compte exact de la
conduite qu'a tenue le gouvernement Sicilien après la prise
de Malte. Le Vice-roi, dès qu'il sut que vos talens avaient
forcé les habits rouges de Malte à céder l'île à la République,
donna des ordres à tous les gouverneurs des villes maritimes,
pour que rien ne fût embarqué pour Malte, et pour qu'il ne
fût pas même expédié des patents de santé aux bâtimens
maltais.

Ces ordres hostiles m'ont mis dans la plus grande inquiétude, et je cherchais par tous les moyens à envoyer des
vivres à nos frères d'armes; enfin, tous les ordres de Naples
ne m'ont pas empêché de charger sur 7 pétits bâtimens 700
quintaux de bon biscuit, que j'ai adressés au général Vaubois.
Je n'ai pas encore eu de ses nouvelles; mais j'ai été instruit
que le tout était arrivé à sa destination. J'ai offert à ce général
tous les services que je pourrais lui rendre, et je lui com-
muniquais un plan propre à assurer l'approvisionnement des
îles qu'il commande. J'ai reçu avant-hier une lettre du Consul
de Palerme, qui m'annonce qu'il avait reçu l'ordre qui permet
le libre embarquement des vivres pour Malte. Cet ordre n'est
point encore parvenu ici, et quand bien même il y par-
viendrait, il ne sera d'aucun avantage pour cette île, puisque le même ordre astreint à quarantaine de vingt-un jour
tous les bâtimens qui en arrivent. Ne croyez pas que cette
condition soit dictée par des raisons de salut public; elle
n'est que l'effet du désir que l'on a d'interrompre toute
communication entre Malte et la Sicile.

Le Sénat de Syracuse a acqueilli l'escadre Anglaise, l'a
invité à entrer dans le port; et a fourni aux quatorze vaisseaux

---

(1) Correspondance inédite officielle et confidentielle de Napoléon, T. I., pag. 408, Paris 1829.

qui la composent de l'eau, de la viande, des légumes frais etc. J'en ai écrit au gouverneur de cette ville, qui m'a répondu qu'en semblable circonstance on en avait usé de même à l'égard des Français.

Cependant les gouverneurs, loin de tenir une pareille conduite avec nos bâtimens de guerre, veillent soigneusement à ce qu'ils n'embarquent que le seul journalier et rien de plus, et celui de Messine m'a fait prévenir, qu'il se trouvait dans ce port quatre de nos bâtimens de guerre, qu'à l'avenir il n'en entrerait plus qu'un seul à la fois, au terme du traité convenu entre les deux puissances.

....

RIBBAUD.

*
* *

Kléber à Bonaparte (Extrait.)

———

A Alexandrie, le 9 Thermidor an VI (1)
(27 Juillet 1798)

L'affaire du général *Dupuy* à Damanhour donna une telle insolence aux Arabes Bédouins, que, quelques jours après sa rentrée à Alexandrie, ils osèrent se montrer même en assez grand nombre autour de la ville; ils tuèrent même un soldat Maltais à la colonne de Pompée, et en blessèrent un autre.

....

KLÉBER.

*
* *

Vaubois à Bonaparte (Extrait.)

———

Malte le 11 Thermidor an VI (2)
(29 Juillet 1798)

....

La Sicile nous tient toujours rigueur; les Maltais y sont fort mal reçus, et il ne nous vient rien. Nous manquons même de quelques objets, tels que charbon et bois. Le vin devient bien rare.

La garnison se tranquillise. Le casernement, l'habillement, les souliers, vont leur train; mais nous avons le plus grand besoin de chemises et d'argent.

———

(1) Correspondance inédite officielle et confidentielle de Napoléon, T. I. pag. 419, Paris 1829.

(2) Ibid.—T. I. pag. 425.

Le changement de gouvernement va laisser quantité de gens, sans emplois, sans secours; peut-être aurait-on pu employer plus de ménagement dans les réformes et réemployer un plus grand nombre de déplacés. J'avoue que la chaleur de Regnault m'ôte le temps de réfléchir.

Le Maltais est doux, sensible aux bons traitemens et facile à mener; le raisonnement a sur lui de l'empire, et, avec le temps et l'instruction, ses préjugés pourront se déraciner. Si l'on le brusquait, on échaufferait les têtes et on provoquerait des mouvements.

En jetant de l'argent dans ce pays, qui peut devenir un trés-intéressant entrepôt, on sera bientôt dédommagé des premiers sacrifices; mais il faut semer pour recueillir.

On vient dans un nouvel écrit, d'inviter la troupe et les habitans à se défaire de moi, qu'on taxe d'être un tyran et d'être la cause que la solde est arriérée.

Je me flatte que ma lettre vous trouvera en Egypte au milieu de vos triomphes, et que cette belle expédition sera presque terminée quand elle vous arrivera.

VAUBOIS.

*_**

Kléber à Bonaparte (Extrait.)

Alexandrie, le 13 Thermidor an VI (1)

(31 Juillet 1798)

....

Quant à l'accident dont il est question, le voici: deux hommes, du poste établi à la colonne de Pompée, poursuivaient un chien; à deux cent toises dans la plaine, deux Arabes à cheval sortirent d'une embuscade, tuèrent l'un d'un coup de pistolet au travers du corps, et blessèrent l'autre mortellement. Telle sera toujours la punition de l'incorrigible imprudence de nos soldats.

....

KLÉBER

---

(1) Correspondance inédite officielle et confidentielle de Napoléon etc., T. I, pag. 428, Paris 1829.

Bosredon Ransijat au Général Bonaparte.

Malte, le 13 Thermidor an VI (1)
(31 Juillet 1798)

Depuis votre départ, général, la Commission n'a jamais perdu de vue que les îles de Malte et du Goze, vous doivent leur liberté, que vous nous avez laissé, dans le Commandant en chef Vaubois, un général citoyen, qui a su se concilier à la fois, et la confiance du soldat et l'amour du peuple maltais.

Que le Commissaire du gouvernement français, ami zélé des grands principes autant que de votre gloire, est le flambeau qui guide et dirige nos pas dans la nouvelle mais consolante carrière où vous nous avez placés.

Que si nous avons fait quelque bien, nous le devons, d'un côté à l'appui et à la confiance du Général Vaubois, et, de l'autre, au zèle infaticable du Commissaire Regnault (de Saint-Jean d'Angely).

Qu' enfin c'est l'esperance de l'heureux succès de votre expédition d'Egypte et le désir de vous revoir incessamment, non-seulement couvert de nouveaux lauriers dans l'Orient, si le perfide Anglais ose vous suivre, mais vainqueur dans nos parages, s'il avait la témérité de vous y attendre, qui nous animent et nous encouragent à remplir nos devoirs. Les douze municipalités que vous avez instituées sont en pleine activité et nous secondent de tous leurs efforts.

Les juges de paix sont en plein exercice, et leur ministère plus utile que celui des prêtres, et qui était attendu avec empressement, va rendre la securité aux laborieux habitans des campagnes. Les mesures sont prises pour activer et surveiller leurs fonctions de manière à ce que le peuple en retire le double avantage, de détester l'esprit de chicane, de bénir la république et Bonaparte, qui l'en auront delivré.

Les tribunaux civils et criminels viennent d'être mis en activité.

La garde civique, établie selon vos ordres, fait régulièrement son service, tant à la place pour la réserve, qu'auprès des principales autorités constituées.

Les couvens, trop multipliés, sont réduits à un de chaque ordre, les jurisdictions abusives et antisociales de l'évêque et de l'inquisiteur sont abolies, et la partie essentielle de leurs archives va se fondre dans les archives nationales.

---

(1) Correspondance inédite officielle et confidentielle de Napoléon etc, T. I. pag. 430.

Les fournitures pour le casernement de troupes et le logement des officiers, de même que la repartition de la taxe patriotique pour y subvenir, sont sur le point d'être terminées.

Une nouvelle administration de l'Université, chargée de l'approvisionnement des grains, basée sur des principes régénérateurs, va à la fois, et tranquilliser la capitale un moment alarmée, et assurer l'approvisionnement de cette place, de manière à ce que la République ne puisse avoir rien à craindre de la part du cupide et corrupteur Anglais.

Un tribunal de commerce va être établi sous le nom de tribunal consulaire, et les négocians sont tous convoqués pour élire, sous la direction du gouvernement, les cinq juges dont il doit être composé.

Un journal redigé dans le meilleur esprit, va paraître pour remplir le double but de célébrer dignement vos ultérieures et glorieuses entreprises, et d'éclairer le peuple Maltais sur les avantages de sa réunion à la France.

Bosredon Ransijat,
Président de l'Administration de Malte.

* * *

Bonaparte à Vaubois.

Au Caire, le 4 Fructidor an VI (1)

(21 Août 1798)

Il est indispensable, citoyen général, que vous fournissiez à l'Amiral Villeneuve tout ce qui lui sera nécessaire, soit en approvisionnements, soit en garnisons, soit en matelots pour pouvoir ravitailler sa division.

Les communications sont extrêmement difficiles. Je n'ai point reçu de lettres de vous et fort peu de France; mais je compte assez sur votre zèle, pour ne pas douter que la place de Malte se trouve dans le meilleur état, et que vous employez tous vos moyens à captiver le peuple et à nous faire passer toutes les nouvelles qui pourront vous arriver de France.

Bonaparte.

* * *

(1) Correspondance inédite officielle et confidentielle de Napoléon etc. T.I., pag. 386. Paris 1829.

Regnaud de Saint-Jean d'Angely à Bonaparte (Extrait.)

A Malte, le 3 Fructidor an VI (1)
(25 Août 1798)

....

Nous avons du pain et des armes; mais tout le reste va nous manquer bientôt; tous les bâtimens partis pour la côte de la République romaine ont été pris ou forcés de relâcher; je ne puis plus décider personne à partir, parcequ'on ne trouve pas à assurer, même à vingt pour cent. Les Anglais sont dans le canal pendant que le vaisseau et la frégate sont dans le port. Les Péronards seuls nous apportaient quelques secours de la Sicile dans la manière dont on les y traite. *Lachaize*, Chargé d'affaires, m'écrit qu'il prévoit une rupture, et qu'il ne croit pas que *Lacombe Saint-Michel* ait le temps d'arriver pour l'empêcher; il m'engage à user de tous les moyens pour assurer des vivres à l'île d'ailleurs que de la Sicile.

Avant son avertissement, j'avais employé la seule voie possible, c'est-à-dire que j'ai attiré ici des négocians turcs ou barbaresques; j'ai écrit aux Consuls et aux négocians. Dans les diverses échelles, j'ai envoyé des bâtimens pour charger; nous avons eu ainsi des boeufs de Tunis dont nous manquions, du riz, un peu de vin et quelques autres provisions, mais, malgré cela, nous sommes jênés pour le présent et inquiets sur l'avenir....................

REGNAULT (de Saint-Jean d'Angely.)

* * *

Mac-Sheedy à Bonaparte.

Au camp d'Aflagaz sur le canal d'Alexandrie
le 14 Vendémiaire an VII (2)
(5 Octobre 1798)

Dans toutes les lettres que j'ai eu l'honneur de vous adresser rélativement à la Légion, je ne vous ai entretenu que des moyens de faire rentrer les déserteurs et de prévenir dans la suite les tentatives qu'on n'a cessé de faire pour embaucher les troupes de la Légion.

______

(1) Correspondance inédite officielle et confidentielle de Napoléon etc., T.II. pag. 26, Paris 1829.

(2) Ibid. T.II., pag. 97.

Permettez que je vous occupe un instant de ses services et des moyens de la mettre à l'abri des réproches mal fondés qu'on lui fait.

Les Maltais, à peine formés, sont à Damanhour, où plusieurs d'entre eux sont tués; les grenadiers soutiennent seuls les attaques réitérées des Arabes. De retour à Alexandrie, on occupe tout le corps aux travaux les plus pénibles. De là ils se rendent à Aboukir pour escorter les convois de Rosette à Alexandrie. Plusieurs hommes sont encore tués ou blessés dans diverses affaires contre les Bédouins, entre autres, un Lieutenant et un Capitaine. A la suite du combat naval, ils sont employés à enterrer les morts, ramasser les débris etc, constamment dans l'eau jusqu'à la ceinture. Cette opération terminée, ils reçoivent l'ordre d'aller à Ramanieh, où ils sont tellement surchargés de service, que ceux qui reviennent des détachemens à Alexandrie, sont obligés de repartir le même jour pour faire la même route ou une autre tout aussi pénible. Les Arabes les attaquent de nouveau et sont repoussés avec perte. Enfin, mon général, ce corps, qui depuis sa formation, n'a pas eu un seul instant de repos, a toujours donné des preuves de constance et de courage au milieu des privations les plus pénibles.

Dès mon arrivée à Ramanieh, je me suis empressé de vous envoyer l'officier qui commandait le corps comme le plus propre à vous soumettre ses besoins: ils sont très grands. Beaucoup de soldats sont pieds nus, d'autres n'ont point d'habits; ceux qui m'ont été présentés sont dépourvus de pantalons et de vestes. On a distribué à la vérité quelques effets à la Légion avant mon arrivée; mais, soit confusion, ou autrement, personne n'a eu d'habillement complet. Les souliers ont tous été abîmés par les corvées d'Aboukir, où les troupes étaient constamment dans l'eau. Quant aux armes, elles étaient dans le plus mauvais état possible; au bout de quelques jours, je suis parvenu à les faire éclaircir. J'ai trouvé un armurier au corps, mais il est sans instruction, et il ne reste plus d'argent pour en acheter.

La discipline et l'instruction ont été mes premiers soins, et j'ose vous répondre, mon général, que, dans ces deux rapports, la Légion Maltaise est parvenue à un point de perfection qui surpasse même l'attente de ceux qui l'ont vue avant mon arrivée. Les marches que la Légion est obligée de faire, depuis quelques jours, ont tellement fatigué les soldats, que je me suis vu forcé d'abandonner l'exercice et l'instruction jusqu'à un moment plus favorable.

La classe de sous-officiers est bonne; les officiers sont remplis de la meilleure volonté. Il est d'autant plus intéressant que vous me marquiez vos intentions concernant le remplacement des officiers absens, qu'il y a beaucoup de compagnies sans officiers.

La Légion n'ayant pas reçu de solde depuis mon arrivée et se trouvant dans une situation où il lui faut quelque chose de plus que du pain pour supporter les fatigues qu'elle éprouve, je me suis vu obligé d'avoir recours à un ami, pour faire l'avance de quelques journées de prêt au soldat.

En conséquence de votre ordre du 27 Fructidor dernier, qui m'autorise à recruter des Napolitains, Toscans etc. pour la Légion, j'ai envoyé un officier et deux sous-officiers intelligens à Alexandrie; je leur ai encore donné de mon argent, en attendant que vous ayez la bonté de m'indiquer où je dois prendre ces fonds. J'ai aussi chargé cet officier de l'exécution de vos ordres relatifs aux Maltais déserteurs.

Le coeur me saignait toutes les fois que je voyais le malheureux soldat traverser à pieds nus dans des sables brûlans, et revenir accablé de fatigue pour refaire encore la même route. J'ai prévenu ses besoins les plus pressans autant que mes faibles moyens ont pu y suffire; mais comme ils sont épuisés en ce moment, permettez, mon général, que je m'adresse à vous afin que vous ayez la bonté d'y apporter remède.

MAC-SHEEDY.

Commandant la Légion Maltaise.

* * *

Marmont à Bonaparte (Extrait.)

Alexandrie, le 17 Brumaire an VII (1)

(7 Novembre 1798)

Vos ordres ont été exécutés, mon cher général: les deux parlementaires ont été à bord de l'Amiral Anglais avant-hier matin.

. . . .

La conversation s'est engagée: le commodore Hood a constamment parlé à Fouler avec beaucoup de modération, de retenue, d'égards et d'estime pour la nation, pour l'Armée et celui qui la commande. Il a donné la nouvelle d'une

---

(1) Correspondance inédite officielle et confidentielle de Napoléon, T. II., pag. 131, Paris 1829.

insurrection arrivée à Malte, où tout était rentré dans l'ordre après quelque effusion de sang.

....
MARMONT.

* * *

Bonaparte à Desaix (Extrait.)

———

Le Caire, le 22 Pluviôse an VII (1)
(11 Février 1799)

....

Les Anglais bloquaient Malte, mais plusieurs bâtimens chargés de vivres y étaient déjà entrés.

....
BONAPARTE.

* * *

Bonaparte à Desaix (Extrait.)

———

Au Caire, le 25 Thermidor an VII (2)
(13 Août 1799)

....

Malte est ravitaillée pour deux ans.

BONAPARTE.

* * *

Bonaparte au Grand-Visir (Extrait.)

———

Au Caire, le 30 Thermidor an VII (3)
(18 Août 1799)

Votre Excellence n'ignore pas que le vrai ennemi de l'islamisme est la Russie. L'Empereur Paul I s'est fait Grand-Maître de Malte, c'est à dire a fait vœux de faire la guerre aux Musulmans: n'est-ce pas lui qui est le chef de la religion grecque, c'est à dire des plus nombreux ennemis qu'a l'islamisme.

La France au contraire, a détruit les Chevaliers de Malte, rompu les chaînes des Turcs qui y étaient détenus en esclavage, et croit, comme l'ordonne l'islamisme, qu'il n'y a qu'un seul Dieu.

BONAPARTE.

———

(1) Correspondance inédite officielle et confidentielle de Napoléon, T. II., pag. 212, Paris 1829.
(2) Ibid. T. II. pag. 429.
(3) Ibid. T. II. pag. 445, Paris 1829

Poussiélgue à Bonaparte. (1)

De La Valette à 9 heures et demie du matin, le 24 Prairial an VI.
(12 Juin 1798)

Au citoyen Bonaparte, général en chef, et en son absence au citoyen Brueys, amiral, à bord de l'Orient.

Citoyen général. La ville est en rumeur: quelqu'un assurément travaille les paysans. On répand ce matin que cette nuit, malgré l'armistice, les Français ont tenté d'escalader le côté de la Cotoner. Il est possible qu'en ce moment nos troupes n'eussent pas encore connaissance de la suspension d'armes. Cependant il y a eu des fusillades: de là les paysans disent qu'on les trahit. Le château Saint-Ange, qui a vu l'escadre s'approcher du port, prétend qu'elle va entrer; il veut faire feu sur elle. Les paysants se sont révoltés contre les Chevaliers, et disent qu'ils ne veulent entendre de reddition. Il serait possible qu'il y eût quelques coups de canon de tirés de la ville, et quelque riposte. Hâtez vous de faire avertir les postes qu'ils ne prennent pas cela pour une agression, et qu'ils se retirent hors de la vue; surtout qu' il y ait discipline dans les campagnes. Il est nécessaire aussi que l'escadre s'éloigne du port. Il sera temps d'y entrer quand nous aurons les forts. *Le Grand-Maître a approuvé la convention. Elle est actuellement sous les yeux du Grand-Conseil, qui sans doute l'approuvera aussi*, et aussitôt elle s'exécutera. Mais il faut beaucoup de prudence et de précautions. Par exemple, il faudrait faire arriver les officiers, qui doivent venir à dix heures ou à midi, par la porte de la Floriane. Le palais du Grand-Maître est dans l'anarchie: tous les Chevaliers qui le remplissent tremblent d'effroi que toutes les affaires ne se gâtent par quelque imprudence de part ou d'autre. Je me dépêche de vous faire parvenir cet avis par un speronare.

Salut et respect.

POUSSIÉLGUE.

* * *

(1) Miège: Histoire de Malte, Tome III, pag. 576, Paris 1840.
Voir aussi: Voyage du Maréchal duc de Raguse etc. 1834-1835.
Tome IV, pages 302-306.

Poussiélgue à Bonaparte.

De La Valette à dix heures et demie du matin, le 24 Prairial an VI (1).

(12 Juin 1798)

Citoyen Général,

Tout va bien maintenant; les forts de Saint Ange sont mis à la raison; *mais le point le plus important, et auquel le Grand-Maître attachera un grand prix,* si vous l'accordez, c'est *de renvoyer promptement de cette ville le Ministre de Russie,* à qui il vous prie d'accorder un passeport, et de le lui envoyer tout de suite, pour que le Ministre parte aujourd'hui. En mon particulier je crois que la ville en sera plus tranquille. — La Convention a été ratifiée; on l'a publiée aux acclamations de la ville. On ajoute à la teneur un article verbalement que nous avons oublié : c'est d'annoncer aux Maltais que tous leurs compatriotes, esclaves en Barbarie, vont être mis en liberté, et qu'ils vont jouir de la liberté du pavillon; c'est le plus grand sujet de joie.

Salut et respect.

POUSSIÉLGUE.

Renvoyez votre réponse avec le passeport par le retour du speronare, si vous n'y voyez pas d'inconvénient.

* * *

Lettre du Grand-Maître Hompesch au général Bonaparte. (2)

(Malte, le 13 Juin 1798)

Citoyen Général,

J'eusse mis un grand empressement à vous aller offrir l'expression de ma reconnoissance des constantes attentions que vous avez eues pour moi, et de la manière infiniment prévenante avec laquelle vous avez accueilli les diverses demandes que j'ai cru pouvoir vous faire, si, par une délicatesse qui n'a pour objet que de ne rien faire qui puisse rappeler aux Maltais et ma personne et leur ancien attachement, je ne m'étais déterminé à éviter toute occasion de me montrer en public. Veuillez donc bien recevoir par écrit l'expression de ma sensibilité, mes adieux et mes voeux pour vous.

---

(1) Miège; T. III. pag. 577.
(2) Miège. T. III, pag. 574.

C'est par une suite de la confiance, citoyen Général, que m'a donnée la connoissance particulière de votre généreuse manière de penser, que je vous présente pour la dernière fois mes vives instances pour l'exécution de la promesse que vous aviez bien voulu me faire hier, relativement aux passeports des Membres français de l'Ordre. Je joins séparément le projet d'une formule générale, qui, si vous l'adoptiez, remplirait les voeux de tous les Chevaliers, à la tranquillité et aux désirs de qui mon bonheur est de coopérer.

Désirant partir à l'heure la plus tranquille de la nuit, je vous prie, citoyen général, de donner les ordres nécessaires pour que le portes de la ville me soient ouvertes à deux heures du matin, et je me rendrai à bord sous l'escorte de vos guides que vous avez eu l'intention de me destiner.

J'avais eu l'honneur de vous prévenir, citoyen Général, que je désirais consacrer à l'acquit des dettes que je laisse, la moitié de la somme que la République Française m'accorde en indemnité et 100,000 francs par an sur la pension qu'elle m'assigne. Je vous prie en conséquence, citoyen général, d'ordonner que cette délégation de 300,000 fr. présentement et de 100,000 fr. annuellement, jusqu'à l'extinction des créances, soit remise en les mains du citoyen Poussielgue, capitaine du port, que j'établis mon procureur fondé, à la fin de percevoir lesdites sommes, et distribuer les paiements entre mes créanciers.

Recevez, citoyen général, l'hommage de ma haute estime et de mon sincère attachement.

Le Grand-Maître
(Signé) Hompesch.

****

Protestation de Hompesch contre la prise de Malte. (1)

Le Grand-Maître de l'Ordre de Saint-Jean de Jérusalem, du Saint-Sépulcre, de Dominique et de St. Antoine de Vienne, tant en son privé nom qu'en celui de tout l'Ordre, dont il est le Chef légitime et représentant, proteste devant Dieu et tous les Souverains, à la face de tout l'univers entier, contre les effets de la révolution interne que la République Française a opéré dans l'île de Malte, contre la séduction au moyen de laquelle cette République a perverti quelques membres dudit Ordre, attiré une quantité d'habitants de la ville, éludé et trompé la fidélité du peuple, et rendu vains les moyens de défence, et inutiles toutes les dispositions militaires;

____

(1) Miège: Histoire de Malte, Tome III, pag. 590, Paris 1840

Proteste contre l'invasion hostile des troupes dans le moment même où l'Ordre remplissaiten vers elles les devoirs de la neutralité et de l'hospitalité la plus attentive; enfin, contre la manifeste et injuste usurpation des propriétés, droits etc. Proteste formellement contre l'écrit malignement intitulé: 'Convention', conçu et dicté dans la forme et manière qu'on l'a vu par le général Bonaparte; cet écrit n'étant autre qu'une loi violente imposée par d'infâmes traîtres dont l'ennemi s'est prévalu pour remplir ses desseins, les députés Français et Maltais et autres rebelles ôtant par là au Grand-Maître et au Conseil le pouvoir d'examiner et de refuter ladite Convention;

Proteste spécialement contre l'abandon et le départ de l'île, auquels il a été conséquemment forcé; n'ayant jamais prétendu ni pu prétendre en céder la Souveraineté à quelque puissance que ce soit sans le consentement de S. M. le Roi des Deux-Siciles, à qui seul la haute domination de l'île de Malte appartient; se considérant, au contraire, comme du passé, tenu à l'hommage que l'Ordre doit à Sa Majesté pour une principauté sur laquelle elle conserve toutefois ses droits;

Ledit Grand-Maître proteste particulièrement contre tout ce qui individuellement le regarde dans l'Article 2 de la Convention supposée malicieusement, inventée et inserrée pour des fins secondaires, tant par rapport à la souveraineté qu'on a voulu lui faire espérer par le moyen de l'influence française, détestant et rejetant tout cela pour toujours, comme n'ayant jamais été desiré ni sollicité par lui en aucune manière.

Finalement, il proteste contre tout autres actes quelconques, tant privés que publics, formés par une suite de la Convention supposée et arrachée par la violence; les considérant, avec le secours du droit naturel des gens, comme absolument nuls et controuvés;

Et afin que la présente, formelle et solennelle protestation, projetée et résolue dès le premier instant que, sous les auspices de l'Auguste Empereur et Roi, l'Ordre et son Chef ont récupéré le libre exercice de leurs sentiments et de leur volonté dans cette ville de Trieste, soit comme et manifestée, premièrement à celui à qui sans controverse la haute domination de l'île de Malte appartient, et de là à toutes le Puissances amies et protectrices de l'Ordre, le Grand-Maître, tant en son propre nom qu'en celui de tout l'Ordre, la soumet respectueusement à Sa Majesté le roi des Deux-Siciles, comme il la soumettra à tous les autres souverains.

Trieste, le 12 Octobre 1798.

Signé: HOMPESCH.

A la Cité de Malte le 16 Ventose an VIII (1)

(7 Mars 1800)

Les Membres de la Commission de Gouvernement restés
en exercice,

Au Citoyen Bonaparte, prémier Consul de la
République Française.

Citoyen Consul,

La Commission de Gouvernement que vous avez instituée
à Malte et qui n'a pas cessé de prendre le plus vif intérêt au
succès de vos opérations militaires, réunit avec joie son suffrage
aux applaudissemens que tous les bons Français tous les hommes libres, et les amis de l'humanité se sont empressés de donner au grand changement politique qui s'est fait dans le
Gouvernement Français et au mesures que vous avez prises
pour disposer les ennemis de la République à la paix générale
dont tous les peuples ont le plus grand besoin.

N'ayant point oublié que vous avez été le fondateur de
la liberté de cette Ile, nous espérons que la malheureuse
révolte des habitans de la Campagne ne nous privera, Citoyen
Consul, ni de votre estime à laquelle nous attachons le plus
grand prix, ni des secours de tout genre indispensablement
nécessaires à la conservation de cette place importante, conservation que la République doit jusqu'à présent au courage
de la brave garnison qui la défend, et principalement à
la sage activité du général Vaubois et des autres généraux
de terre et de mer qui l'ont secondé.

Les privations que nous avons déja souffertes depuis
18 mois que dure le blocus, celles que nous éprouvons et
serons encore dans le cas d'éprouver, la perte même de nos
fortunes: rien, Citoyen Consul, ne pourra nous faire oublier
notre serment d'être fidèles à la République, ni altérer notre
attachement pour elle, ni affaiblir notre respectueuse confiance en vous.

Salut etc.

Signé: Bosredon Ransijat.

etc.   etc.   etc.

---

(1) Lettres écrites par la Commission de Gouvernement etc;
pag. 422 (C. A. Office.)

MISCELLANEA

Procès Verbal d'installation
de la Commission de Gouvernement (1)

Aujourd'hui 26 Prairial an VI de la République Française, dans la Cité Valette de l'Isle de Malte et dans la salle cy-devant appellée de l'Auberge de France, d'après l'ordre du Général en Chef Bonaparte, portant Réglement pour l'administration et le gouvernement de l'Isle de Malte, et un second ordre du même jour portant nomination de deux Commissions et d'un Commissaire du Gouvernement Français pour l'Isle de Malte.

Le Général de Division, Chef de l'Etat Major Général de l'Armée, Alexandre Berthier a donné ordre de faire réunir les Officiers Municipaux, les Juges Civils, Criminels, de Police, les magistrats de Santé, les chefs de métiers, d'ordre et monastiques, Curés, Employés en chef, et tous les Individus ayant jusqu'à ce jour exercé dans l'Isle des fonctions publiques, soit à la Cité Valette, à la Cité Notable, soit à l'Isle de Goze.

Lesquels étant rassemblés dans la salle cy-dessus désignée, le Général Alexandre Berthier leur a fait donner lecture des deux Ordres du Général en Chef Bonaparte dont copie demeurera aux présentes.

D'après ces ordres le Général Alexandre Berthier a proclamé comme membres de la Commission chargée à compter de ce jour du Gouvernement de l'Isle de Malte, les Citoyens :

> Jean Baptiste Bosredon Ransijat,
> Vincent Caruana, Sauveur Astor,
> Paul Ciantar, Jean François Dorel,
> Paul Grungo, Benoît Schembri,
> Xavier Caruana, Christophe Frendo.

Comme membres de la Commission chargée de la surveillance des biens de l'Ordre et du Grand Maître, les citoyens:

Mathieu Poussielgue, Jean André Caruson, Robert Roussel.

Comme Commissaire du Gouvernement François pour l'île de Malte le Citoyen Michel Louis Etienne Regnaud de St. Jean d'Angely.

---

(1) Archives de l'Ordre de Saint Jean de Jérusalem, Ms. No. 6523: Régistre de Délibérations de la Commission de Gouvernement, Tome I pag. 4.

En suite de la dite proclamation les Citoyens Membres des dites Commissions ont prêté entre les mains du général Alexandre Berthier et en présence du Commissaire du Gouvernement Français serment de fidélité et d'obéissance à la République Française, à l'exception des Citoyens Paul Grungo Xavier Caruana et Robert Roussel absents et qui seront tenus avant d'entrer en fonctions de prêter le même serment entre les mains des membres de la Commission en exercice, en présence du Commissaire de la République.

De tout quoi a été dressé les présent Procès Verbal signé des membres présents des deux Commissions, du général Berthier et du Commissaire du Gouvernement François.

(Signé): Bosredon Ransijat,

Vincent Caruana,	Sauveur Astor,
Paul Ciantar,	Gaetan François Daurel,
Benoît Schembri,	Cristoforo Frendo,
Mathieu Poussielgue,	Jean André Caruson

Régnaud de St. Jean D'Angely.

Alexandre Berthier

Général de Division, Chef de l'Etat Major

Général de l'Armée.

Et le même jour après la cloture du Procès Verbal cy dessus et de l'autre part, en présence du Général Alexandre Berthier, sur la requisition du Commissaire de la République, tous les Chefs de tribunaux, Juges, Magistrats, Corporations, Ordres, métiers, les Curés, les Officiers Publics et autres Citoyens convoqués et présents, ont prêté le serment de fidélité et d'obéissance à la République Françoise.

De quoi a été dressé le Procès Verbal signé des Membres de la Commission de Gouvernement du Général Alexandre Berthier et du Commissaire de la République Française.

(Signé): Bosredon Ransijat

Jean François Daurel   Regnaud de St Jean
d'Angely.

Sauveur Astor
Vincent Caruana
Benoît Schembri   Alex. Berthier, Général.
Cristoforo Frendo, Notaire.
Paul Ciantar.

Séance du 26 Prairial au soir, an VI. (1)
(14 Juin 1798).

......

Le Citoyen Caruana, absent ce matin, a prêté ce soir serment entre les mains du Doyen d'âge, avant d'entamer la délibération pour l'élection d'un Président.

On a procédé à cette élection, et le Citoyen Jean Baptiste Bosredon a été élu Président de la Commission à l'unanimité des voix, dans les formes usitées.

Le Citoyen Dorel le remplacera momentanément et les autres citoyens qui composent la Commission la présideront dans l'ordre de leur inscription au procès verbal d'installation transcrit cy dessus.

Ensuite on a choisi le Secrétaire Général de la Commission, et le Citoyen Ovide Doublet a été élu à l'unanimité.

On a procédé à la nomination des Citoyens qui doivent composer les Municipalités des deux Cités et les Citoyens Jean Galea, Jérome Delicata, Jean Baptiste Grognet, Jean François Sant, et Jean Baptiste Agius ont été nommés Municipaux de la Cité Valette et Floriana.

Ceux de la seconde Municipalité, dont l'arrondissement comprend la Cité Victorieuse, l'Isle de la Sengle et Bormola sont les Citoyens Louis Abela, Joseph Maurin, Xavier Carbot, Joseph Musu, Marc Antoine Muscat.

Le Citoyen Doublet Secrétaire Général de la Commission est entré et après avoir prêté le serment d'observer fidèlement toutes les loix de la République, il a été installé.

Ici le Citoyen La Coretterie, Secrétaire du Citoyen Regnaud de St. Jean D'Angely et qui faisait les fonctions de Sécrétaire provisoire de la Commission de Gouvernement, a remis le régistre au Citoyen Doublet Secrétaire Général et a signé.

———

(1) Archives de l'Ordre—Ms. 6523 Régistre des Délibérations de la Commission du Gouvernement Français, Tome I pag. 10.

Documents et Arrêtés concernants
les Archives de l'Ordre et de l'Inquisiteur.

Séance du 27 Prairial au matin, an VI (1)
(15 Juin 1798)

Le Commissaire du Gouvernement Français a reçu des mains du cy-devant Bailli François Carvalho Pinto, cy-devant Vice-Chancelier du cy-devant Ordre, les clefs des Archives de la Chancellerie.

Il en a dressé procès verbal, et a signé avec le dit Carvalho Pinto.

Le procès verbal est resté entre les mains du susdit Commissaire.

* * *

À la Cité de Malte le 23 Messidor de l'an VI de la République (11 Juillet 1798) (2).
À la Municipalité de l'Est.

La Commission a lu avec intérêt la lettre que vous lui avez écrite, Citoyens, pour l'inviter à faire bruler les écrits de procédure criminelle qui se trouvent à l'inquisition — Elle prendra votre demande en considération.

Salut et amitié
Le Président de la Commission
(Signé) BOSREDON RANSIJAT
Par le Président
Le Secrétaire Général
(Signé) DOUBLET.

* * *

Séance du 28 Messidor an VI au matin (3)
(16 Juillet 1798).

Le Commissaire du Gouvernement a écrit à la Commission pour lui dire que les titres et les parchemins de l'Ordre

---

(1) Archives de l'Ordre Ms: No. 6523:—Régistre des Délibérations de la Commission de Gouvernement, Tome I, pag. 16

(2) Lettres écrites par la Commission de Gouvernement, pag. 50. (C.A. Office)

(3) Régistre des Délibérations de la Commission de Gouvernement, Tome, II, pag. 138 (C.A. Office).

pouvaient enfin être employés utilement : que le Général d'Artillerie demandait les vieux papiers pour en faire des cartouches, et l'Ordonnateur de la Marine le parchemin pour faire des gargousses ; qu'en conséquence il fallait faire mettre de côté ce qui était relatif aux propriétés, et laisser le reste des archives à la disposition de ces deux Officiers.

La Commission lui a répondu qu'elle avait chargé le Cit. Bruno ex-Secrétaire de la Chancellerie de faire ce tirage à la Chancellerie. On a en effet écrit au Citoyen pour l'inviter à remplir cette commission. On a en même temps écrit au Commissaire Ordonnateur pour l'instruire de cette disposition et lui indiquer l'heure à la quelle il pourrait envoyer prendre les parchemins.

*
* *

Séance du 2 Thermidor an VI au matin (1)
(20 Juillet 1798).

....

On a écrit sur le champ...... à toutes les Municipalités. Celle de l'Est a invité la Commission à faire bruler les Archives de l'Inquisition.

La Commission lui a répondu qu'elle prendrait cette demande en considération.

*
* *

Séance du 2 Thermidor an VI au matin (2)

La Commission après avoir délibéré sur la nécessité de séparer dans les Archives du cy-devant Ordre les titres relatifs aux propriétés, de ceux qui n'ont rapport qu'au régime nobiliaire ou religieux, a pris l'arrêté qui suit et l'a envoyé au Citoyen Bruno pour le mettre à exécution :

"La Commission de Gouvernement considérant que dans les Archives qui appartenaient à l'ancien gouvernement telles que celles de la Chancellerie, du Trésor, des Langues et autres, il s'y trouve, soit dans les régistres, soit dans les cartons ou ailleurs, des papiers qui ont rapport aux propriétés nationales et à celles des particuliers, et qu'il est par conséquent nécessaire de les conserver en les séparant des autres régistres purement relatifs au régime intérieur ou politique du cy-devant Ordre ;

---

(1) Régistre des Délibérations de la Commission de Gouvernement, Tome II, pag. 189.

(2) Ibid. pag. 211.

Après avoir ouï le Commissaire du Gouvernement Français.

Arrête:—

Tous les papiers qui dans les susdites Archives ont rapport aux intérêts, à la fortune, à la propriété des Citoyens, ou aux biens nationaux, seront séparés des autres régistres et réunis dans les Archives publiques de la Commission de Gouvernement.

Le Citoyen Bruno, cy-devant Secrétaire de la Chancellerie, est chargé de faire le choix et la séparation des susdits papiers et de les faire porter aux archives publiques. La dépense qu'il fera pour cela lui sera payée.

Le Président de la Commission
(Signé) BOSREDON RANSIJAT.
Par le Président
Le Secrétaire Général
(Signé) DOUBLET.

* * *

Séance du 7 Thermidor, an VI (1).
(25 Juillet 1798).

. . . .

Le Citoyen Bruno chargé du choix, développement et séparation des papiers des Archives et de la Chancellerie, a fait une pétition à la Commission pour lui demander, où elle jugeoit à propos que ces papiers fussent déposés.

"La Commission a ordonné par un Décret que touts les papiers, manuscrits et enfin tout ce qui auroit quelque rapport à la fortune et à la propriété des citoyens, seroient transportés et déposés dans les Archives du Gouvernement. Les Régistres les plus anciens concernant les biens de l'Ordre hors de Malte seront considérés comme inutiles, et quant aux livres des diverses matières et aux Statuts des différentes éditions relatives à celles-ci comme les oeuvres de Caravita etc. on les enverra dans la Bibliothèque publique.

Le Président de la Commission
(Signé) BOSREDON RANSIJAT.
Par le Président
Le Secrétaire Général
(Signé) DOUBLET.

---

(1) Régistre des Délibérations de la Commission de Gouvernement, Tome II, pag. 277 (C. A. Office).

Le 7 Thermidor an VI. (1)

Au Citoyen Menard Commissaire Ordonnateur de la Marine.

Il existe, Citoyen, à la ci-devant Auberge d'Auvergne un grand amas de papiers et parchemins, des preuves des cy-devant Chevaliers de cette langue; comme vous nous aviez demandé de ces objets pour en faire des gargousses, nous vous prévenons que vous pouvez les faire retirer de là, quand vous le voudrez en vous adressant au Citoyen Paul Ricari, ci-devant Donat de la dite Auberge.

Le Président de la Commission
(Signé:) BOSREDON RANSIJAT.

* * *

Séance du 8 Thermidor, an VI (2).
(26 Juillet 1798).

En vertu de l'Article X de l'Arrêté de la Commission du Gouvernement Français relatif à la nouvelle organisation judiciaire, il a été pris un arrêté pour la fixation du local qui doit servir de dépôt général aux papiers des Chancelleries et Tribunaux ecclésiastiques supprimés et pour la nomination d'un gardien Archiviste. Cet arrêté est conçu en ces termes :

"La Commission de Gouvernement vu l'Article X de l'Arrêté du Commissaire du Gouvernement Français concernant la nouvelle organisation des Tribunaux et l'abolition des Tribunaux Ecclésiastiques conçu dans les termes suivans:

ART. X.

La remise de papiers et régistres courants effectuée, il sera désigné par la Commission un dépôt général pour tous les anciens dans la Ville de Malte, et nommé un gardien pour délivrer les expéditions au besoin;

Arrête ce qui suit :

ART. 1. Il y aura un Dépôt général où seront réunis les papiers des diverses Chancelleries de l'Ex-Ordre de Malte qui ont rapport aux propriétés nationales ou à la fortune des Citoyens et les archives des tribunaux ecclésiastiques supprimés.

---

(1) Ms: No: 527 à la Bibliothèque Publique.

(2) Régistre des Délibérations de la Commission de Gouvernement, Tome II, pag. 285 (C. A. Office).

Art. II. Ce Dépôt Général est établi dans une des salles du Palais de la Commission de Gouvernement.

Art. III. Il y aura cette inscription sur la porte de cette salle: "Dépôt Général des Archives des Chancelleries et Tribunaux Supprimés."

Art. IV. Le Gardien ou Archiviste à qui ce dépôt sera confié pour délivrer les expéditions au besoin. est le Citoyen Ignace Bonavita.

Art. V. Il sera écrit dès aujourd'hui, à l'Evêque de Malte et à l'ex-Assesseur de l'Inquisiteur pour leur enjoindre de faire transporter dans le plus bref délai les archives de leurs tribunaux supprimés.

Le Président
(Signé) Bosredon Ransijat

En conséquence de cet arrêté on a écrit au Citoyen Labini Evêque de Malte, au Cit. Jean Baptiste Gatt, assesseur de l'Ex-Inquisiteur, pour leur enjoindre de s'y conformer, et au Citoyen Cajetan (Ignace?) Bonavita pour l'instruire de sa nomination comme Gardien Archiviste du susdict Dépôt Général.

*
* *

A la Cité de Malte le 8 Thermidor
de l'an VI de la République. (1)

Au Citoyen Cajetan (Ignace?) Bonavita

La Commission de Gouvernement connaissant tout ce que votre coeur paternel a souffert par la perte de celui de vos enfants à qui son ardent amour de la liberté a courageusement fait braver tous les dangers et qui en est mort victime, s'en est rappelée avec sensibilité en nommant son frère l'un des cinq Juges du Tribunal Civil, et elle aime ancore à s'en rappeler aujourd'hui en vous instituant Gardien et Archiviste du Dépôt Général des Chancelleries et Tribunaux Supprimés. Si votre âge avancé ne vous permet pas de consacrer tout le temps que pourra dans le principe exiger cet emploi, vous pourrez vous faire aider par celui de vos fils ou petits fils qui vous conviendra le mieux.

La Commission vous assure avec plaisir que le nom de

____

(1) Lettres écrites par la Commission de Gouvernement, pag. 118, (C. A. Office).

Bonavita lui sera toujours cher, et qu'elle le regardera comme synonime de patriotisme.

Salut et amitié
Le Président de la Commission
(Signé) BOSREDON RANSIJAT
Par le Président
Le Secrétaire Général
(Signé) DOUBLET.

* * *

Séance du 4 Brumaire an VII (1)
(25 Octobre 1798)

La Commission instruite que les frais de transport, des Archives des jurisdictions et tribunaux supprimés aux Archives du Gouvernement, formaient un objet de dépense considérable, a pris l'arrêté qui suit :

La Commission de Gouvernement considérant que tout l'invite dans les circonstances présentes à modérer plutôt qu'à augmenter les dépenses qui se prennent sur la Caisse;

Considérant que celles qu'occasionnent le transport des Archives des tribunaux et jurisdictions supprimés aux Archives Générales du Gouvernement seraient considérables à la fin de chaque mois,

Ouï le Commissaire du Gouvernement français

Arrête :

Il est enjoint au Citoyen Bonavita, Archiviste du Gouvernement, de suspendre provisoirement le transport des Archives des Jurisdictions et Tribunaux supprimés.

Pendant le temps que durera cette suspension provisoire les actuaires ou Archivistes de ces Jurisdictions ou Tribunaux supprimés pourront délivrer les expéditions qui leur seront demandées.

Le Président
(Signé) BOSREDON RANSIJAT.

* * *

Séance du 10 Germinal, an VII (2).
(30 Mars 1799)

Le Sous-directeur d'Artillerie écrit à la Commission pour

---

(1) Régistre des Délibérations de la Commission de Gouvernement, Tome III, pag. 190 (C. A. Office).

(2) Régistre des Délibérations de la Commission de Gouvernement, Tome III, pag. 522 (C. A. Office).

lui demander tous les papiers inutiles pour continuer l'approvisionnement.

La Commission répond qu'elle a déjà donné les ordres nécessaires à cet effet, de la manière suivante:

La Commission de Gouvernement a reçu votre lettre de ce matin, Citoyen, et Elle a déja donné ses ordres pour que les papiers inutiles des ses Archives vous soient remis.

****

A la Cité de Malte le 6 Prairial de l'an VII (1).
(28 Juin 1799).

Au Citoyen Noblot Comdt. du Canton de l'Est.

Le Général nous ayant invités, Citoyen, à mettre en sureté tous les papiers des Archives qui se trouvoient dans le ci-devant Palais de l'Inquisition, que vous occupez aujourd'hui, la Commission a chargé l'Archiviste national, qui vous remettra une lettre du Général, de faire transporter ici tous ces papiers. Nous vous invitons à lui en faciliter les moyens, en tout ce qui dépendra de vous.

Salut et fraternité.
Le Président de la Commission
(Signé) BOSREDON RANSIJAT.
Le Secrétaire Général
(Signé) BREUVART.

***

Séance du 27 Thermidor an VII (2).
(14 Août 1799)

La Commission, vû le mémoire des dépenses faites par le Citoyen Cajetan (Ignace?) Bonavita Archiviste National, montant à Sc. 8. 5. 15 pour transport des papiers des Archives qui se trouvaient dans le ci-devant Palais de l'Inquisition jusqu'à la maison de l'ex-assesseur de la dite Inquisition :

Arrête :

Le Citoyen Sant Trésorier du Gouvernement, payera au Citoyen Cajetan (Ignace?) Bonavita, la somme de Sc: 8. 5. 15.

Le Président
(Signé) BOSREDON RANSIJAT.

----

(1) Lettres écrites par la Commission de Gouvernement, pag. 355 (C. A. Office).

(2) Régistre des Ordonnances arrêtées par la Commission de Gouvernement, pour les payemens à faire par son Trésorier, Tome I, pag. 119 (C. A. Office).

Documents et Arrêtés concernants
la destruction des armoiries dans les Isles
de Malte et du Goze.

Séance du 7 Messidor au matin de l'an VI (1).
(25 Juin 1798).

On a autorisé le Trésorier Sant à payer au Citoyen Capo-Maître Antonio Cachia 385 écus et 3 tarins, pour le travail des ouvriers employés à la destruction de toutes les armoiries dans Malte d'après les ordres du Général en Chef Bonaparte.

***

Séance du onze Messidor au matin an VI, (2)

La Commission de Gouvernement, après avoir ouï le rapport du Citoyen Astor l'un de ses membres, sur diverses demandes en payment à faire par le Citoyen Sant, Trésorier du Gouvernement, qui sont les suivantes :—

. . . .

Au Citoyen Michel Spiteri pour effacer toutes les armoiries qui se trouvaient dans les Salles et Bureaux du cy-devant Commun Trésor (3) quarante trois écus et quatre tarins (Sc: 43. 4.)

***

Séance du 13 Messidor au matin an VI, (4)
(1 Juillet 1798).

Le Commissaire du Gouvernement a fait part d'un arrêté qu'il a pris pour faire disparaître partout les restes du régime féodal et en a requis l'enregistrement au procès verbal, l'impression et l'envoy aux Municipalités.

Il est conçu en ces termes :

---

(1) Régistre des Ordonnances arrêtées par la Commission de Gouvernement, pour les payemens à faire par son Trésorier, Tome I, page 2 (C. A. Office).

(2) Régistre des Délibérations de la Commission du Gouvernement, etc.. Tome I, pag. 123 (Ms. No. 6523 Archives de l'Ordre de St. Jean de Jérusalem).

(3) Aujourd'hui le cercle "Casino Maltese".

(4) Ibid., pag. 132.

Le Commissaire du Gouvernement Français aux Isles de Malte et du Goze:

Considérant qu'il importe de faire disparaître de ces deux Isles, toutes les traces et emblèmes de l'ancien Gouvernement féodal, dont les Maltais sont heureusement délivrés, et d'y substituer l'étendard de la Liberté, et les couleurs de la République Française.

Arrête :

Art: 1. Les Armes, en peinture ou en relief dans les lieux où elles n'ont pas été encore effacées, les couronnes dans les lieux, où l'on a effacé seulement les armes, les fleurs de lys, enfin tous les signes de Blason, de féodalité, ou autres de même nature seront effacés dans trois jours de tous les édifices publics et de toutes les maisons particulières, tant à l'intérieur qu'à l'extérieur.

Art: 2. Ce travail se fera aux frais du Gouvernement dans les édifices publics qui sont à sa charge et aux frais des corps, communautés ou Couvents, des particuliers, et dans les maisons qui leur appartiennent.

Art: 3. Dans tous les établissements publics, à la porte du lieu des séances de toutes les autorités constituées, il sera placé un Drapeau Tricolore, surmonté d'un bonnêt de la Liberté aussi Tricolore.

Art: 4. Il sera également placé un Drapeau Tricolore dans les Eglises épiscopales, parroissiales, conventuelles, et dans celles de toutes les maisons, hospices, ou Séminaires.

Art: 5. À défaut d'éxécution du présent dans le délai fixé de trois jours: Il sera prononcé contre le Président des autorités constituées, les chefs des établissements publics, et chefs des Eglises une amende de cinquante écus de Malte, au profit des pauvres, sans préjudice de plus grande peine, en cas d'un nouveau rétard.

Art: 6. Ce travail s'effectuera dans les lieux et monuments publics, de manière à ce que les sculptures, peintures etc. ne soient point endommagées, et en cas de difficultés, de réunir la conservation des ouvrages précieux avec l'exécution du présent, on en rendra compte à la Commission qui déterminera le moyen de concilier les droits du génie des actes avec ceux du génie de la Liberté.

Art: 7. Le présent arrêté sera déposé sur le Bureau de la Commission de Gouvernement, pour être imprimé et affiché dans les Isles de Malte et du Goze et communiqué au Général de Division Vaubois.

(Signé) REGNAUD DE ST. JEAN D'ANGELY.

Séance du 28 Messidor de l'an VI au matin (1).
(16 Juillet 1798).

Au Citoyen Antoine Cachia Architecte des bâtiments nationaux pour les ouvriers employés à la destruction des armoiries qui étaient restées sur ces bâtiments, selon les états signés de lui le 13 et 14 Juillet............Sc: 57-9-6

* * *

Séance du 3 Thermidor de l'an VI (2).
(21 Juillet 1798).

Au Citoyen Antoine Cachia Architecte des biens nation-aux pour avoir fait effacer les armoiries dans l'intérieur des maisons appartenant à l'État............Sc: 136-11-18.

* * *

A la Cité de Malte le 5 Thermidor de l'an VI de la République (23 Juillet 1798) (3).

À la Municipalité de la Cité du Goze

La Commission a reçu Citoyens, successivement et la lettre des Jurats du Goze............et les vôtres du 11, 12, 19, 20 et 21 Juillet.

.........Sur celle du 12 Juillet qui exprime combien votre Municipalité a été sensible à la justice que la Commission a rendue au Peuple du Goze en dotant une jeune fille du pays pour la fête Nationale du 14 Juillet, et demande:

1. si au lieu des *armes de l'ancien Gouvernement* qui se trouvaient sur les édifices de votre Municipalité et sur d'autres établissements publics, on ne pourrait pas mettre celles de la République française; 2. Si l'on peut laisser subsister *les armes des Evêques* qui sont sculptées dans l'intérieur de l'Eglise et gravées sur les lampes, chandeliers, cloches, auxquelles le quartier de celles de l'ex-Ordre a déjà été effacé. 3. Enfin si l'on peut aussi laisser subsister l'écu simple aux armes du Goze qui se trouve sur beaucoup d'édifices publics.

La Commission vous répond concernant ces trois articles, que vous devez strictement vous conformer à l'arrêté que

---

(1) Régistre des Ordonnances arrêtées par la Commission de Gouvernement, pour les payemens à faire par son Trésorier, Tome I, pag. 20 (C. A. Office).

(2) Ibid., Tome I. pag. 23

(3) Lettres écrites par la Commission de Gouvernement, pag. 96 (C. A. Office).

le Commissaire et la Commission du Gouvernement ont pris ensemble à ce sujet et qui vous a été transmis.

Salut et amitié
Le Président de la Commission
(Signé) Bosredon Ransijat.

** *

À la Cité de Malte le 10 Thermidor an VI (1).
(28 Juillet 1798).
Au Citoyen Regnaud de St. Jean d'Angely, Commissaire du Gouvernement Français.

La Commission a reçu, Citoyen Commissaire, vos deux lettres, l'une qui nous apprend qu'il existe encore des *signes de féodalité* dans diverses parties de cette ville, l'autre qui nous invite a ne point accorder de logements aux officiers de Chasseurs.

La Municipalité à qui il en a été remis copie est chargée de veiller à ce que les premiers disparaissent promptement, et à ce que les logements déjà accordés aux seconds leurs soient retirés.

Salut et fraternité.
Le Président de la Commission
(Signé) Bosredon Ransijat
Par le Président
Le Secrétaire Général
(Signé) Doublet.

** *

À la Cité de Malte le 10 Thermidor de l'an VI de la République (2).
À la Municipalité de l'Ouest.

Le Commissaire du Gouvernement vient de nous écrire la lettre dont vous avez la copie cy-jointe, et dans laquelle il se plaint, comme vous le verrez, que les *signes de la féodalité* existent encore dans différents endroits de votre arrondissement. Indépendamment de ceux dont il parle dans sa lettre, il en est d'autres qui sont ou sur des balcons, ou sculptés sur les pierres servant de support à ces mêmes balcons.

---

(1) Lettres écrites par la Commission de Gouvernement, pag. 126 (C. A. Office)

(2) Lettres écrites par la Commission de Gouvernement pag. 126 (C. A. Office.)

La Commission vous invite, Citoyens, à charger quelqu'un d'entre vous de faire une visite à cet égard.

Le Président de la Commission

(Signé) BOSREDON RANSIJAT

Par le Président

Le Secrétaire Général

(Signé) DOUBLET.

P.S. La Commission de Gouvernement vous recommande particulièrement le Théatre, et les armes que l'Evêque a conservées sur sa porte et qui se trouvent d'après ses ordres ou son exemple sur les portes des Eglises ou des Couvents. Il ne doit rester aucune.

* * *

Séance du 14 Thermidor de l'an VI (1).
(1 Août 1798).

Au Capo-Maître Antoine Cachia pour détruire les armoiries sur différentes maisons et églises nationales et forteresses, ainsi qu'il est porté dans sa note du 28 Juillet (v. st.) sc: 85-5-13.

* * *

Séance du 20 Thermidor de l'an VI (2).
(7 Août 1798).

Au Citoyen Antoine Cachia pour démolition des armoiries sur différentes maisons nationales selon son compte du 4 Août présent mois (v. st.) cent trente cinq écus, un tarins, et cinq grains............Sc: 135-1-5.

* * *

Séance du 3 Fructidor de l'an VI (3).
(20 Août 1798).

Au Citoyen Antoine Cachia pour démolition d'armoiries, selon sa note signée de lui le 11 Août (v. st.)......Sc: 109:11-12.

* * *

Séance du 3 Fructidor an VI (4).

Au Citoyen Antoine Cachia pour démolition d'armoiries

---

(1) Régistre des Ordonnances arrêtées par la Commission de Gouvernement, pour les payemens à faire par son Trésorier, Tome I, pag. 26 (C. A. Office).
(2) Ibid, Tome I, pag. 28.
(3) Ibid, Tome I, pag. 34.
(4) Ibid. Tome III, pag. 2.

selon sa note signée de lui le 11 Août (v. st.) cent neuf écus onze tarins et 12 grains............Sc: 109-11-12.

*
* *

Séance du 3 Fructidor an VI (1).

Au Citoyen Antoine Cachia pour continuation de son travail à démolir les armes sur les maisons nationales et édifices publics selon sa note signée de lui le 18 Août 1798 (v. st.) soixante quatre écus, neuf tarins, dix grains......... Sc: 64-9-10.

*
* *

Séance du 6 et 7 Vendemiaire an VII (2).
(27 et 28 Septembre 1798).

Au Citoyen Antoine Cachia pour la démolition des Armoiries de la Maison Nationale appellée Pinto et Pereira un écus, et sept tarins.........Sc: 1-7.

Documents et Arrêtés concernants la Bibliothèque Nationale.

Séance du 27 Prairial au matin, an VI (3).
(15 Juin 1798)

Le Citoyen Navarro Bibliothécaire de la bibliothèque du cy-devant Ordre de Malte a écrit au Citoyen Président de la Commission de Gouvernement pour lui demander un ordre positif qui autorise le dit Citoyen Bonnet à assister son père unique gardien de cette bibliothèque et d'un âge trop avancé pour faire seul le service.

---

(1) Régistre des Délibérations de la Commission de Gouvernement, Tome III, pag. 38 (C. A. Office).
(2) Ibid. Tome III, pag, 136.
(3) Archives de l'Ordre Ms: No. 6523: Régistre des Délibérations de la Commission de Gouvernement, Tome I, pag. 16.

On a délibéré d'accorder provisoirement au Cit. Bonnet cette autorisation qui lui a été formellement expédiée dans les termes suivants:

La Commission de Gouvernement arrête:—Que le Citoyen Bonnet est établi provisoirement gardien de la Bibliothèque Nationale de Malte et que le présent arrêté sera communiqué à la Commission des Domaines Nationaux. A Malte le 27 Prairial an VI de la République Française.

(Signé) BOSREDON RANSIJAT
Président, et
Le Secrétaire Général
(Signé) DOUBLET.

*
* *

Séance du 11 Fructidor an VI (1).
(28 Août 1798).

La Commission a reçu une lettre du Commissaire du Gouvernement français relative au changement du local de la Bibliothèque Nationale conçue comme il suit :

A requis la Commission de Gouvernement d'arrêter.

Art: 1er. La Bibliothèque Nationale sera transférée sans délai dans le local qui lui avait été destiné.

Art: 2e. Ce local sera mis en état le plutôt possible: l'ingénieur en chef des Bâtiments Civils, en dirigera et activera les travaux, et ils seront payés sur les 3000. Sc: affectés par le Général en Chef au matériel de l'École Centrale.

Art: 3e. La Maison actuellement occupée par la Bibliothèque sera remise à la Commission des Domaines Nationaux.

Art: 4e. Le présent arrêté serà envoyé au Bibliothécaire pour qu'il dispose le transport des livres, et seconde l'expédition du travail.

Le Commissaire du Gouvernement
(Signé) REGNAUD DE ST. JEAN D'ANGELY.

*
* *

Séance du 15 Prairial an VIII (2).
(4 Juin 1800)

La Commission considérant que malgré la stricte économie avec la quelle le Citoyen Navarro Bibliothécaire de la Biblio-

---

(1) Régistre des Délibérations de la Commission de Gouvernement, Tome III, pag. 36 (C. A. Office).

(2) Ibid. Tome V, pag. 86.

thèque publique a dirigé jusqu'ici les dépenses de ce Dépôt Littéraire, les fonds destinés à son entretien se trouvent épuisés depuis plusieurs mois.

Arrête : —

Que le dit Citoyen Navarro continuera jusqu'à la termination de la crise où nous nous trouvons de faire face aux dites dépenses en procédant ainsi qu'il l'a déjà fait (d'après notre autorisation verbale) *à la vente de certaines médailles* d'or ou d'argent des plus modernes et par conséquent des moins précieuses à conserver.

Documents et Arrêtés concernants le Palais du Grand Maître, les Auberges, les Jardins et les Logements des Chevaliers de Malte.

Séance du 27 Prairial au soir, an VI (1)
(15 Juin 1798)

. . . .

La Commission a écrit au Chef de poste du Palais du cy-devant Grand Maître, pour lui ordonner de ne rien laisser sortir de ce Palais, sans une permission exprèsse et spécifiée de la Commission de Gouvernement. La lettre est de la teneur qui suit : —

· Il est ordonné au Chef de poste du Palais du Grand Maître de ne rien laisser sortir de ce Palais soit meubles, effets, ou argenterie, sans la permission exprèsse et spécifiée par écrit de la Commission de Gouvernement des Isles de Malte et du Goze.

Fait à la Commission de Gouvernement à la Cité Valette le 27 Prairial an 6.

Pour la Commission de Gouvernement
(Signé) DAUREL
Le Secrétaire Général
(Signé) DOUBLET.

Vu par moi
Commissaire du Gouvernement
(Signé) REGNAUD DE ST. JEAN D'ANGELY.

---

(1) Archives de l'Ordre, Ms. No. 6523—Régistre des Délibérations de la Commission de Gouvernement, Tome I. pag. 19.

Séance du 30 Prairial au matin (1)
(18 Juin 1798)

On a écrit une lettre au Général Vaubois pour l'inviter
à donner les ordres nécessaires au Chef de poste du Palais
pour la sortie d'une table et des sièges de la Secrétairerie de
France du cy-devant Grand Maître pour le service des bureaux
de la Commission.

* * *

Séance du 1 Messidor an VI au matin (2)
(19 Juin 1798)

Le Général Commandant en Chef, Vaubois, est venu conférer avec la Commission sur l'ordre donné par le Général en
Chef Bonaparte de destiner aux principaux officiers généraux qui restent à Malte des logements en Ville et des Jardins,
et il a été arrêté et signé par le susdit Général Vaubois une
note des officiers à qui ces logements et jardins seroient accordés. Le même Général a fait part à la Commission par
écrit, qu'il transférait son habitation dans le Palais du Grand
Maître; il a en même temps donné note des effets nécessaires
à son ammeublement, et demandé que la Municipalité fut
chargée d'y pourvoir. La Commission adhérant à la demande
de ce Général, a sur le champ donné à la Municipalité
l'autorisation nécessaire.

Elle a ensuite pris un arrêté pour ordonner au Citoyen
Pascal Guido de donner dans le cy-devant Palais de l'Auberge
Anglo-Bavaroise un logement au rez de chaussé aux Citoyens
Français:

> *Robert* Médecin de première Classe
> *Kanyales,* idem.
> *Seguier* Chirurgien de 3me Classe
> *Seguier* Pharmacien de 3me Classe

et de rendre compte de l'exécution du présent ordre.

La Commission a ordonné: "que les Citoyens le Médecin
Dimech, le Médecin Grech, Emmanuel Lhote et Jean François
Gauci prendront dès aujourd'hui provisoirement l'administra-
tion du grand hôpital de cette Cité Valette: ils recevront en

____

(1) Ms: No. 6523 Archives de l'Ordre—Régistre des Délibérations de la Commission de Gouvernement, Tome I, pag. 24.

(2) Ibid. Tome I., pag. 29.

conséquence la consigne de toute l'argenterie et de tous les effets et meubles quelconques qui appartiennent et dépendent de cet hôpital, ils en feront dresser inventaire et en remettront le plutôt possible un expédition authentique à la Commission de Gouvernement; et que de plus ils pourvoiront au remplacement des écuelles qui ont été enlevées et qui pourraient être nécessaires aux malades et à toute autre chose dont ils auraient besoin.

* * *

Séance du 1er. Messidor au soir, an VI (1)

(19 Juin 1798)

La Commission a reçu une lettre du Citoyen d'Hennezel Général d'Artillerie qui demande le jardin dont jouissait à la Floriane le cy-devant Bailli Camille de Rohan.

Elle a repondu à ce Général qu'Elle prendrait sa demande en considération aussitôt que le Commissaire du Gouvernement serait rétabli de sa maladie.

Elle a autorisé les Jurats de l'Université à se servir des lits, matelats et linceuls neufs qui se trouveraient à l'hôpital de la Casette, pour le service des officiers français.

. . . .

On a délibéré d'attendre la guérison du Commissaire de la République Française pour accorder des logements aux officiers de l'Armée.

On a autorisé le Médecin Grech à loger le Citoyen Robert chez le Linger de l'hôpital.

Le Citoyen Guido a rendu compte que la maison dans laquelle demeurait le cy-devant Bailli Zarzana a été consignée au Général Dejean.

* * *

Séance du 2 Messidor an VI au soir (2).

(20 Juin 1798)

On a écrit au Général Vaubois pour l'inviter à donner les ordres pour la libre sortie des effets appartenants aux Espa-

---

(1) Ms. No. 6523, Archives de l'Ordre—Régistre des Délibérations de la Commission de Gouvernement, Tome I, pag. 39, 40 et 41.

(2) Ibid. Tome I, pag. 41.

gnols du cy-devant Ordre de Malte, pour les transporter à bord du bâtiment sur le quel ils doivent s'embarquer.

....

Elle (La Commission) a mis les écuries et la remise de la maison nationale occupée par le cy-devant Bailli Souza à la disposition du Citoyen Regnaud de Saint Jean d'Angely Commissaire du Gouvernement français à Malte (1)

....

La Commission a déclaré que le Jardin situé à la Floriane donné au cy-devant Chevalier Vincent de la Houssaye à titre de *spazio publico*, est sa proprieté personelle (2).

* * *

Séance du 3 Messidor au matin (3)
(21 Juin 1798.)

—

....

La Commission a autorisé:
.... (4) Le Citoyen Guido à loger deux officiers supérieurs l'un chez le Citoyen Assenza, et l'autre dans la Maison du cy-devant Commandeur Fernandez. Ces deux officiers sont les Citoyens Dupeyron et La Rose.

* * *

Séance du 5 Messidor au soir (4)
(23 Juin 1798)

—

....

Deux Deputés de la Municipalité de l'Ouest sont venus faire part de l'embarras où elle se trouve par l'impossibilité de fournir aux réquisitions sans cesse renaissantes que font les officiers de l'Armée non seulement de logements, mais encore de meubles, linge de table, batterie de cuisine, vaisselle, couverts, etc.

La Commission leur a répondu qu'Elle prendrait la chose en considération lorsqu'elle pourrait en délibérer avec le Commissaire du Gouvernement, mais qu'en attendant elle

---

(1) Ms. No 6523, Archives de l'Ordre—Régistre des Délibérations de la Commission de Gouvernement, Tome I, pag. 43.
(2) Ibid. Tome I, pag. 43
(3) Ibid. Tome I, pag. 44
(4) Ibid. Tome I, pag. 71

l'invitait à y pourvoir de leur manière possible, en se conformant aux articles de l'instruction provisoire qui lui a été donnée et qui sont relatifs à cet objet.

* * *

Séance du 6 Messidor an VI au matin (1)
(24 Juin 1798)

La Municipalité de l'Ouest s'est présentée toute entière et a d'abord remis sur le Bureau, une pétition qui venait de lui être adressée au nom de tout le peuple Maltais pour demander que les officiers français ne fussent pas logés chez les particuliers, mais dans les Maisons Nationales vacantes.

. . . .

Enfin sur la pétition relative aux logements des officiers, le Commissaire du Gouvernement a sérieusement déclaré à la Municipalité de l'Ouest, et à la Commission de Gouvernement qu'il fallait : ou loger les officiers chez les Citoyens, ou bien leur fournir promptement des logements où ils puissent trouver tout ce qui leur était nécessaire.

Le Commissaire du Gouvernement voyant malgré cela et la Municipalité et la plupart des Membres de la Commission demander instamment que la pétition Nationale fut prise en considération, il a proposé à la Commission d'en écrire au Général Vaubois, en ajoutant qu'il lui écrirait de son côté. Ce sentiment a été unanimement adopté, et les lettres ont été écrites.

* * *

Séance du 8 Messidor au matin de l'an VI (2)
(26 Juin 1798)

La Municipalité de l'Ouest est venue demander des fonds pour faire subvenir aux dépenses qu'elles a faites et continue de faire pour loger et ammeubler des officiers de l'Armée dans son arrondissement, et il a été pris l'arrêté suivant :

La Commission considérant qu'il est urgent que la Municipalité de l'Ouest ait à sa disposition des fonds nécessaires

---

(1) Ms. No, 6523, Archives de l'Ordre—Régistre des Délibérations de la Commission de Gouvernement, Tome. I, pag. 75 et 76.

(2) Ibid. Tome I, pag. 88.

pour plusieurs objets de dépense dont elle est chargée notamment pour meubler les Officiers Généraux de l'Armée:

Ordonne que le Trésorier du Gouvernement tiendra à la disposition de la dite Municipalité la somme de mille écus, de l'emploi de la quelle elle rendra compte.

Le Président de la Commission
(Signé) BOSREDON RANSIJAT.
Par le Président
Le Secrétaire Général
(Signé) DOUBLET.

* * *

Séance du 9 Messidor an VI au matin (1)
(27 Juin 1798)

Il (le Général Vaubois) est venu à la Séance pour conférer sur les fournitures en lits et meubles dont les troupes et les officiers de la garnison ont besoin, pour être casernés et ne pas loger chez les Citoyens. Les calculs approximatifs qu'on a faits de ce que couteraient ces fournitures, ont été portés jusqu'à cent mille écus, mais on s'est flatté de voir cette somme exhorbitante pour le pays se réduire de beaucoup lorsqu'on aura pu en venir à des résultats positifs.

* * *

Séance du 10 Messidor an VI au matin (2)
(28 Juin 1798)

Le Général Chanez a envoyé de nouveau la liste des effets du linge de table et des utensiles qui lui sont nécessaires.

Un autre officier a fait une semblable demande au nom de 12 autres officiers.

Ces deux demandes ont été renvoyées au Commissaire du Gouvernement qui n'était pas à la Séance.

. . . .

La Municipalité de l'Est a écrit pour demander 500 écus à l'effet de pouvoir payer les dépenses qu'elle a déjà faites pour le logement et ammeublement des officiers de l'Armée qui sont dans son arrondissement, et il a été pris l'arrêté suivant:

------

(1) Ms. No. 6523, Archives de l'Ordre—Régistre des Délibérations de la Commission de Gouvernement, Tome I, pag. 101.

(2) Ibid. Tome I, pag. 115. et 116.

La Commission de Gouvernement après avoir pris lecture de la lettre que lui a écrite aujourd'hui la Municipalité de l'Est, pour demander cinq cents écus dont elle a besoin pour dépenses déjà faites et pour celles qui se font journellement pour fournir et mettre en état de servir les lits, chaises et autres objets utiles aux officiers de l'Armée logés dans le fort St. Ange et dans l'arrondissement de cette Municipalité, et avoir entendu le Commissaire du Gouvernement français :

Arrête :

Le Trésorier du Gouvernement, Citoyen Sant est chargé de tenir la dite somme de cinq cents écus à la disposition de la susdite Municipalité.

Le Président de la Commission
(Signé) BOSREDON RANSIJAT
Par le Président
Le Secrétaire Général
(Signé) DOUBLET.

* * *

Séance du onze Messidor an VI au matin (2)

(29 Juin 1798)

La Commission après avoir entendu le Commissaire du Gouvernement.

Arrête :

Le Citoyen Sant Trésorier du Gouvernement est autorisé à faire les susdits payemens, respectivement à ceux qui lui en présenteront le Bon signé du Président et du Secrétaire Général de la Commission (en outre) au Citoyen Pascal Guido qui chargé par la Commission de Gouvernement de pourvoir à toutes les dépenses relatives au complément de l'ammeublement, des effets, utensiles etc. nécessaires au Citoyen Regnaud de St. Jean d'Angely Commissaire du Gouvernement, présente à cet égard les comptes des divers marchands et ouvriers dont il s'est servi. Il en résulte que la totalité de ces dépenses, se monte à la somme de quatre cent dixhuit écus et neuf tarins, qui doit lui être payée par le susdit Trésorier Sant.

Le Président de la Commission
(Signé) BOSREDON RANSIJAT
Par le Président
Le Secrétaire Général
(Signé) DOUBLET.

---

(1) Ms. No. 6523, Archives de l'Ordre—Régistre des Délibérations de la Commission de Gouvernement, Tome I, pag. 123.

Séance du 13 Messidor au matin an VI (1)
(1 Juillet 1798)

La Municipalité de l'Est écrit à la Commission pour l'informer qu'ils ont jusqu'à présent fourni aux demandes du Commandant de la Place de son arrondissement et de celui du fort St. Ange; mais que la continuation de ces fournitures les mettant dans l'imbarras, ils ont besoin d'une décision de la Commission pour leur servir de règle.

La Commission lui a répondu qu'il serait nécessaire de faire signer par le Général Vaubois les états de fournitures qu'on leur demande, de tenir des régistres à cet égard, et même d'exiger des reçus des officiers qui réclament les dites fournitures.

* * *

Séance du 17 Messidor an VI, au matin (2).
(5 Juillet 1798)

Extrait d'une lettre du Général Vaubois à la Commission du Gouvernement de 17 Messidor an VI.

Les Musiciens de la Ville demandent une salle à l'Auberge de Provence pour donner des Concerts; je n'y vois aucune difficulté, il faut procurer des plaisirs et des moyens d'existence.

Ne pourroit on pas loger les officiers de Chasseurs qui n'ont pas leur famille ici, dans une auberge pour leur épargner par conséquent les frais de logement, bien entendu qu'ils se fourniroient leurs meubles.

* * *

Séance du 18 Messidor, au matin, an VI (3)
(6 Juillet 1798)

Il a été faite lecture d'une lettre de la Municipalité de l'Ouest datée d'hier qui propose de loger les officiers de l'Armée dans le cy-devant auberges d'Italie, d'Arragon etc.

La Commission a écrit à la Commission de biens nationaux pour l'inviter à venir demain conférer avec elle sur cet objet.

---

(1) Ms. No. 6523-Archives de l'Ordre. Régistre des Délibération de la Commission de Gouvernement, Tome I. pag. 131.

(2) Régistre des Délibérations de la Commission de Gouvernement, Tome II, pag. 4. (C. A. Office).

(3) Ibid. Tome II, pag. 17.

Séance du 19 Messidor de l'an VI, au matin (1).

(7 Juillet 1798)

On a écrit différentes lettres au Général Vaubois en réponse à la sienne du 18 Messidor.

. . . .

La 2e. pour lui dire qu'elle ne voit d'inconvénient à ce que les musiciens de la Ville donnent des Concerts à l'ex-Auberge de Provence, en s'entendant pour cela avec l'administration des biens nationaux.

La 3e. pour lui observer l'impossibilité de fournir des logements aux officiers de Chasseurs maltais, vu la peine qu'on avait à en procurer aux français.

* * *

Séance du 2 Thermidor an VI au matin (2)

(20 Juillet 1798)

La Municipalité de l'Ouest a écrit pour demander qu'il soit mis quelques ex-auberges pour y loger les officiers.

La Commission a pris sur cette demande l'arrêté suivant :

"La Commission de Gouvernement délibérant sur la demande de la Municipalité de l'Ouest pour qu'il soit mis à sa disposition les bâtiments des ex-Auberges des Langues pour y loger les officiers de l'Armée.

Après avoir ouï le Commissaire du Gouvernement Français
    Arrête :

La Commission des biens nationaux est invitée par celle du Gouvernement à remettre à la susdicte Municipalité celles des susdictes auberges qui seront disponibles.

Le Président
(Signé)—Bosredon Ransijat.

* * *

Le 3 Thermidor an VI (3).

(21 Juillet 1798)

Au Commissaire du Gouvernement.

Nous vous informons, Citoyen Commissaire, que des Of-

---

(1) Régistre des Délibérations de la Commission de Gouvernement, Tome II, pag. 30. (C. A. Office).

(2) Ibid. Tome II, pag. 208.

(3) Ms: No. 527—Bibliothèque Publique de Malte.

ficiers de la garnison ayant été logés au premier étage de l'hôtel de Bavière, ont à leur service un nommé Joseph Spintler, Allemand, ci devant bouteiller à la même Auberge. Il a été disposé d'une partie de mobilier, batterie de cuisine, linge de table etc., pour l'usage de quelques personnes employés en première ligne, au service public, comme le Général Dentzel et autres.

Spintler a vu de mauvais oeil de garnir cette maison où sans doute il se proposoit de faire des profits. Il se mit à vendre tous ce qu'il a pu comme bois de chauffage, poutres, rideaux et portières de taffetas, une fontaine de cuivre de valeur, la boiserie démontée d'une grande Chapelle etc. le tout à très vil prix; il est dans la disposition de vendre encore le reste, il a menacé, avec un coûteau, le Donat qui lui refusoit des clefs qu'il demandoit, et l'a contraint par la crainte qui lui a inspiré, aller chercher asile pendant la nuit avec sa famille, dans une autre maison.

Les officiers qui employent à leur service à Spintler sont les Citoyens Rousseul et Serrade.

Un de nous va se transporter à l'Auberge de Bavière pour faire inventaire de ce qui reste, mais il faut pour cela que les pièces occupées par ces officiers soient ouvertes; il faut donc qu'un ordre du Général les oblige de se tenir chez-eux demain à dix heures de matin ou qu'ils y laissent quelqu'un qui tienne les lieux ouverts.

Il faudroit de plus que Spintler 'dut rendre compte de ce qu'il vendu et que les particuliers qui ont acheté de lui à vil prix fussent contraints de rendre ce qu'ils ont acheté. Il seroit peut être utile que ce compte fut rendu à la justice elle même qui recevroit les déclarations du Donat et autres personnes sur les effets vendus.

Si vous approuvez ce parti, vous aurez la bonté d'en faire la dénonciation; si vous en indiquez un mellieur nous nous empresserons de le suivre.

***

Séance du 19 Thermidor an VI (1)
(6 Août 1798)

———

. . . .

7. La Commission de Gouvernement a écrit aux Municipalités de l'Ouest et de l'Est de cetteVille pour leur demander

——— ——

(1) Régistre des Délibérations de la Commission de Gouvernement, Tome II, pag. 352 (C.A. Office)

un état détaillé des meubles fournis aux officiers, tant de ceux appartenant à des particuliers, des nations en guerre avec la France que de ceux qu'elles se sont procurés par des réquisitions et de justifier de l'employ qu'elles en ont fait, en lui rapportant les reçus de dits officiers.

*
* *

A la Cité de Malte le 6 Fructidor
de l'an VI de la République (1)
(23 Août 1798)

Au Citoyen Fay Ingénieur etc.

La Commission de Gouvernement vous autorise, Citoyen, de faire faire une persienne demandée par le Général Chanez pour être placée à une fenêtre de la partie du Palais National qu'il occupe.

Salut et fraternité
Le Président de la Commission
(Signé)—BOSREDON RANSIJAT.

Documents concernants la Liberté de la Presse, l'Imprimerie Nationale et "Le Journal de Malte.'

Séance du 8 Messidor au matin an VI (2).
(26 Juin 1798)

Plusieurs Citoyens ont réclamé la liberté de manifester leurs opinions par la voie de l'impression, et il a été pris l'arrêté suivant:

La Commission de Gouvernement délibérant sur la demande de plusieurs Citoyens qui désirent savoir s'ils peuvent faire publier leurs écrits par la voie de l'impression, et après avoir entendu le Commissaire du Gouvernement français

---

(1) Lettres écrites par la Commission etc., pag. 194. (C.A.Office)
(2) Ms: No. 6523. Archives de l'Ordre—Régistre de Délibérations de la Commission de Gouvernement. Tome I, pag. 87.

Arrête :

Tout Citoyen est libre de publier et de faire imprimer ses écrits. Mais il est tenu de les signer avant les remettre à l'imprimeur, qui dans le cas contraire sera responsable des inconvénients qui pourraient résulter de leur impression.

Le présent arrêté sera communiqué au Général Vaubois, et n'aura son effet qu'autant qu'il sera revêtu de son approbation.

Le Président de la Commission
(Signé)—Bosredon Ransijat
Par le Président
Le Secrétaire Général
(Signé)—Doublet.

* *

Séance du 9 Messidor an 6, au matin (1).
(27 Juin 1798)

———

Ce Général (Vaubois) a approuvé l'arrêté qui autorise les Citoyens à manifester leurs opinions par la voie de l'impression.

* *

....

La Commission a écrit à la Municipalité pour lui envoyer trois de ses arrêtés, le premier sur la liberté de la presse, le second relatif à la marche à suivre concernant les pétitions, le troisieme qui permet à tous les Maltais exilés pour leurs opinions politiques de rentrer dans leur patrie et de les faire imprimer, afficher et distribuer dans tous les cantons des deux Isles de Malte et du Goze (2).

* *

Séance du 12 Messidor an VI au matin (3).
(30 Juin 1728)

———

Le Directeur de l'Imprimerie Nationale a exposé qu'un grand nombre de Citoyens se sont présentés pour achêter les arrêtés de la Commission dont l'impression a été ordonnée. Il a demandé ce qu'il doit faire.

La Commission a pris l'arrêté suivant :

———

(1) Ms: No. 6523. Archives de l'Ordre—Régistre des Délibérations de la Commission de Gouvernement, Tome I, pag. 101.
(2) Ibid. Tome I, pag. 111.
(3) Ibid. Tome I, pag. 128.

La Commission de Gouvernement considérant qu'il est autant de l'intérêt public, que celui du Gouvernement que tous les citoyens puissent acquérir et conserver les arrêtés qu'elle prend continuellement pour le bien de la Patrie. Après avoir entendu le Commissaire du Gouvernement, arrête :

Le Directeur de l'Imprimerie Nationale est autorisé à vendre au Public les susdits arrêtés.

Le Président de la Commission
(Signé)—BOSREDON RANSIJAT.
Par le Président
Le Secrétaire Général
(Signé)—DOUBLET.

* * *

LIBERTÉ EGALITÉ

JOURNAL DE MALTE

———

FEUILLE NATIONALE

POLITIQUE, MORALE, COMMERCIALE ET LITTÉRAIRE

———

PROSPECTUS.

Malte, sous son ancien Gouvernement, ne pouvait avoir un journal politique.

Ce genre d'écrit, plus que tout autre, y devait être proscrit, et l'était en effet.

Malte devenu libre, doit jouir de tous les avantages d'une nation dont les chaînes sont rompues.

Le plus précieux de ces avantages est de pouvoir s'instruir et communiquer avec les autres peuples.

Un journal, confié à des mains pures et désintéressées, est la meilleur voie pour parvenir à ce but.

C'est celui qu'on se propose par l'établissement du *Journal de Malte.*

Il contiendra, les articles politiques appelés *Nouvelles*; les principales lois françaises; les arrêtés du Directoire Exécutif qui seront relatif à l'isle de Malte; ceux qui intéresseront le plus son commerce et son industrie, et les arrêtés que prendront le Général en Chef, les Généraux de Division, le Commissaire et la Commission de Gouvernement; les articles moraux qui concerneront l'instruction publique, etc.

JOURNAL DE MALTE

FEUILLE NATIONALE,
POLITIQUE, MORALE, COMMERCIALE ET LITTERAIRE.

PROSPECTUS.

MALTE, sous son ancien Gouvernement, ne pouvait avoir un Journal politique.

Ce genre d'écrit, plus que tout autre, y devait être proscrit, et l'était en effet.

Malte devenu libre, doit jouir de tous les avantages d'une nation dont les chaînes sont rompues.

Le plus précieux de ces avantages est de pouvoir s'instruire et communiquer avec les autres peuples.

Un Journal, confié à des mains pures et désintéressées, est la meilleure voie pour parvenir à ce but.

C'est celui qu'on se propose par l'établissement du Journal de Malte.

Il contiendra, les articles politiques appellés Nouvelles; les principales lois françaises; les arrêtés du Directoire exécutif qui seront relatif à l'Isle de Malte; ceux qui intéresseront le plus son commerce et son industrie, et les arrêtés que prendront le Général en chef, les Généraux de division, le Commissaire et la Commission de Gouvernement; les articles moraux qui concerneront l'instruction publique, &c.

Ce Journal paraîtra tous les huit ou quinze jours, selon l'abondance des matières.

Il sera du même format et composé avec les mêmes caracteres que ce prospectus.

Le prix de l'abonnement est

de	3 liv.	12 sols,	pour 3. mois.
de	7	4	pour 6. mois.
de	12		pour un an.
de		3	pour chaque feuille.

On s'abonne chez Massio Rizzo, Libraire de la bibliotheque Nationale à Malte.

MALTA rotto il suo antico Governo non poteva avere un Giornale politico.

Questa specie di scritti più d'ogni altro doveano vi essere proscritti, e l'erano in effetto.

Malta divenuta libera, deve godere di tutti i vantaggi di una Nazione che ha rotto le catene.

Il più prezioso di questi vantaggi è di potersi istruirsi, e comunicare cogl'altri Popoli.

La redazione d'un Giornale confidato a mani pure, e disinteressate è il miglior mezzo onde pervenire a questo scopo.

Si è ciò che si a in vista collo stabilimento del Giornale di Malta.

Che conterrà gl'articoli politici dette Notizie. Le leggi le più importanti della Francia. I Decreti del Direttorio Esecutivo relativi all'Isola di Malta, e quelli che più interressano il suo commercio. Gli Decreti che prendono il General in Capo il General di Divisione il Commissaria, e la Commissione del Governo. ec. Gl'articoli Morali che riguardano l'instruzione pubblica e tutto ciò in fine che può esser utile e piacevole ai Leggitori.

Questo Giornale uscirà ogni otto o quindici giorni secondo l'abbondanza delle materie.

Sarà dell'istessa forma e dell'istesso carattere che questo prospetto.

Il prezzo dell'Associazione è

de	3 Lira	12 Soldi	per 3. mesi.
de	7 Lire	4 Soldi	per 6. mesi.
de	12 Lire		per un anno.
de		3 Soldi	per ogni foglio.

L'Associazione si ricevono da Matteo Rizzo Librajo della biblioteca Nazionale in Malta.

Facsimile du Prospectus du *Journal* de Malte

(Bibliothèque Publique de Malte)

Ce journal paraîtra tous les huit ou quinze jours, selon l'abondance des matières.

Il sera du même format et composé avec les mêmes caractères que ce prospectus.

Le prix de l'abonnement est

de 3 liv. 12 sols.		pour 3 mois
de 7	4	pour 6 mois
de 12	—	pour un an
de —	3	pour chaque feuille.

On s'abonne chez Matteo Rizzo, Libraire de la Bibliothèque Nationale à Malte.

* * *

À la Cité de Malte le 18 Thermidor
de l'an VI (5 Août 1798) de la
République (1)

Au Citoyen Fay, Ingénieur des Ponts et Chaussées et des Bâtiments Civils.

La Commission vous envoye l'arrêté qu'elle vient de prendre pour ordonner le transport de l'Imprimerie Nationale, dans le local qu'occupaient la Chancellerie et la Congregation des Guerres de l'Ex-Ordre, et que vous étes chargé de mettre sans délai à exécution, en vous concertant pour cela avec le Directeur de cette Imprimerie.

Salut et estime
Le Président de la Commission
(Signé)—Bosredon Ransijat
Par le Président
Le Secrétaire Général
(Signé)—Doublet.

* * *

Séance du 19 Thermidor an VI (2).

(6 Août 1798)

———

....

5. La Commission de Gouvernement, considérant que le local qu'occupe actuellement l'Imprimerie Nationale devient insuffisant, à cause de l'augmentation du travail qui s'y fait et

---

(1) Lettres écrites par la Commission de Gouvernement, pag. 155 (C.A. Office).

(2) Régistre des Délibérations de la Commission de Gouvernement, Tome II, pag. 351-352—(C.A.Office).

qui nécessite le changement des circonstances a pris l'arrêté suivant :

L'Imprimerie Nationale sera incessamment transférée dans le local de l'Ancien Chancellerie et de la Congregation des Guerres du cy-devant Ordre de Malte.

Le Citoyen Fay Ingénieur des Ponts et Chaussées et des bâtiments civils a reçu l'ordre de mettre à exécution le présent arrêté avec le moins de frais possible.

Le Président
(Signé) BOSREDON RANSIJAT.

6. La Commission de Gouvernement écrit au Citoyen Fay Ingénieur de Ponts, Chaussées et Bâtiments civils et lui adresse l'arrêté qu'elle vient de prendre pour ordonner le transport de l'Imprimerie Nationale dans le local qu'occupaient la Chancellerie et la Congregation des Guerres de l'ex-Ordre et le charge de le mettre sans délai à exécution, en se concertant pour cela avec le Directeur de la susdite Imprimerie.

* * *

Séance du 22 Thermidor an VI (1).

(9 Août 1798)

Le Commissaire du Gouvernement français a remis à la Commission de Gouvernement deux feuilles du No. 3 du Journal de Malte, pour chaque Municipalité des Isle de Malte et du Goze. Le But de ce Journal étant de répandre l'instruction, les principes et le veritable esprit du Gouvernement dans la Ville et les campagnes. La Commission de Gouvernement, en adressant les susdites feuilles à toutes les Municipalités, leur a écrit à toutes pour les inviter à faire circuler ce journal et à le communiquer principalement aux amateurs, aux Bons Patriotes et aux gens instruits de leurs arrondissements respectifs.

* * *

Séance du 4 Fructidor au matin an VI (2)

(21 Août 1798)

La Commission de Gouvernement a fait passer à toutes les Municipalités des Iles de Malte et du Goze, une lettre circulaire par la quelle Elle leur dit qu'elle leur a envoyé

---

(1) Régistre des Délibérations de la Commission de Gouvernement, Tome II, pag. 375 (C. A. Office).

(2) Ibid. Tome III, pag. 9.

dernièrement deux exemplaires du No. 4 du *Journal de Malte*
et qu'elle leur en adresse aujourd'hui, deux du No. 5 avec
un exemplaire du prospectus qui explique les conditions auxquelles on peut s'y abonner, de même qu'une copie de la
lettre pastorale que le Citoyen Evêque de Malte a signée de
sa propre main, qui est dictée par un veritable esprit de
religion et d'amour du bien public, avec ordre d'en faire
faire la lecture au prône de toutes les églises paroissiales
de leur arrondissement en présence au moins d'un de leurs
membres.

* * *

À la Cité de Malte le 4 Fructidor an VI (1)
(21 Août 1798)

———

A toutes les Municipalités,

La Commission vous a dernièrement envoyé deux exemplaires du Nro. 4 du *Journal de Malte*. Elle vous en envoye
aujourd'hui deux du No. 5 avec un exemplaire du Prospectus
qui explique les conditions aux quelles on peut s'y abonner. .

Elle y ajoute un exemplaire de la lettre pastorale du
Citoyen Evêque de Malte, signée de sa propre main. Elle
est dictée par un veritable esprit de religion, et d'amour du
bien public.

Vous veillerez à ce qu'elle soit lue au prône de toutes
les églises paroissiales de votre arrondissement, et qu'un
de vos membres au moins assiste à cette lecture.

On ne saurait trop la faire connaître pour détruire le mauvais effet des impostures et des calomnies répandues par des
fanatiques ennemis de la tranquillité publique.

....

* * *

Séance du 13 Fructidor, an VI (2)
(29 Août 1798)

———

Le Commissaire du Gouvernement Français a requis la
Commission d'arrêter comme Règlement pour l'Imprimerie:

Article 1er. Il y aura un Directeur de l'Imprimerie Nationale aux appointements de 720 écus par an. Il tiendra les

———

(1) Lettre écrites par la Commission de Gouvernement, pag. 191
(C. A. Office).

(2) Régistre des Délibérations de la Commission de Gouvernement, Tome III, pag. 41 (C. A. Office).

comptes, fera les recettes, les dépenses autorisées par la Commission de Gouvernement et quand il aura des fonds en Caisse, il payera les ouvriers; autrement il recourira à la Commission pour qu'elle y supplie.

Art. 2. Il recevra toutes les demandes qu'on lui fera pour imprimer, mais il ne fera aucun travail sans l'autorisation d'un membre de la Commission déléguée pour surveiller l'imprimerie. Ce membre est le Citoyen Frendo.

·*Art. 3e.* Tout ce qui sera relatif au service militaire ou de la Marine sera imprimé sur l'ordre des Ordonnateurs de ces Services, et payé par eux sur leurs fonds respectifs.

Art. 4e. Ce qui sera imprimé par ordre du général de Division formera un compte à part, et le général sera invité à le faire acquitter sur les fonds de la guerre à sa disposition, pour que l'établissement puisse se soutenir.

Art. 5e. Ce qui s'imprimera par ordre du Commissaire du gouvernement et de la Commission sera payé par la Caisse du gouvernement. Ce qui s'imprimera pour les Domaines Nationaux sera payé par leur Caisse.

Art. 6e. Le Directeur tiendra à cet effet un compte ouvert pour chaque service, ou Commission, ou individu, et exigera d'eux le payement du travail.

Art. 7e. Le prix en sera fixé par le Directeur conjointement avec l'Inspecteur le Citoyen Frendo

Art. 8e. Le Journal est provisoirement la propriété du gouvernement; le bénéfice, s'il y en a, sera pour l'imprimerie: le gouvernement supportera la perte s'il y en a. *Il sera tiré à 500 exemplaires:* Le libraire comptera des abonnements au Directeur, et retiendra sur sa recette 10 % au moyen de quoi il sera chargé de l'envoy et expédition aux souscripteurs, sans répéter aucun fraix.

Art. 9e. La Commission réglera dans le tems s'il y a lieu un traitement pour les rédacteurs du Journal.

Art. 10. Le Bilan des dépenses et recettes de l'imprimerie sera fait tous les trois mois à compter du 1er. Vendemiaire prochain.

Art. 11. Le Citoyen Frendo décidera provisoirement les détails imprevus, et prendra en faite les ordres définitifs de la Commission.

Le Commissaire du Gouvernement

(Signé) REGNAUD DE ST. JEAN D'ANGELY.

Séance du 4 Brumaire an VII (1)
(25 Octobre 1798)

———

Le Commissaire du Gouvernement ayant écrit à la Commission pour l'instruire qu'il avait accordé au Citoyen Berneron, ouvrier travaillant à l'Imprimerie Nationale, 10 sous de plus par jour, elle a autorisé par une lettre le Directeur de l'Imprimerie à payer cette augmentation de salaire au dit Citoyen.

* * *

Séance du 1er Nivose an VII (2)
(21 Décembre 1798)

———

La Commission a reçu une lettre du général Vaubois, qui demande 30 sols par jour d'augmentation de paye, à commencer du 1er Frimaire pour le Citoyen Berneron Imprimeur, qui a déjà 50 sols sur quoi la Commission délibérera.

* * *

Séance du 3 Nivose an VII (3)
(23 Décembre 1798)

———

....

La Commission s'est transporté à 11 heures chez le général Vaubois et a délibéré avec lui sur les affaires suivantes, et arrête:

Que le Citoyen Berneron, Imprimeur, qui a 50 sols par mois, auroit une augmentation de 10 sols.

....

——— —

(1) Régistre des Délibérations de la Commission de Gouvernement, Tome III, pag. 190 (C. A. Office).
(2) Ibid, Tome III, pag. 337.
(3) Ibid, Tome III, pag. 339.

Séance du 20 Pluviose an VII (1)
(8 Février 1799)

. . . .

La Commission de Gouvernement délibérant sur les demandes des Citoyens Mallia, Directeur, et DeCandia, Pressier, de l'Imprimerie Nationale en augmentation des salaires;

Considérant la cherté des vivres et la difficulté de s'en procurer dans les circonstances présentes;

Considérant en outre les longs services des Petitionnaires:
Arrête :

Les Citoyens Jean Mallia Directeur de l'Imprimerie Nationale et Antoine Decandia Pressier de la dite Imprimerie, jouiront à compter de se jour 20 Pluviose d'une augmentation de salaire , le premier de sept écus par mois, et le second de quatre écus aussi par mois.

Le Président de la Commission

(Signé) BOSREDON RANSIJAT.

* * *

Séance du 22 Germinal an VII (2)
(11 Avril 1799)

Le Procès Verbal d'hier a été lu et approuvé.

La Commission délibérant avec le Général Vaubois sur les troubles survenus entre les Citoyens Berneront etc.
Arrête :

La Commission écrira au Directeur de l'Imprimerie.

La Commission de gouvernement écrit au Citoyen Mallia Directeur de l'Imprimerie:—

"La mésintelligence a régné entre les employés de l'Imprimerie Nationale. Le bruit en a frappé douloureusement les oreilles de la Commission, qui en a délibéré avec le Général Vaubois et qui veut prévenir le retour d'un scandale, qui tend à désorganiser un atelier républicain, en déshonorant

----

(1) Régistre des Délibérations de la Commission de Gouvernement, Tome III, pag. 410 (C. A. Office).

(2) Ibid., Tome III, pag. 560.

ceux qui le composent; Elle entend, Citoyen, que vous rem-
plissiez avec plus d'énergie les fonctions de Directeur de l'Imprimerie Nationale, et que tous les ouvriers, chacun à sa
place, y repondent et concourent aux travaux avec toute la
subordination, qui caractérise un atelier bien réglé : Elle
entend, que seul, vous fassiez les recettes et les payemens,
vous donniez et receviez les quittances, et que tous les mois
vous lui rendiez compte de l'état de la Caisse et des opérations,
ainsi que de la conduite des ouvriers; telles sont les intentions de la Commission de Gouvernement, elles sont confor-
mes à celles du Général, et votre responsabilité est chargée
de leur exécution.

Le Président
(Signé) BOSREDON RANSIJAT.

***

A la Cité de Malte le 28 Fructidor de l'an VII (1).
(14 Septembre 1799.)

————

Au Citoyen Sant, Trésorier du Gouvernement.

Vous recevrez, Citoyen, 322 Livres du Mont de Piété et
les verserez chez le Payeur de l'Armée, qui vous fournira
son récépissé, et qui les tiendra à la disposition du Directeur
de l'Imprimerie.

Salut et fraternité
Le Président
(Signé) BOSREDON RANSIJAT.
Le Secrétaire Général
(Signé) BREUVART.

***

A la Cité de Malte le 30 Fructidor de l'an VII (2).
(16 Septembre 1799)

————

Au Citoyen Poussielgue, Payeur de l'Armée.

Nous vous prévenons, Citoyen, que le Général a fait verser du Mont de Piété chez le Trésorier du Gouvernement,
la somme de trois cent vingt deux livres, avec ordre de la
verser dans votre Caisse, pour y être à la disposition du

———— ————

(1) Lettres écrites par la Commission de Gouvernement, pag.
380 (C. A. Office).
(2) Ibid. pag. 381.

Directeur de l'Imprimerie Nationale, et par lui employée au payement de travaux relatifs au Militaire.

Salut et fraternité
Le Président de la Commission
(Signé) BOSREDON RANSIJAT.
Le Secrétaire Général
(Signé) BREUVART.

* * *

. A la Cité de Malte le 21 Thermidor an VIII (1).
(9 Août 1800)

______

Aux Administrateurs de l'Université.

Nous vous autorisons, Citoyens, de faire payer de votre Caisse au Directeur de l'Imprimerie Jean Mallia la somme de dix écus de Malte pour les frais d'impression des polices qui servent à la distribution du pain.

Salut et fraternité
Le Président
(Signé) BOSREDON RANSIJAT
Pour Le Secrétaire Général
(Signé) VELLA.

______

(1) Lettres écrites par la Commission de Gouvernement, pag. 450 (C. A. Office).

Documents et Arrêtés concernants les Municipalités des Isles de Malte et du Goze.

Séance du 4 Messidor an VI au matin (1)
(22 Juin 1798)

Le Procés Verbal de la séance d'hier a été lu et adopté.

Ensuite on a procédé selon la loi a l'élection des Citoyens qui doivent composer la Municipalité de la Cité Valette, et l'on a nommé:

> Etienne Libreri
> Nicolas Effner
> Camille Xiberras
> Philippe Torrigiani

Après quoi on a nommé pour Municipaux de la Cité Victorieuse, Bormola et la Senglée:

> Joseph Maurin
> Marc'Antoine Muscat
> Jean Dalli
> Gaëtan Bertis
> Gaëtan Pisani

* * *

Cité Valette le 4 Messidor an VI de la République française (2)
(22 Juin 1798)

La Commission de Gouvernement au Général Vaubois.
Citoyen Général,

La Commission de Gouvernement vient de procéder à une nouvelle élection des deux Municipalités de la Cité Valette, et de la Cité Victorieuse. Voici les noms des Citoyens qui composeront la première:

> Etienne Libreri
> Nicolas Effner
> Camille Sceberras
> Philippe Torrigiani
> Xavier Portoghese

---

(1) Archives de l'Ordre Ms: No. 6523. Régistre des Délibérations de la Commission de Gouvernement, Tome 1, pag. 46.

(2) Lettres écrites par la Commission etc., pag. 12 (C.A. Office)

Ceux qui composeront la seconde sont les Citoyens

Joseph Maurin
Marc'Antoine Muscat
Jean Dalli
Gaëtan Bertis
Gaëtan Pisani

La Commission a en même tems nommé pour Trésorier le Citoyen Jean François Sant, et elle se fait un plaisir de vous en donner part pour votre instruction.

* * *

Séance du 4 Messidor au Matin (1)

(22 Juin 1798)

....

Sont entrés les Citoyens cy-dessus composant la Municipalité de la Cité Valette et ont prêté serment prescrit par les loix de la République.

Le Citoyen Daurel membre de la Commission de Gouvernement a été chargé d'aller les installer dans leurs fonctions et le Citoyen Regnaud de St. Jean D'Angely, Commissaire du Gouvernement français, leur a donné une instruction succinte et précise de leurs principaux devoirs, et dont il a requis l'inscription sur le .régistre de nos délibérations. Cette instruction est de la teneur suivante:

Instructions pour la Municipalité.

Art. 1.—Elle est chargée des fonctions qu'exerceoient les Jurats.

Art. 2.—Elle est chargée de pourvoir sur la réquisition du Général Vaubois ou de son Etat Major au logement des officiers françois de terre et de mer.

Art. 3.—Elle doit faire loger les officiers chez les particuliers, en commençant par les maisons les plus aisées et celles des célibataires, Chevaliers ou Baillis.

Art. 4.—Elle recevra les réquisitions et ordres des Généraux Commandants à Malte, et du Commandant de la place, en cas que leur exécution lui paroisse souffrir difficulté, elle en référera à la Commission de Gouvernement.

____

(1) Archives de l'Ordre Ms: No. 6523—Régistre des Délibérations de la Commission de Gouvernement, Tome I, pag. 51.

Art. 5.—Elle fera numeroter les maisons de chaque rue et proposera à la Commission de Gouvernement des noms à inscrire pour chaque rue de la Ville.

Art. 6.—Elle sera installée par le Citoyen Dorel membre du Gouvernement à la place des anciens Jurats, et ceux-cy lui remettront les régistres, papiers et documents relatifs à leurs fonctions.

Art. 7.—Le Citoyen Stefano Libreri sera président, et signera les dites lettres et arrêtés qui seront expediés avec le Secrétaire.

Art. 8.—Le Secrétaire sera nommé par elle dans le jour, mais sa nomination devra être ratifiée par la Commission et le Commissaire de Gouvernement françois.

Art. 9.—Les Jurats continueront leurs fonctions d'administrateurs de l'établissement appellé la *Massa Frumentaria* jusqu'à la nouvelle organisation de cet établissement, recommandé à leur vigilance et à leurs soins.

Art. 10. — Les officiers Municipaux porteront pour marques distinctives quand ils seront en fonctions une écharpe tricolore, Rouge, Blanche et Blue; le Président aura une frange d'or à la sienne: ils auront un chapeau relevé d'un coté avec deux plumes une Rouge et une Blue. Le Secrétaire aura la plume noire.

Art. 11.—Il sera fait une Instruction Définitive en attendant la quelle les officiers Municipaux exécuteront exactement les ordres que leur transmettra la Commission de Gouvernement.

* * *

Séance du 4 Messidor au soir (1)
(22 Juin 1798)

La Municipalité de la Cité Victorieuse nommée ce matin s'est présentée à la Commission de Gouvernement où en présence du Citoyen Commissaire, elle a prêté serment de fidélité à la République française; après quoi le Citoyen Maurin a été nommé Président, et il lui a été donné les mêmes instructions qu'à la Municipalité de la Valette.

La Commission prenant en considération les observations du Commissaire du Gouvernement français, et la necéssité d'abolir d'anciennes dénominations arrête:

____

(1) Archives de l'Ordre Ms: No. 6523 Régistre des Délibérations de la Commission de Gouvernement, Tome I, pag. 59.

1°. Que la Cité Valette, la Senglée, la Victorieuse, le Borgo et la Bormola ne feront désormais qu'une seule cité, nommée *Cité de Malte.*

2°. Que l'une des deux Municipalités dont le siège sera dans l'ancienne Ville Valette, et dont le lieu des séances sera dans l'endroit appelé cy-devant l'Université, s'appelera *Municipalité de l'Ouest*; et que l'autre, qui siégera de l'autre côté du port, et dont le lieu des séances sera dans la maison cy-devant occupée par le Général des Galères, s'appelera *Municipalité de l'Est.*

*
* *

Séance du 5 Messidor au matin (1)
(23 Juin 1798)

La Municipalité de l'Ouest de la Cité de Malte a envoyé un de ses membre à la Commission deGouvernement pour lui présenter le Citoyen Aimable Vella qu'elle a choisi pour Secrétaire.

La Commission applaudissant et ratifiant ce choix, l'a révêtu de son approbation, en a ordonné l'inscription au procès verbal de sa séance, et arrêté qu'il en serait envoyé une expédition à la susdite Municipalité.

*
* *

A Malte le 5 Messidor an VI de la République (2).
(23 Juin 1798)

La Commission de Gouvernement à la Municipalité de l'Est séante au cy-devant Palais du Général des Galères.

Vous trouverez cy-joint, Citoyens, l'arrêté que la Commission de Gouvernement a pris hier au soir, et que votre devoir est de mettre promptement à exécution.

La Commission pense que vous ferez bien de faire publier cet arrêté, et de mettre sur la porte extérieure d'entrée du lieu de vos séances l'inscription suivante: *Municipalité de l'Est de la Cité de Malte.*

---

(1) Archives de l'Ordre Ms: No. 6523. Régistre des Délibérations de la Commission de Gouvernement, Tome I, pag. 61.

(2) Lettres écrites par la Commission, etc. pag. 13 (C. A. Office)

La Commission vous adresse en même tems un Extrait du Régistre et ses Délibérations concernant l'Ordre du Général en Chef Bonaparte portant création et organisation d'un Bataillon de Gardes Nationales de 900 hommes dans chaque Municipalité. En mettant cet ordre à exécution, appliquez vous a n'inscrire sur les listes que vous ferez à cet effet, que des Citoyens qui ont des propriétés, ou du moins qui vous soient bien connus par leur attachement aux principes et à la cause de la Liberté. Votre choix doit s'étendre depuis l'age de 18 jusqu'à 50 ans, et sur les Citoyens propriétaires, de tout état ou profession quelconque. Lorsque vos listes seront faites, un de vos membres les apportera à la Commission, qui se fera toujours un plaisir de cooperer avec vous à tout ce qui pourra assurer la tranquillité publique, et rendre cette Isle inséparable des déstinées de la Grande Nation à qui nous devons les avantages de l'Egalité et de la Liberté.

Salut et fraternité.

Le Président

(Signé) Bosredon Ransijat

Le Secrétaire

(Signé) Doublet.

*_**

A Malte le 5 Messidor au matin an VI de la République française (1)

(23 Juin 1798)

———

Liberté   Egalité

La Commission de Gouvernement, à la Municipalité de l'Ouest, séante au Palais de l'Université.

Vous trouverez cy-joint, l'arrêté que la Commission de Gouvernement a pris hier au soir, et que votre devoir est de mettre promptement à exécution.

La Commission pense que vous ferez bien de faire publier cet arrêté, et de mettre sur la porte extérieure d'entrée du lieu de vos séances l'inscription suivante :

Municipalité de l'Ouest de la Cité de Malte.

(Le reste comme à l'autre Municipalité.)

———

(1) Lettre écrites par la Commission, pag. 13. (C. A. Office)

Séance du 5 Messidor au soir (1)

(23 Juin 1798)

. . . .

La Commission procédant à la division du territoire des isles de Malte en cantons et Municipalités, a d'adord décidé, sauf ensuite à se concerter et s'accorder avec le Citoyen Commissaire du Gouvernement:

1°. Que la Municipalité de la Cité Vieille ou Notable, comprendrait la Cité Vieille, elle même, le Rabbato et le Casal Dingli

2° Que le seul Casal Zebbug formerait une Municipalité.

3° Que le Casal Fornaro et le Casal Luca formeraient une Municipalité.

4°. Que le Casal Naxaro, le Casal Gargur et la Musta formeraient une Municipalité.

5°. Que les Casaux Birchircara, Lia, Balzan, et Attard formeraient une Municipalité.

6°. Que les Casaux Siggieui, Crendi, et Micabba formeraient une Municipalité.

7°. Que les Casaux Zurrich, Safi, Chercop et la Gudia formeraient une Municipalité.

8°. Que les Casaux Zeitun, Zabbar, Hasciac, et Tarxen formeraient une Municipalité.

9°. Que l'une des deux Municipalités du Goze serait composée du Chateau du Goze, du Rabbato, et des Casaux Garbo, Sannat, et Xeuchia.

10. Qu'enfin les Casaux du Zebbug, Caccia et Nadur au Goze formeraient une Municipalité.

La Division du territoire de la Campagne des Isles de Malte et du Goze étant ainsi faite en dix Municipalités, on a procédé à l'élection des Officiers Municipaux, mais on ne l'a pas achevée, attendu l'absence du Commissaire de Gouvernement.

* * *

----

(1) Archives de l'Ordre Ms: No. 6523. Régistre des Délibérations de la Commission de Gouvernement, Tome I, pag. 72.

Séance du 6 Messidor an VI au matin (1)
(24 Juin 1798)

....

La Municipalité de l'Est de la Cité de Malte a envoyé un de ses membres (le Citoyen Bertis) pour lui présenter le Citoyen François Roux qu'elle a choisi pour Secrétaire.

La Commission approuvant et ratifiant ce choix, en a ordonné l'inscription au procès verbal de sa séance, et arrêté qu'il en serait envoyé une expédition à la susdite Municipalité, ce qui a été fait par un arrêté dont suit la teneur.

"La Municipalité de l'Est de la Cité de Malte a envoyé un de ses membres à la Commission de Gouvernement pour lui présenter le Citoyen François Roux qu'elle a choisi pour Secrétaire.

La Commission approuvant et ratifiant ce choix en a ordonné l'inscription au procès verbal de sa séance, et arrêté qu'il en serait envoyé une expédition à la susdite Municipalité."

Pour expédition conforme.
Le Président de la Commission
(Signé) BOSREDON RANSIJAT
Par le Président
Le Secrétaire Général
(Signé) DOUBLET.

* * *

Séance du 9 Messidor an VI, au matin (2)
(27 Juin 1798)

....

Le Citoyen Maurin Président de la Municipalité de l'Est est venu témoigner ses regrets de ce que son emploi dans l'Arsenal des Vaisseaux ne lui permettait pas de continuer ses fonctions municipales. Il a en conséquence donné sa démission, le Citoyen Bertis a été élu Président, le Citoyen...... (Xavier Carbot?) a été élu officier municipal.

---

(1) Archives de l'Ordre Ms: No. 6523. Régistre des Délibérations de la Commission de Gouvernement, Tome, pag. 73.

(2) Ibid. Tome I, pag. 110.

Séance du 9 Messidor au soir (1)

. . . .

Un des Membres de la Municipalité de l'Est a présenté une lettre de cette Municipalité qui annonce qu'elle s'est vu obligée de nommer le Citoyen Jean Antoine Spiteri pour son Secrétaire, à la place du Citoyen Roux et demande l'approbation de cette nomination: on a pris l'arrêté suivant:—

La Commission de Gouvernement, après avoir vu l'exposé de la Municipalité de l'Est de ce jour, par lequel elle fait part de la nécessité où elle se trouve de nommer le Citoyen Jean Antoine Spiteri pour Secrétaire, à la place du Citoyen François Roux.

Arrête:—

Le choix fait du Citoyen Jean Antoine Spiteri pour Secrétaire de la Municipalité de l'Est est approuvé et ratifié par la Commission de Gouvernement.

Le Président de la Commission
(Signé) BOSREDON RANSIJAT
Par le Président
Le Secrétaire Général
(Signé) DOUBLET.

* * *

Séance du 14 Messidor an VI, au matin (2).
(2 Juillet 1798)

. . . .

Les Jurats de l'Université ont représenté que le Palais de l'Université n'est pas assez spacieux pour y tenir à la fois ses séances et celles de la Municipalité.

Il a été pris l'arrêté suivant:

La Commission de Gouvernement prenant en considération la motion des Jurats de l'Université qui représentent ne pouvoir continuer leurs fonctions dans le même local, où la Municipalité de l'Ouest tient actuellement ses séances; après avoir entendu le Commissaire du Gouvernement:

Arrête:

La Municipalité se transportera provisoirement dans le Palais de Justice, appelé jadis *La Castellania* pour y tenir ses séances et occupera l'appartement du ci-devant Castellan.

----

(1) Archives de l'Ordre Ms. No. 6523 Régistre des Délibérations de la Commission de Gouvernement, Tome I, pag. 112.

(2) Ibid., Tome I, pag. 144.

Séance du 14 Messidor an VI, au matin (2)

(2 Juillet 1798.)

———

....

Les Jurats de cette Cité ont présenté une seconde pétition pour représenter que la Maison où ils tiennent leurs séances ne saurait suffire pour eux et pour la Municipalité de l'Ouest; ils ont en même tems demandé une indemnité pour les poids et mesures qui servent à peser le pain qui se vend à la place, fait aux fraix de l'Université, et dont la Municipalité, qui dans cette partie fait l'office que faisaient jadis les Jurats, s'est emparée.

Lá-dessus il a été pris l'arrêté suivant :

La Commission de Gouvernement délibérant sur la pétition des Jurats de l'Université portant 1º sur la nécessité de fixer par les séances de la Municipalité un autre endroit que le Palais de l'Université; 2ᵉ sur l'indemnité reclamée par les mêmes Jurats pour la dépense par Elle faite pour les poids et mesures servant au pesage des vivres, et qui sont passés dans les mains de la Municipalité,

Après avoir entendu le Commissaire du Gouvernement français

Arrête

Que sur le premier point la Municipalité de l'Ouest se transportera provisoirement au Palais de la Justice, appelé jadis *Castellanie*, et qu'elle occupera l'appartement du cy-devant Castellan; et que sur le second point il n'y a pas lieu à délibérer.

Le Président de la Commission

(Signé) BOSREDON RANSIJAT

Par le Président

Le Secrétaire Général

(Signé) DOUBLET.

* * * * *

———

(1) Archives de l'Ordre Ms. No. 6523— Régistre des Délibérations de la Commission de Gouvernement, Tome I, pag. 147.

Séance du 15 Messidor an VII (1)
(3 Juillet 1798)

Le procès verbal de la séance d'hier a été lu et adopté. On a installé les huit Municipalités de la Cité Vieille et de la Campagne de l'Isle de Malte, et l'état de tous les membres dont elles sont composées est le suivant :

Municipalité de la Cité Vieille.

qui comprend la Cité, le Rabbato et le Casal Dingli

Gregorio *Bonnici*,—propriétaire: *Président*
Sauveur *Bernard*,—médecin.
Joseph *Bonnici*—avocat.
Paul *Sciberras*—propriétaire.
Antoine Jean-Pierre *Vitale*
Gaëtan *Vitale*, notaire—*Secrétaire*.

Municipalité de Zebbug.

Stanislas *Lhoste*, propriétaire.........*Président*
François *Azzopardi*, propriétaire.
Gaëtan *Fournier*, propriétaire.
Louis *Briffa*, propriétaire.
Sauveur *Bonanno*, fabricant de toiles.
Joseph *Brignone*, notaire, *Secrétaire*.

Municipalité composée des Casaux Fornaro et Luca.

Stanislas *Gatt.* apoticaire—*Président* ⎫
Emmanuel *Micallef*, médecin.   ⎬ du Casal Fornaro
Albert *Camilleri*, propriétaire.   ⎪ (aujurd'hui Curmi)
Luis Xavier *Grech*, notaire.   ⎭
Horace *Ellul*, propriétaire du Casal Luca.
Joseph *Casha*,—*Secrétaire*.

Municipalité du Naxar, Musta, et Gargour.

André *Micallef*, notaire, *Président*, du Naxar
François *Falzon*, médecin, de la Musta
Louis *Benina* (Bezzina?), propriétaire, du Naxar
Jean *Gafà*, propriétaire, du Gargour.
Thomas *Chetcuti*, propriétaire de la Musta.
Jean-Marie *Borg*, avocat, *Secrétaire*.

---

(1) Archives de l'Ordre Ms. No. 6523 Régistre des Délibérations de la Commission de Gouvernement, Tome I pag. 148-153.

Municipalité de Birchircara, Lia, Balzan, et Attard
Louis *Caruana*,　notaire, *Président* (Casal Lia)
Joseph *Attard*,　Curé du Casal Attard.
Grégoire *Gatt*,　propriétaire ⎫
Pierre *Cammenzuli*,　propriétaire ⎭ de Birchircara
Ange *Griscti*,　propriétaire du Casal Balzan.
Xavier *Zarb*,　notaire, *Secrétaire.*

　　Municipalité de Siggieui, Crendi et Micabbiba.
Michel-Ange *Azzopardi*,　médecin, ⎫　*Président*
Charles *Saliba*,　propriétaire ⎬ du Casal Siggieui.
Nicolas *Camilleri*,　propriétaire ⎭
Simon *Spiteri*,　propriétaire du Casal Crendi.
Joseph *Magro*,　propriétaire de la Micabbiba.
François *Farrugia*,　*Secrétaire.*

　Municipalité du Zeitun, Zabbar, Haxach et Tarxen.
Paul *Mallia*,　médecin, *Président* (du Zabbar)
Alexandre *Zammit*,　médecin ⎫ du Zeitun.
Antoine *Busuttil*,　propriétaire ⎭
Angelo *Castagna*,　du Casal Haxach, propriétaire.
Joseph *Montebello*,　du Casal Tarxen, propriétaire.
Grégoire *Mifsud*,　notaire, *Secrétaire.*

　Municipalité du Zurrich, Safi, Chercop et Gudia.
Gaëtan *Saidon*, médecin— ⎫
Gaëtan *Dalli*, propriétaire— ⎬ *Président*
Alessandro *Damato*, négociant— ⎭ du Zurrich
Jean *Cassar*, propriétaire et négociant, du Casal Chercop
Philippe *Castagna*, propriétaire, de la Gudia.
Jean-Baptiste *Saidon*,　*Secrétaire.*

　　　Municipalité de la Cité du Goze.
François *Cassar*,　*Président.*
Xavier *Busuttil*
Joseph *Bondi*
François *Pace*
Xavier *Pace*
Jean *Cassar*, *Secrétaire.*

　　Municipalité du Canton de Caccia au Goze.
Le Curé *Cauchi*,　du Casal Caccia.
Fortuné *Grech*,　Prêtre.
Bartholemi *Busuttil.*
Jean-Marie *Sapiano.*
François *Attard.*
Bénigne *Cuttajar*,　*Secrétaire*

Séance du 15 Messidor an VI au matin (1)

(3 Juillet 1798)

———

. . . .

Deux Députés de la Municipalité de l'Ouest se sont présentés avec une lettre pour demander la *Maison Fricon* pour le lieu de ses séances, et il a été pris l'arrêté suivant.

"La Commission de Gouvernement délibérant sur la demande que fait la Municipalité de l'Ouest de la Maison où logeait le cy-devant Chevalier Fricon pour le lieu de ses séances après avoir ouï le Commissaire du Gouvernement François: .

Arrête:—

La Commission de Gouvernement adhère à cette demande et invite la Commission des Biens Nationaux à y pourvoir."

* * *

Séance du 15 Messidor an VI au matin (2)

———

. . . .

Le Citoyen Maurin, Président de la Municipalité de l'Est, ayant persisté à vouloir donner sa démission, attendu que ses occupations importantes et multipliées à l'Arsenal ne lui permettant pas de vaquer à ses fonctions Municipales; il a été pris l'arrêté suivant :

La Commission de Gouvernement après s'être assurée de l'impossibilité où se trouve le Citoyen Maurin, Président de la Municipalité de l'Est, de continuer ses services à cette Municipalité vu l'assiduité qui exige son emploi dans l'Arsenal pour la construction des vaisseaux de la République, et après avoir entendu le Commissaire du Gouvernement:

Arrête:

La démission du susdit Citoyen Maurin est acceptée, et le Citoyen Xavier Carbot le remplacera comme membre de cette Municipalité dont le Citoyen Berti sera Président.

———

(1) Archives de l'Ordre Ms: No. 6523 Régistre des Délibérations de la Commission de Gouvernement, Tome I, pag. 153.

(2) Ibid, Tome I, pag. 161.

Séance du 16 Messidor an VI au soir. (1)
(4 Juillet 1798)

. . . .

Le Citoyen Grongo ayant annoncé qu'il partait demain pour aller au Goze y installer les deux Municipalités il a été pris l'arrêté suivant, qui a été remis au dit Citoyen Grongo:

"La Commission de Gouvernement ayant député le Citoyen Paul Grongo au Goze pour y installer ler deux Municipalités nommées pour cette Isle, conformément aux instructions qui à cet effet lui ont été données; après avoir entendu le Commissaire du Gouvernement françois;

Invite l'Officier Général qui commande en chef au Goze à accueillir ce Député avec intérêt, et à lui accorder tout l'appui qui pourrait lui être nécessaire pour l'accomplissement de ses fonctions.

Le Président de la Commission
(Signé) BOSREDON RANSIJAT.
Par le Président
Le Secrétaire Général
(Signé) DOUBLET.

* * *

À la Cité de Malte le 7 Thermidor de l'an VI de la République (2).
(25 Juillet 1798)

Circulaire à toutes les Municipalités,

Toutes les Municipalités sont égales en autorité. Celles de la Campagne ne dépendent nullement de celles des Villes. Elles ne correspondent entr'elles que pour se prêter secours et main forte en cas de besoin. Elle ne reçoivent des ordres ou des réquisitions par écrit que des Généraux en Chef, du Commissaire du Gouvernement et des Commissaires Ordonnateurs, et sont tenues en les exécutant d'en informer sur le champ la Commission de Gouvernement, avec laquelle elles sont continuellement en relation.

---

(1) Archives de l'Ordre Ms. No. 6523. Régistre des Délibérations de la Commission de Gouvernement. Tome I, pag. 166.

(2) Lettre écrites par la Commission de Gouvernement, pag. 89 (C. A. Office).

Celles dans l'arrondissement ou district des quelles il y a de la troupe de ligne, soit de garde, soit cantonnée, ne lui doivent ni pain, ni huile, ni aucune autre fourniture, excepté dans les cas extraordinaires, dont alors elles sont toujours spécialement averties d'avance.

Si elles se trouvent avoir besoin d'une force armée c'est à la Commission de Gouvernement qu'elles doivent s'adresser, parceque celle-ci étant le point central où aboutissent toutes les autorités constituées au civil, c'est à elle seule qu'il appartient de correspondre directement avec les Commandants et Chefs Militaires.

Dorénavant ce sera de la Commission de Gouvernement que vous recevrez ses arrêtés imprimés pour les faire publier et afficher, non seulement dans chaque Municipalité, mais dans chaque Casal.

Vous avez maintenant parmi vous un juge de paix, et par conséquent un moyen certain de retablir la tranquillité troublée dans les Campagnes, où des malvivents se sont livrés impunément à toutes sortes de désordres. Que tous les bons Citoyens soient mis entr'eux pour arrêter ces brigands et en purger le pays. Il faut les poursuivre jusques dans les cavernes qui leur servent d'azile afin qu'il n'en reste pas un seul sur cette terre de liberté qui serait souillée par leur présence.

Continuez, Citoyens, à vous adresser avec confiance à la Commission de Gouvernement. Elle fera toujours sa plus douce, sa plus chère occupation de tout ce qui pourra contribuer au bonheur du Peuple.

Le Président de la Commission

(Signé) BOSREDON RANSIJAT

Par le Président

Le Secrétaire Général

(Signé) DOUBLET.

Documents et Arrêtés concernants la formation de la Garde Nationale de Malte.

————

Séance du 4 Messidor an VI au matin (1)
(21 Juin 1798)

————

Le Commissaire du Gouvernement a remis à la Commission un ordre du Général commandant en chef Vaubois pour la formation et l'organisation d'un bataillon de Gardes Nationales dont il a requis l'exécution et l'enregistrement.

Cet ordre est daté et conçu dans les termes suivants :

Liberté — République Française — Egalité.

A la Cité Valette le 3 Messidor an VI.

Nous Général de division Commandant en Chef dans les Isles de Malte et du Gozo

Ordonnons ce qui suit:

Chaque Municipalité de la Ville de Malte aura un bataillon de gardes nationales composé de neuf cents hommes. Cette Garde Nationale sera formée des habitants les plus riches, des négocians etc., et enfin de ceux qui ont le plus d'intérêt à la tranquillité publique.

Formation de chaque bataillon.

Article premier

Etat Major:

Un Chef de Brigade.
Un Chef de Bataillon sous lui
Deux adjudans majors
Deux adjudans sous-officiers
Un Tambour-Major,

Article 2.

Chaque Bataillon sera divisé en neuf compagnies d'égale force.

Article 3.

Chaque compagnie sera commandée par un Capitaine, un Lieutenant et un Sous-Lieutenant.

————

(1) Archives de l'Ordre Ms: No. 6523. Régistre des Délibérations de la Commission de Gouvernement, Tome I, pag. 47.

Article 4.

Chaque compagnie sera composée d'un Sergent Major, 4 Sergens, un Caporal fourrier, huit Caporaux, un tambour et 82 fusilliers.

Article 5.

L'uniforme sera habit vert, paremens, revers et collet rouge, passepoil blanc.

Article 6.

Les Officiers seront distingués par les epaulettes comme en France.

———

Armement.

Article premier.

Les officiers de la Garde Nationale seront armés d'un sabre porté par un baudrier noir.

Toutes les fois que l'Officier sera de service il portera le hausse col.

Le hausse col, sera de cuivre doré, ayant dans le milieu une plaque d'argent, au tour de la quelle sera inscrit la légende *Garde Nationale de Malte*, et dans le milieu de l'Ecusson, sera gravé la Déesse de la liberté.

Article 2.

Les Sous Officiers seront armés d'un sabre appelé Briquet avec baudrier noir.

Article 3.

Les Caporaux seront armés d'un sabre, comme les Sous officiers et d'un fusil garni de sa bayonnette, et d'une giberne.

Article 4.

Tous les Gardes Nationaux seront armés d'un fusil garni de sa bayonnette et d'une giberne.

———

Service de la Garde Nationale.

Article premier.

La Garde Nationale ne fera que le service intérieur de la Cité dans laquelle elle sera crée.

Article 2.

Le Bataillon de Garde Nationale de la Cité Valette, fournira tous les jours à la Commission de Gouvernement un poste de vingt hommes, deux Sergents, quatre Caporaux commandés par un Officier. A la Municipalité il y aura de plus un Corps de Garde de police, commandé par un Capitaine, composé de quarante hommes, quatre Sergents, six Caporaux; cette garde est responsable de la tranquillité de la Ville, doit fournir les patrouilles de nuit et de jour, et surveiller enfin avec la plus grande exactitude, la tranquillité publique. L'Officier Commandant ce poste important, enverra tous les matins le rapport de la nuit au Général de Brigade Chanez commandant dans la place et à la Municipalité.

Article 3.

Le Bataillon de Garde Nationale de la Cité Vieille, fournira la garde de la Municipalité, et la garde de police comme à la Cité Valette.

Nomination aux Emplois.

Article premier.

D'après les ordres supérieurs que j'ai reçu devant m'assurer du civisme, et de l'attachement à la République française de tous ceux qui seront promus en grade, je m'en réserve la nomination, d'après tous les renseignemens, pris auprès des autorités constituées du nouveau gouvernement.

Article 2.

Les Municipalités formeront dans le plus court délai le contrôle des habitants qui doivent composer la Garde Nationale de leur Cité ; l'une et l'autre Municipalité rémettront les dits contrôles, revêtus de leurs observations à la Commission de gouvernement. La Commission de gouvernement est priée d'y ajouter des notes individuelles, et de me les faire passer.

L'exécution suivra de suite.

Le Général Divisionaire Commandant en Chef
les Isles de Malte et du Goze.

(Signé) VAUBOIS.

Pour copie conforme
Le Commissaire du Gouvernement
aux Isles de Malte et Goze.

(Signé) REGNAUD DE ST. JEAN D'ANGELY.

Séance du 13 Messidor an VI, au matin (1).
(1 Juillet 1798)

— — —

....

Le Commissaire du Gouvernement Français a requis que la Municipalité de l'Ouest fut mandée pour lui témoigner l'étonnement de la Commission sur le rétard de la confection du rôle de la Garde Nationale, et il a été pris l'arrêté suivant:—

"La Commission de Gouvernement arrête: après avoir ouï le Commissaire du Gouvernement Français : Que la Municipalité de l'Ouest sera mandée pour lui témoigner l'étonnement du Gouvernement sur le rétard qu'elle a mis jusqu'à présent à la confection des rôles des Citoyens qui doivent composer la Garde Nationale :

Que des circonstances très urgentes exigent que ces rôles soient finis dans la journeé de demain et qu'il lui est enjoint de les fournir exactement dans ce délai."

Le Président de la Commission
(Signé) BOSREDON RANSIJAT
Par le Président
Le Secrétaire Général
(Signé) DOUBLET.

* * *

A la Cité de Malte le 15 Messidor de l'an VI (2).
(3 Juillet 1798.)

— — —

La Commission de Gouvernement au Citoyen Général de Division Vaubois Commandant en Chef des Isles de Malte et du Goze.

Citoyen Général,

La Commission vient de recevoir le Rôle de la Garde Civique de l'arrondissement de la Municipalité de l'Est, et s'empresse de vous l'envoyer. Cette Municipalité y a mis tout le zèle possible, et n'a pas cru pouvoir se dispenser d'y comprendre les prêtres; la Commission a pensé, Citoyen Général, que votre intention est sans doute de les dispenser quant à

— — —

(1) Archives de l'Ordre Ms: No. 6523. Régistre des Délibérations de la Commission de Gouvernement, Tome I, pag. 138.

(2) Lettres écrites par la Commission de Gouvernement, pag. 23 (C. A. Office).

présent de ce service, auquel ils deviendront plus propres à
l'avenir. Quoi qu'il en soit, Elle s'en rapporte là dessus avec
une entière confiance à votre sagesse.

Salut et fraternité

Le Président de la Commission

(Signé) BOSREDON RANSIJAT.

Le Secrétaire Général

(Signé) BREUVART.

* * *

A la Cité de Malte le 15 Messidor de l'an VI (1).
(3 Juillet 1798.)

La Commission de Gouvernement au Général de Division
Vaubois Commandant en Chef des Iles de Malte et du
Goze.

Citoyen Général,

La Municipalité de l'Ouest vient de nous apporter la liste
individuelle des Citoyens qui doivent composer la Garde Civique pour l'arrondissement de cette Municipalité. Elle y
a inséré par erreur la note indicative des Officiers, sur le choix
desquels elle n'avait rien à voir, et que vous vous êtes, Citoyen Général, avec juste raison, réservé de nommer.

La multiplicité des nos occupations et le désir de vous envoyer sans aucun délai ce travail essentiel, ne nous ont pas
laissé le loisir d'y faire les annotations individuelles que vous
auriez désiré. Au cas que vous ayez besoin d'éclaircissement,
la Municipalité qui a fait cette liste, se fera surement, Citoyen
Général, un devoir de vous donner tous ceux qui dépendront
d'elle.

De son côté la Commission, lorsque vous aurez fait le
choix des Officiers, se fera un plaisir de vous fournir les
lumières qu'elle pourra avoir à cet égard.

Salut et fraternité.

Le Président de la Commission

(Signé) BOSREDON RANSIJAT

---

(1) Lettres écrites par la Commission,etc. pag. 24 (C.A. Office).

Séance du 16 Messidor an VI au matin (1)

(4 Juillet 1798)

Le procès verbal de la séance d'hier au soir a été lu et adopté.

Le Président a dit que le Général Vaubois désirait que la Commission examinât la liste des Officiers de la Garde Civique des deux Municipalités de la Cité de Malte.

Après avoir fini cet examen, la Commission a écrit à ce Général pour lui dire qu'elle pensait qu'il y avait trois sujets à remplacer par trois autres plus propres à bien faire le service.

1° Pour Chef de Brigade le Citoyen Paul Sceberras à la place du Citoyen Mario Testaferrata.

2° Le Citoyen Henri Testaferrata pour Chef de Bataillon à la place de Jean Caruana.

3₀ Le Citoyen Laurent Bugeja pour Capitaine à la place de Joseph Xerri.

* * *

A la Cité de Malte le 16 Messidor an VI (2).

(4 Juillet 1798)

La Commission de Gouvernement au Général de Division Vaubois, Commandant en Chef des Iles de Malte et du Goze.

Citoyen Général,

Selon vos désirs la Commission a examiné la note des Officiers de la Garde Civique des deux Municipalités de cette Cité. Elle n'a rien trouvé à dire sur celle de l'Est.

Quant à celle de l'Ouest, elle a pensé qu'il y avait trois sujet susceptibles d'être remplacés par trois autres qui paraissent plus propres à mieux faire le service.

1° Le Citoyen Paul Sceberras, à la place du Citoyen Mario Testaferrata pour Chef de Brigade.

2ᵘ Henri Testaferrata, administrateur du Mont de Piété, pour chef de Bataillon, à la place du Citoyen Jean Caruana.

3° Laurent Bugeja pour Capitaine, à la place de Joseph Xerri.

------

(1) Archives de l'Ordre Ms: No. 6523. Régistre des Délibérations de la Commission de Gouvernement, Tome I, pag. 161.

(2) Lettres écrites par la Commission, pag. 25. (C. A. Office)

Pour le surplus des deux rôles, Citoyen Général, la Commission de Gouvernement n'a rien à dire.

Salut et fraternité
Le Président de la Commission
(Signé) Bosredon Ransijat.

* * *

A la Cité de Malte le 17 Messidor an VI (1).
(5 Juillet 1798)

La Commission de Gouvernement à la Municipalité de l'Est.
Citoyens,

La Commission vient de recevoir du Général Vaubois le rôle de la Garde Civique que nous lui avions transmis. Il y a fait des légers changements qu'il a jugés convenables, d'après les indications que ce Général avait désirées.

La Commission vous envoye ce rôle pour que vous fassiez appeler à la Municipalité tous les Citoyens qui doivent composer l'Etat-Major du bataillon et occuper les différents grades. Vous remettrez à chacun d'eux la note de leur grade respectif, et leur prescrirez l'uniforme qu'ils doivent porter et faire à leurs dépense. Vous ferez donner à chaque Capitaine respectivement le rôle de sa Compagnie et le chargerez de la rassembler le plus souvent possible pour l'instruire de manière à ce qu'elle sache marcher et un peu manoeuvrer pour la fête du 14 Juillet. Vous direz aux mêmes Capitaines d'ordonner à chaque Citoyen Soldat de se faire faire un habit d'uniforme. Le Général Vaubois leur fournira les armes nécessaires. Chaque Capitaine se servira des Citoyens qui ont des connaissances militaires pour enseigner l'exercice à leur compagnie. Vous leur direz sur tout que l'intention du Général Vaubois est que la Garde Civique fasse, le jour de la fête du 14 Juillet, le service et les patrouilles de la place, voulant par là prouver sa confiance dans le patriotisme des Maltais.

Le Général Vaubois se plaint de l'extrême quantité de passeports pour passer en pays étrangers. Veillez, Citoyens par tous les moyens possibles à prévenir et empêcher l'émigration.

Salut et amitié
Le Président de la Commission
(Signé) Bosredon Ransijat.

____

(1) Lettres écrites par la Commission etc., pag. 27 (C.A. Office)

Séance du 17 Messidor an VI, au matin (1)
(5 Juillet 1798)

———

....

A l'égard de la Garde Nationale, je vous prie de vouloir
bien faire connoître tout de suite à la Municipalité que l'uniforme de cette Garde Nationale doit être, habit vert, parements, revers et collet rouge, passepoil blanc; j'entends dire
que bien de personnes font faire l'uniforme national français:
avertissez promptement, pour arrêter cette dépense; ils auront
les boutons et épaulettes en or, pour les distinguer des
Chasseurs qui les ont en argent.

Salut et fraternité
(Signé) VAUBOIS.

* * *

Séance du 18 Messidor an VI, au matin (2)
(6 Juillet 1798)

———

....

Le Général Vaubois a écrit une lettre à la Commission
de Gouvernement pour lui dire qu'il savait qu'on avait
ordonné des uniformes de garde nationale française, ce qui
était contraire à ce que le Général en Chef avait ordonné
en prescrivant que l'uniforme de la Garde Nationale Maltaise
serait habit vert, parement et revers rouge avec passepoil
blanc.

La Commission a sur le champ informé de la teneur
de cette lettre les deux Municipalités de l'Est et de l'Ouest,
en leur recommandant de s'y conformer.

* * *

....

Le Commissaire du Gouvernement français étant arrivé
à la séance, on lui a communiqué la susdite lettre du Général
Vaubois sur les uniformes et celles qu'en conséquence on avait
écrit aux deux Municipalités de la Cité.

———

(1) Régistre des Délibérations de la Commission de Gouvernement, Tome II, pag. 4 (C. A. Office).
(2) Ibid., Tome II, pag. 6 et 8.

Il a été d'avis de répondre à ce Général qu'attendu l'impossibilité de trouver assez d'étoffe verte il n'y aurait pour à présent que les officiers que seraient tenus d'avoir l'uniforme préscrit, et que celui des soldats serait de toile de coton blanche revers et parements verts, avec passepoil rouge.

Cet avis ayant été adopté il a été pris l'arrêté suivant:

La Commission de Gouvernement ouï le Commissaire du Gouvernement français
Arrête:—

1º Le Général de Division Vaubois sera invité à prendre en considération l'impossibilité de trouver à Malte de quoi habiller en drap verte la Garde Nationale.

2º En conséquence de permettre que la Garde Nationale Maltaise, les Officiers exceptés, soit vêtue en cotton blanc, revers et parements verts, avec passepoil rouge.

3º Le Général sera prié d'observer que ce changement procurera le double avantage: 1º d'habiller les volontaires à meilleur marché et plutôt; 2º de faire travailler les pauvres et les fabriques de Malte.

Cet arrêté a été envoyé au Général Vaubois.

* * *

A la Cité de Malte le 18 Messidor de l'an VI de la République (1).
(6 Juillet 1798)

Lettre Circulaire aux deux Municipalités de la Cité.
Citoyens,

D'après une lettre du Général Vaubois nous vous avions prescrit ce matin la couleur et la forme de l'uniforme de la Garde Nationale.

Le Commissaire du Gouvernement français, à qui cette mesure a été communiquée, ayant pris des informations précises, a su qu'il ne serait pas possible de trouver en ce moment dans le pays assez d'étoffe verte pour l'entier habillement de la Garde Nationale.

Nous avons en conséquence pris l'arrêté dont nous joignons ici une expédition, et nous l'avons envoyé au Général Vaubois.

Salut et amitié.
Le Président de la Commission
(Signé) Bosredon Ransijat etc.

____

(1) Lettres écrites par la Commission de Gouvernement, pag. 42.

Séance du 18 Messidor au soir (1).
(6 Juillet 1798)

———

Le procès verbal de la séance de ce matin a été lu et adopté.

On a reçu une lettre de la Municipalité de l'Est qui dit avoir reçu le rôle de la Garde Nationale de son arrondissement approuvé par le Général Vaubois. Elle observe à ce sujet qu'ayant mis les prêtres sur ce rôle, cela a causé du déplaisir à quelqu'un de ses membres, de manière que pour ne mécontenter personne, elle se propose d'exempter ces prêtres qui sont en petit nombre, du service de cette Garde, si la Commission de Gouvernement l'approuve. Elle observe que quoique les habitants de Burmola ne soient pas forts en patriotisme, ils voudraient neanmoins presque tous être officiers dans la Garde Nationale, et qu'il serait bon d'en prévenir le Général Vaubois.

La Commission lui a répondu: que sur le premier objet elle avait pensé avec le Général Vaubois qu'il ne fallait pas dans ce moment-ci comprendre les prêtres dans la Garde Nationale; que quant à ses craintes sur l'ambition des habitants de Burmola, le nombre des officiers étant déterminé, elles ne paraissaient pas fondées; qu'au surplus elle pouvait s'en rapporter avec confiance à la sagesse de ce Général.

* * *

Séance du 19 Messidor de l'an VI, au matin (2).
(7 Juillet 1798).

———

. . . .

La Municipalité de l'Ouest a demandé une autorisation pour faire une proclamation concernant l'organisation, la formation et l'instruction de la Garde Nationale.

On a pris l'arrêté suivant qui lui a été envoyé:—

"La Commission de Gouvernement délibérant sur la demande de la Municipalité de l'Ouest d'après une lettre qu'elle a reçue du Général Vaubois d'être autorisée à faire relativement à l'habillement, formation et instruction de la

———

(1) Régistre des Délibérations de la Commission de Gouvernement, Tome II. pag. 25.
(2) Ibid. Tome II, pag. 29.

Garde Nationale de son arrondissement, les proclamations
nécessaires:

Après avoir ouï le Commissaire du Gouvernement français;

Arrête:—

La Municipalité de l'Ouest est autorisée à faire concernant
l'habillement, formation et instruction de la Garde Nationale
de son arrondissement les proclamations nécessaires."

Le Président de la Commission
(Signé) BOSREDON RANSIJAT

* * *

Séance du 20 Messidor au matin (1)
(8 Juillet 1798)

Le Général Voubois a fait part à la Commission que la
Garde Nationale s'assemblant aujourd'hui sous le Fort de St.
Elme, il se proposait de lui faire prêter le serment de fidelité à
la République française. Il a ajouté que pour qu'il put en être
fait mention au procès verbal de la Commission, il la priait d'y
assister par Députation avec le Commissaire du Gouvernement,
et d'inviter la Municipalité de l'Ouest à y assister aussi.

La Commission a nommé son Président et le Citoyen
Schembri pour assister à cette cérémonie qui devait être
regardée par tous les Citoyens comme une fête nationale.

* * *

A la Cité de Malte le 4 Thermidor de l'an VI de la République (2)
(22 Juillet 1798)

La Commission de Gouvernement au Général Vaubois.
Citoyen Général,

La Commission de Gouvernement toujours attentive à ce
qui peut nourrir entre les Troupes de la République et les
Maltais cette identité de sentiments qui des deux nations doivent n'en faire qu'une, vient de prendre l'arrêté dont Elle vous
envoye cy-jointe une copie.

Elle vous prie, Général, de continuer à faire de votre
côté tout ce qui dépend de vous pour que la Garde Civique

(1) Régistre des Délibérations de la Commission de Gouvernement, Tome II, pag. 37.

(2) Lettres écrites par la Commission de Gouvernement, pag.
85 (C. A. Office).

jouisse étant de service de la juste considération sans laquelle il ne lui serait pas possible de bien remplir ses devoirs.

Il faut qu'elle use de tous les bons procédés envers la troupe de ligne, mais il faut aussi que les individus de celle-ci à qui il arrivera de causer du désordre, ne s'exposent pas par une résistance déplacée à mettre les patrouilles, dont le devoir est d'arrêter quiconque trouble la tranquillité publique, dans le cas d'employer les moyens de force dont elles ont alors le droit de faire usage.

La Commission n'a appris ce qui s'est passé ces jours-ci qu'avec la plus vive douleur. Elle va faire une proclamation aux Maltais pour leur rappeler les principes de modération, d'union et de fraternité qui doivent en toute occasion les animer envers les braves troupes républicaines à qui ils doivent leur liberté.

Salut et fraternité.
Le Président de la Commission
(Signé) BOSREDON RANSIJAT
Par le Président
Le Secrétaire Général
(Signé) DOUBLET.

* * *

A la Cité de Malte le 4 Thermidor de l'an VI de la République (1).

(22 Juillet 1798).

La Commission de Gouvernement à la Municipalité de l'Est.

Quoique jusqu'à présent il ne soit parvenu à la Commission de Gouvernement aucune plainte sur la conduite et les procédés de la Garde Civique de votre arrondissement envers la troupe de ligne, et qu'elle aime même à croire qu'il ne lui en sera point porté à l'avenir, elle regarde cependant comme indispensable de vous donner connaissance, Citoyens, de l'arrêté qu'elle vient de prendre afin qu'il n'y ait qu'une seule règle pour toute la Garde Civique de la Cité.

C'est principalement aux Municipalités à veiller à ce que cette règle s'observe, et à donner à la Garde Civique des ordres et des consignes claires et précises, tant pour son service dans les différents postes où elle monte la garde, que pour les patrouilles.

---

(1) Lettres écrites par la Commission de Gouvernement, pag. 86.

Il faut recommander non seulement à la Garde Civique et aux patrouilles, mais encore aux habitants qui par état ou par rencontre fortuite pourraient avoir quelque affaire ou relation avec la troupe de ligne d'user de toute la modération et de tous les égards que se doivent réciproquement les enfants d'une même famille; car vous savez qu'il faut que tous les Maltais sachent qu'eux et les français ne doivent plus faire qu'une même Nation.

Le soldat républicain élevé dans les camps habitué à fouler aux pieds tous les préjugés, pourra quelquefois s'écarter des moeurs des Maltais; enjoué par caractère il pourra peut-être passer les bornes d'une honnête liberté et même se livrer à la licence, et au désordre. Si cela arrive, Citoyens, qu'on essaye d'abord les voies de la douceur et de la persuasion, qu'on n'employe jamais la contrainte et la force qu'à l'extrêmité, et uniquement pour prévenir quelque malheur.

En général le soldat français est sensible et aime l'honneur, et il suffit presque toujours de le lui rappeler pour le faire rentrer en lui même et le rendre à son devoir.

Faites en sorte qu'aucun Maltais, quand même il y serait provoqué, ne se porte contre un soldat de la troupe de ligne à aucun acte de violence, à moins qu'il n'y soit forcé pour sa propre défense ou celle de quelqu'autre individu.

Vous nous avez demandé, Citoyens, par une de vos lettres, s'il ne serait pas juste que les Citoyens riches qui vu leur âge avancé n'ont pas été portés sur le rôle de la Garde Nationale, payassent l'uniforme de ceux qui font journellement le service, et n'ont pas l'argent nécessaire pour payer leur uniforme.

Non seulement le Commissaire et la Commission de Gouvernement ont pensé que cette mesure pouvait être adoptée; mais ils ont pensé encore que tout Citoyen étant tenu au service de la Garde Nationale, il est juste que les prêtres, les moines et les riches particuliers qui ayant plus de cinquante ans n'ont pas été portés sur le rôle de la Garde Civique, doivent payer 24 sols pour chaque garde qui leur toucherait s'ils y eussent été inscrits.

En conséquence, il a été pris la-dessus un arrêté dont il vous sera incessamment adressé une expédition pour que vous le mettiez à exécution.

Salut et amitié.
Le Président de la Commission.
(Signé) Bosredon Ransijat etc.

A la Cité de Malte le 4 Thermidor de l'an VI de la République (1)

(22 Juillet 1798).

La Commission de Gouvernement à la Municipalité de l'Ouest.

La Commission de Gouvernement vous à temoigné hier au soir verbalement, Citoyens, sa douleur au sujet de plaintes portées contre quelques individus de la Garde Civique qui ont manqué aux procédés qu'ils auraient dû observer envers les soldats de la troupe de ligne lesquels commettant du désordre se sont mis dans le cas d'être arrêtés.

Elle vous a dit avoir fait appeler l'Officier qui commandait le poste de la réserve, pour recevoir de lui de justes informations à cet égard. Il est convenu du fait, ajoutant qu'il en avait fortement réprimandé l'auteur, et donné des ordres trés précis pour y obvier à l'avenir. Nous lui avons très expressément enjoint d'y veiller et de punir sévèrement quiconque y manquerait.

La Commission a entendu avec plaisir que vous vous étiez concerté avec le chef de Brigade pour éclairer la Garde Civique sur ses devoirs en pareil cas. Mais elle n'a pas cru cette mesure suffisante. En conséquence Elle a pris l'arrêté cy-joint, que vous étez chargés, Citoyens, de mettre sans délai à exécution.

En même tems la Commission a pris un autre arrêté pour la composition de sa garde, et elle vous en envoye une expédition pour que vous le fassiez aussi mettre à exécution.

Salut et amitié
Le Président de la Commission
(Signé) BOSREDON RANSIJAT etc.

* * *

A la Cité de Malte le 5 Thermidor de l'an VI de la République (2)

(23 Juillet 1798)

La Commission de Gouvernement au Général de Division Vaubois.

La Municipalité de l'Ouest vient de nous transmettre, Citoyen Général, la copie d'une lettre que vous avez écrite au Ci-

---

(1) Lettres écrites par la Commission de Gouvernement, pag. 88
(2) Ibid. pag. 115.

toyen Sceberras Commandant la Garde Nationale de cette Municipalité, relativement à un arrêté pris par la Commission de Gouvernement sur la tenue et les devoirs de la Garde Civique du lieu de ses séances.

Elle n'avait pris cet arrêté que pour donner aux Maltais une juste idée de la considération dont elle doit jouir.

Elle a, il est vrai, involontairement et par inexpérience, omis de vous prier d'approuver cet arrêté, qu'elle vous prie aujourd'hui de vouloir bien revêtir de votre approbation.

Le Commissaire du Gouvernement français réunit sa prière à la nôtre.

Elle regardera comme une nouvelle marque de l'estime et de la bienveillance dont vous lui avez déjà donné tant de preuves.

Nous joignons ici une expédition de cet arrêté.

> Salut et fraternité
> Le Président de la Commission
> (Signé) BOSREDON RANSIJAT.
> Par le Président
> Le Secrétaire Général
> (Signé) DOUBLET.

* * *

Séance du 5 Thermidor de l'an VI (1)
(23 Juillet 1798)

La Municipalité de l'Est a proposé de faire payer par les riches, l'habillement de la Garde Civique pour ceux qui sont hors d'état de la faire à leurs dépense.

La Commission adhérant à cette proposition a pris l'arrêté suivant:—

"La Commission de Gouvernement délibérant sur la lettre de la Municipalité de l'Est, qui propose de faire payer par les gens riches, qui par leur âge ou leur état ne font pas le service de la Garde Nationale, l'uniforme de ceux qui font ce service, mais qui n'ont pas le moyen d'en faire la dépense.

Considérant que cette proposition est fondée sur l'exacte justice;

---

(1) Régistre des Délibérations de la Commission de Gouvernement, Tome II, pag. 260 et 264.

Considérant encore que tout Citoyen est tenu de monter sa garde, et qu'il est juste que les prêtres, les moines et les citoyens âgés de cinquante ans qui en ont été provisoirement exemptés payent en échange du service qu'ils ne font pas, un tribut qui puisse en tenir lieu à la patrie;

Après avoir ouï le Commissaire du Gouvernement:
Arrête ce qui suit.

Art: 1er. Tous les Citoyens riches qui par leur âge ou leur ètat ne font pas le service de la Garde Nationale payeront entr'eux les uniformes des citoyens qui faisant ce cervice n'ont pas de quoi faire la dépense de leur uniforme.

2°. Tous les prêtres, moines et les citoyens aisés qui ne seront pas appelés à tour de rôle pour faire leur service, payeront 20 sous pour chaque garde qui leur touchera par forme d'amende ou de compensation.

3°. Ils en feront le payement à leur respective Municipalité qui en tiendra régistre, et en rendra compte chaque décade à la Commission de Gouvernement qui déterminera ensuite l'usage qui devra en être fait.

4°. Le présent arrêté sera envoyé aux deux Municipalités de cette Cité, qui veilleront attentivement à son exécution.

Le Président de la Commission
(Signé) BOSREDON RANSIJAT.

Cet arrêté a été envoyé à la susdite Municipalité et à celle de l'Ouest.

***

....

La Municipalité de l'Ouest a envoyé à la Commission de Gouvernement copie d'une lettre écrite par le Général Vaubois au Citoyen Sceberras chef de Brigade de la Garde Civique de son arrondissement pour lui ordonner de suspendre l'exécution de l'arrêté qu'avait pris la Commission de Gouvernement concernant la tenue et les devoirs de la Garde Civique de service au lieu de ses séances.

Il a paru que cette lettre avait été provoquée par le Citoyen Sceberras lui même, mais la Commission par égard pour ce Général s'est bornée à le prier d'approuver le dit arrêté.

***

A la Cité de Malte le 4 Fructidor de l'an VI de la République (1)
(21 Août 1798)

Aux Municipalités de l'Ouest et de l'Est.

La Commission ayant pris en considération les recours multipliés des Citoyens sur la justice qu'il y aurait d'assujétir au service de la Garde Civique tous ceux qui depuis l'âge de dix-huit jusqu'à cinquante ans sont en état de faire ce service, elle a chargé son Président d'en conférer avec le Général Vaubois, lequel a declaré qu'à l'exception des membres qui composent la Commission de Gouvernement, du Secrétaire Général des Municipalités et de leur Secrétaire respectivement, des Tribunaux, Juges de Paix, et leurs greffiers seulement, les Commissaires et le Secrétaire de l'administration des biens nationaux, personne ne devait en être exempté si ce n'est le père de famille dont la pauvreté sera bien constatée. D'après cela, tous les autres Citoyens quelle que soit leur profession ou leurs emplois seront inscrits sur le rôle, et devront monter ou payer la garde lorsqu'elle leur touchera. Vous pourrez donc, Citoyens, donner vos ordres en conséquence.

Quant à la demande que vous nous avez faite pour fixer une solde à l'écrivain, au tambour major et aux neuf tambours de cette garde, notre Président en a également parlé au susdit Général qui lui a promis de s'occuper des moyens d'y pourvoir.

Salut et fraternité
Le Président de la Commission
(Signé) BOSREDON RANSIJAT
Par le Président
Le Secrétaire Général
(Signé) DOUBLET.

* * *

Séance du 4 Fructidor an VI, au matin (2).
(21 Août 1798)

. . . .

Les demandes réitérées que plusieurs Citoyens ont faites à la Commission de Gouvernement concernant le service de la

______

(1) Lettres écrites par la Commission de Gouvernement, pag. 193.
(2) Régistre des Délibérations de la Commission de Gouvernement, Tome III, pag. 7.

Garde Civique ont donné lieu à une explication à ce sujet de la part de la Commission, qui après avoir chargé son Président d'en conférer avec le Général Vaubois, a écrit aux Municipalités de l'Ouest et de l'Est, qu'à l'exception des membres composant la Commission de Gouvernement et de son Secrétaire Général, des Municipalités, des Commissaires de l'Administration des Biens Nationaux, des Juges des Tribunaux, des Juges de paix et de leurs Secrétaires et Greffiers respectifs, aucune autre personne n'en était exempte, quelque fut son employ et profession, si ce n'est le père de famille dont la pauvreté sera bien constatée.

Documents et Arrêtés concernants les Aspirants de la Marine destinés pour l'Armée Française.

Séance du 18 Messidor an VI au matin (1)
(6 Juillet 1798)

. . . .

Le Commissaire du Gouvernement français a écrit a la Commission pour lui participer la nomination qu'il a fait de six jeunes Maltais, destinés par le Général en Chef Bonaparte à naviguer en qualité d'Aspirant de la Marine sur les vaisseaux de la République et l'inviter à prévenir leurs parents de cette nomination, et qu'ils devront assister à la Fête Nationale du 14 Juillet.

Il a en conséquence été écrit une lettre circulaire aux pères de ces six jeunes Citoyens, dont copie a été adressée au Commissaire du Gouvernement français.

* * *

A la Cité de Malte le 18 Messidor de l'an VI de la République (2)
(6 Juillet 1798).

Aux Citoyens,
. . . .
. . . .

Le Commissaire du Gouvernement français vient d'informer la Commission de Gouvernement que, conformément à l'arrêté du Général en Chef Bonaparte, votre fils. . . . . destiné à être embarqué en qualité d'*Aspirant de la Marine* sur les bâtiments de la République;

Qu'il doit être habillé et prêt à partir au premier jour;

Que son uniforme sera un pantalon et gilet bleu, habit veste ou habit court bleu, un sabre porté en baudrier noir, boutons à l'ancre.

Il est essentiel que vous sachiez que le Général en Chef a prononcé une amende de mille écus de France contre ceux qui

---

(1) Régistre des Délibérations de la Commission de Gouvernement, Tome II, pag. 7 (C. A. Office).
(2) Lettres écrites par la Commission, etc. pag. 42 (C.A. Office)

n'exécuteraient pas ses intentions s'ils n'ont pas une excuse ou empêchement légitime.

Votre fils aura pour camarades cinq autres jeunes gens Maltais. Si leur habillement est prêt, ils auront une place marquée à la fête du 14 Juillet.

Le Président de la Commission
(Signé) BOSREDON RANSIJAT
Par le Président
Le Secrétaire Général
(Signé) DOUBLET.

*_**

Séance du 21 Messidor au soir (1)

(9 Juillet 1798)

———

La Municipalité de l'Est a fait part que Felix Darmanino, nommé Aspirant de Marine, désire pour raison de santé, mettre Grégoire Sciriha à sa place.

La Commission lui a répondu avoir envoyé cette demande au Commissaire du Gouvernement.

*_**

A la Cité de Malte le 21 Messidor au soir de l'an VI de la République (2).

(9 Juillet 1798.)

———

À la Municipalité de l'Est,

La Commission de Gouvernement a reçu, Citoyens, votre lettre de ce jour relative à la demande du Citoyen *Felix Darmanino*, nommé Aspirant de Marine et qui par raison de santé désirerait mettre à sa place Grégoire Sciricha *(Sciriha)*.

La Commission ne se croyant pas compétente pour prononcer sur cette demande vient de la renvoyer au Commissaire du Gouvernement.

Salut et amitié.
Le Président de la Commission
(Signé) BOSREDON RANSIJAT
Par le Président
Le Secrétaire Général
(Signé) DOUBLET.

———

(1) Régistre des Délibérations de la Commission de Gouvernement, Tome II, pag. 58.

(2) Lettres écrites par la Commission de Gouvernement, pag. 47 (C. A. Office).

Séance du 23 Messidor an VI, au matin (1)
(11 Juillet 1798)

La Commission de Gouvernement a reçu du Commissaire de Gouvernement, une lettre qui lui fait savoir que le Citoyen Mattei, qui avait été élu Aspirant de la Marine, attendu ses incommodités, a préféré d'être inscrit parmi les 6o jeunes gens désignés pour aller à Paris. Le susdit Commissaire ajoute que le Citoyen *Nicolas Morello* a demandé à remplacer Mattei comme Aspirant de la Marine.

En conséquence sa lettre d'Aspirant lui a été expédiée.

* * *

A la Cité de Malte le 23 Messidor an VI de la République (2)
(11 Juillet 1798)

La Commission de Gouvernement au Citoyen *Michel Morello* à Malte.

Le Commissaire du Gouvernement français vient d'informer la Commission de Gouvernement que, conformément à l'arrêté du Général en Chef Bonaparte votre fils *Nicolas Morello* est destiné à être embarqué en qualité d'Aspirant de la Marine sur les bâtiments de la République.

Qu'il doit être habillé prêt à partir au premier jour.

Que son uniforme sera un pantalon et gilet bleu, habit veste ou habit court bleu, un sabre porté en baudrier noir, boutons à l'ancre.

Il est essentiel que vous sachiez que le Général en Chef a prononcé un amende de mille écus de France contre ceux qui n'exécuteraient pas ses intentions s'ils n'ont pas une excuse ou empêchement légitime.

Votre fils aura pour camarades cinq autres jeunes gens Maltais. Si leur habillement est prêt ils auront une place marquée à la fête du 14 Juillet.

Le Président de la Commission
(Signé) BOSREDON RANSIJAT
Par le Président
Le Secrétaire Général
(Signé) DOUBLET.

---

(1) Régistre des Délibérations de la Commission de Gouvernement, Tome II, pag. 77.

(2) Lettres écrites par la Commission etc., pag. 51 (C.A. Office)

A la Cité de Malte le 25 Messidor de l'an VI de la République (1)

(13 Juillet 1798)

———

La Commission de Gouvernement au Citoyen *Nicolas Sciriha* à l'Isle *(La Senglée)*.

Le Commissaire du Gouvernement français vient d'informer la Commission de Gouvernement que, conformément à l'arrêté du Général en Chef Bonaparte votre fils *Grégoire Sciriha* est destiné à être embarqué en qualitè d'Aspirant de la Marine sur les bâtiments de la République.

(Le reste comme dans la lettre précédente).

* * *

A la Cité de Malte le 1er. Thermidor de l'an VI (2)

(19 Juillet 1798)

———

La Commission de Gouvernement au Citoyen *Benjamin Maurin* à Malte.

Le Commissaire du Gouvernement français vient d'informer la Commission de Gouvernement que, conformément à l'arrêté du Général en Chef Bonaparte votre fils *Joseph Maurin* est destiné à être embarqué en qualité d'Aspirant de la Marine sur les bâtiments de la République.

(Le reste comme dans la lettre précédente adressée à *Michel Morello*).

* * *

Séance du 1er Thermidor de l'an VI (3)

(19 Juillet 1798)

———

Le Citoyen Joseph Maurin a demandé à remplacer comme Aspirant de la Marine le Citoyen Antoine Berti qui avait demandé et obtenu sa démission.

Il a été écrit une lettre d'acceptation au Citoyen Benjamin Maurin, son père.

———

(1) Lettres écrites par la Commission de Gouvernement, pag. 61.

(2) Ibid. pag. 76.

(3) Régistre des Délibérations de la Commission de Gouvernement, Tome II, pag. 187.

Séance du 2 Thermidor au matin (1)
(20 Juillet 1798)

....

La Commission a écrit au Commissaire Ordonnateur de la Marine pour l'inviter à accorder au Citoyen Antoine Doublet fils du Secrétaire Général et au Citoyen Rigaud deux places d'Aspirant de la Marine.

Il a répondu qu'il consentait à accorder une de ces places au Citoyen Doublet, et qu'il placerait en la même qualité le Citoyen Rigaud sur le premier bâtiment qui passerait.

* * *

Séance du 14 Thermidor (2)
(1 Août 1798)

Le Citoyen Xavier Rigaud est instruit par la Commission de Gouvernement que conformément à l'arrêté du Général en Chef Bonaparte, il est destiné à être embarqué en qualité d'Aspirant de la Marine, sur les bâtiments de la Rèpublique, en l'avertissant de se tenir prêt à partir au premier jour, et luy apprend, quel est son uniforme, et quelle est l'amende prononcée par le Général en Chef, contre ceux qui n'exécuteraient pas ses intentions.

* * *

A la Cité de Malte le 14 Thermidor de l'an VI de la Républi-que (3).
(1 Août 1798)

Au Citoyen *Xavier Rigaud*.

Le Commissaire du Gouvernement français vient d'informer la Commission de Gouvernement que confermément à l'arrêté du Général en Chef Bonaparte vous êtes, Citoyen, destiné à être embarqué en qualité d'Aspirant de la Marine sur les bâtiments de la République.

Vous devez être habillé et prêt à partir au premier jour.

Votre uniforme sera un Pautalon et gilet blue, habit veste on habit court blue, un sabre porté en baudrier noir, boutons à l'ancre.

---

(1) Régistre des Délibérations de la Commission de Gouvernement, Tome II, pag. 205.

(2) Ibid. Tome II, pag. 331.

(3) Lettres écrites par la Commission de Gouvernement, pag. 146.

Il est essentiel que vous sachiez que le Général en Chef a prononcé une amende de mille écus de France contre ceux qui n'exécuteraient pas ses intentions s'ils n'ont pas une excuse ou empêchement légitime.

> Le Président de la Commission
> (Signé) BOSREDON RANSIJAT.
> Par le Président
> Le Secrétaire Général
> (Signé) DOUBLET.

** **

A la Cité de Malte le 30 Frimaire an VIII (1)
(21 Décembre 1799)

———

Au Citoyen *Xavier Sciriha*

Vous verrez par l'arrêté ci-joint, que la Commission n'a rien omis, Citoyen pour rectifier le faux materiel, qui s'étoit glissé dans la lettre par laquelle elle notifiait en votre absence au Citoyen votre père, que vous étiez destiné à être embarqué sur les bâtiments de la République, conformément aux ordres de Bonaparte.

> Salut et fraternité.
> Le Président de la Commission
> (Signé) BOSREDON RANSIJAT.
> Le Secrétaire Général
> (Signé) BREUVART.

———

(1) Lettres écrites par la Commission de Gouvernement, pag. 406.

Documents et Arrêtés concernants les Soixante jeunes gens Maltais désignés par Bonaparte pour aller à Paris.

Séance du 23 Messidor an VI au matin (1).
(11 Juillet 1798)

....

Le susdit Commissaire a envoyé à la Commission une copie de l'Ordre du Général en Chef Bonaparte concernant la liste des 60 jeunes gens qui doivent être envoyés à Paris, et l'invite à faire le plutôt possible la confection.

On a décidé de s'en occuper incessament.

* * *

A la Cité de Malte le 2 Thermidor de l'an VI de la République (2)

(20 Juillet 1798)

Au Commissaire de Marine, le Citoyen Menard, Ordonnateur en ce port.

La Commission de Gouvernement voulant donner une preuve de son estime au Citoyen Doublet son Secrétaire Général qui, après avoir désigné son fils aîné pour un des soixante jeunes Maltais qui doivent, selon l'ordre du Général en Chef Bonaparte, être envoyés à Paris, désirerait pouvoir placer un autre de ses enfants Aspirant de la Marine, vous prie, Citoyen Commissaire Ordonnateur, de lui accorder cette faveur.

Le Citoyen Xavier Rigaud, frère d'un de nos Commis aux expéditions, a demandé la même faveur.

La Commission s'est adressée au Commissaire du Gouvernement le Citoyen Regnaud de St. Jean d'Angely, qui l'a engagée, Citoyen Ordonnateur, à vous en écrire; et elle le fait avec d'autant plus de plaisir, qu'elle est d'avance bien persuadée que vous ne refuserez pas d'adhérer à cette double prière, si cela dépend de vous.

Salut et fraternité.
Le Président de la Commission
(Signé) Bosredon Ransijat etc.

---

(1) Régistre des Délibérations de la Commission de Gouvernement, Tome, II. pag. 84.
(2) Lettre écrites par la Commission de Gouvernement pag. 80.

Séance du 11 Thermidor (1).
(29 Juillet 1798).

— —

Le Commissaire du Gouvernement français a écrit de-nouveau à la Commission de Gouvernement pour l'inviter à faire connoître aux parents des jeunes gens désignés pour aller à Paris, l'ordre du Général en chef Bonaparte, dont il lui a envoyé copie dans sa lettre.

****

Séance du 12 Thermidor (2)
(30 Juillet 1798)

———

Sur la lettre et la copie de l'ordre du Général en chef Bonaparte relatif aux 60 jeunes gens qui doivent être envoyés à Paris, que la Commission a reçu le 11 de ce mois, du Commissaire du Gouvernement français, elle a adressé une lettre circulaire aux pères des jeunes gens, qui ont été désignés pour les prévenir et leur envoyer copie du susdit arrêté, avec ordre de s'y conformer.

La Liste de ces 60 jeunes gens n'ayant pu être complétée, on avait envoyé celle qui suit au Commissaire du Gouvernement, dont on a ensuite rayé ceux qui ont prouvé de n'avoir pas ou avoir plus que l'âge préscrit, ou manquer des moyens de pourvoir au traitement fixé par l'ordre de Bonaparte à ces enfants, ou enfin le mauvais état de santé de ces mêmes enfants.

Le Citoyen Vincent Doublet fils du Secrétaire Général.

Un des fils du Citoyen Joachim Farrugia, rayé (point de fortune) renvoyé au Citoyen Robert médecin.

Un de Thomas Agius, Marchand de vin, rayé, épileptique.

Un de Vincent Michallef, rayé, manque de moyens.

Un de Jean Galea, Jurat, rayé, parcequ'il a 18 ans.

Un de Sauveur Mallia, renvoyé au Citoyen Robert.

Un de Daniel Testaferrata, rayé, son fils a 15 ans, 8 mois.

Un de François Muscat, confiseur.

Un de Gavino Bonavita, rayé, manque de fortune.

Un de Joseph Depares.

———

(1) Régistre des Délibérations de la Commission de Gouvernement, Tome II, pag. 299.
(2) Ibid, Tome II, pag. 300.—301.

Un de Publio Ellul, rayé, son ainé n'a qu' 8 ans.

Un de Pierre Magro, rayé, le plus jeune a 18 ans 8 mois.

Un de Sauveur Manduca.

Un de Jean André Caruson, rayé, faute de moyens.

Un d'Antoine Mattei.

Celui de la veuve Fontani, renvoyé à l'examen du Citoyen Robert.

Les trois du Citoyen Sant, rayés, le plus jeune a 18 ans.

Louis Xuereb de Casal Zabbar, sa mère est veuve, lui même il n'a que 7 ans.

Un fils de Raphael Principato, rayé, manque de moyens.

Un de Joseph de Domenico, rayé, manque de moyens et son fils malade.

Un de Joseph Farrugia de Burmola, rayé, faute de moyens.

Un de Jean Attard son fils n'a pas 8 ans, rayé.

* * *

Séance du 12 Thermidor (1)
(30 Juillet 1798).

———

En réponse à la lettre du Commissaire du Gouvernement du 11 de ce mois, la Commission l'informe qu'elle a joint à une lettre circulaire qu'elle a fait passer aux pères de jeunes gens qui doivent être envoyés à Paris, une copie de l'Ordre du Général en Chef Bonaparte, mais que malgré la perquisition la plus scrupuleuse il n'a pas été possible d'en trouver au delà de 20 et que n'y en ayant que 19 sur la liste qu'elle lui a envoyé, le vingtième est le nommé Louis Xuereb de Casal Zabbar, âgé d'environ de neuf ans.

* * *

A la Cité de Malte le 12 Thermidor de l'an VI de la République (2)

(30 Juillet 1798)

———

Au Citoyen Regnaud de St. Jean d'Angely Commissaire de Gouvernement français.

D'après votre lettre du 11 Thermidor, Citoyen Commissaire, relative aux 60 jeunes gens Maltais que le Général

———

(1) Régistre des Délibérations de la Commission de Gouvernement, Tome II, pag. 312.

(2) Ibid, Tome II, pag. 131.

en Chef Bonaparte a ordonné d'envoyer à Paris et dont il n'a pas été possible de trouver au delà de 20, la Commission de Gouvernement a écrit respectivement à chaque père de famille, en leur envoyant une copie de l'arrêté de ce Général, telle que vous nous l'avez adressée.

Dans la liste que nous vous avons envoyée de ces jeunes gens il y en avait 19. Voici le vingtième.

Louis Xuereb de Casal Zabbar, âgé de 9 ans environ.

Salut et fraternité
Le Président de la Commission
(Signé) BOSREDON RANSIJAT etc.

* * *

A la Cité de Malte le 12 Thermidor de l'an VI de la République (1)

(30 Juillet 1798)

Au Citoyen Joachim Farruggia,

La Commission de Gouvernement a nommé un de vos fils, Citoyen, pour être du nombre des 60 jeunes Maltais désignés pour aller à Paris, en vertu de l'ordre du Général en Chef Bonaparte, dont vous trouverez une copie cy-jointe, telle que le Commissaire du Gouvernement nous l'a transmise. Nous vous invitons à vous y conformer.

Salut et estime.
Le Président de la Commission
(Signé) BOSREDON RANSIJAT etc.

La même lettre aux Citoyens:—

> Ovide *Doublet*, Secrétaire Général de la Commission de Gouvernement.
> Thomas *Agius*, marchand de vin.
> Vincent *Micallef*, Consul de Naples.
> Jean *Gallia*, *(Galea)* Jurat.
> Sauveur *Mallia*,
> Daniel *Testaferrata*,
> François *Muscat*, confiseur.
> Gavino *Bonavita*,
> Joseph *Depares*, à l'Isle.
> Publio *Ellul*, négociant.
> Pietro *Magro*,
> Sauveur *Manduca*,
> Jean André *Caruson*,
> Antoine *Mattei*, *négociant.*

(1) Lettres écrites par la Commission de Gouvernement, pag. 132.

À la Cité de Malte le 12 Thermidor de l'an VI de la République (1)

(30 Juillet 1798).

Au Citoyen Jean François Sant, Trésorier du Gouvernement.

La Commission de Gouvernement a nommé, Citoyen, vos trois enfans qui étudient à Milan pour être du nombre des 60 jeunes gens qui en vertu de l'ordre de Général en chef Bonaparte doivent être envoyés à Paris. Nous vous adressons cy-jointe une copie de cet ordre, telle que le Commissaire du Gouvernement nous l'a transmise, et nous vous invitons à vous y conformer.

Salut et estime.
Le Président de la Commission
(Signé) BOSREDON RANSIJAT.
Par le Président
Le Secrétaire Général
(Signé) DOUBLET.

* * *

A la Cité de Malte le 12 Thermidor an VI (2).

(30 Juillet 1798)

A la Citoyenne Jeanne Fontani.

La Commission de Gouvernement a nommé votre fils, Citoyenne, pour être un des 60 jeunes Maltais qui en vertu de l'ordre du Général en chef Bonaparte doivent être envoyés à Paris. Vous trouverez cy-jointe une copie de l'ordre de ce Général tel que le Commissaire duGouvernement français nous l'a transmise. Nous vous invitons, Citoyenne, à vous y conformer.

Salut et estime.
Le Président de la Commission
(Signé) BOSREDON RANSIJAT.
Par le Président
Le Secrétaire Général
(Signé) DOUBLET.

----

(1) Lettres écrites par la Commission de Gouvernement, pag. 133.

(2) Ibid, pag. 133.

Séance du 15 Thermidor (1)
(2 Août 1798)

Le Citoyen Pierre Magro, un des fils duquel avait été désigné dans le nombre des 60 jeunes gens qui selon l'ordre de Bonaparte devaient aller à Paris, a présenté ce jeune homme et les documents qui prouvent que son âge excède celui fixé par ce Général.

* * *

Séance du 29 Thermidor an VI (2)
(16 Août 1798)

Vû la pétition du Citoyen Thomas Agius, par la quelle il fait connaître les infirmités de son fils désigné et compris dans la liste des soixante jeunes gens qu'on doit envoyer à Paris, par ordre du Général en Chef Bonaparte;

Vû encore le rapport du Citoyen Robert Médecin en Chef de l'Hôpital qui a été ordonné:—

La Commission de Gouvernement faisant droit à la demande fondée sur l'équité et la justice, a ordonné que le Citoyen Carmelo Agius fils de l'exposant, serait rayé de la liste de ceux désignés pour aller à Paris.

* * *

Séance du 13 Fructidor. (3)
(30 Août 1798)

Le Commissaire du Gouvernement français a écrit à la Commission de Gouvernement pour l'inviter à faire tenir prêts pour partir sous 3 jours les 19 jeunes gens inscrits pour être envoyés à Paris, de n'admettre aucune espèce d'excuse, et de lui envoyer toutes les pétitions présentées par les parents pour faire dispenser leurs susdits enfants de ce voyage.

La Commission a demandé en même temps la liste des 30 jeunes Maltais dont il devait être formé une Compagnie de Volontaires pour rester à Malte.

La Commission a envoyé cette liste, ces pétitions au susdit Commissaire et donné les ordres nécessaires pour le départ de ces 19 jeunes gens.

---

(1) Régistre des Délibérations de la Commission de Gouvernement, Tome II, pag. 337.
(2) Ibid, Tome II, pag. 409.
(3) Ibid. pag. Tome III, pag. 48.

Documents et Arrêtés concernants les 30 Jeunes gens Volontaires pour former la Compagnie des Guides Maltais.

Séance du 17 Messidor an VI au matin (1)
(5 Juillet 1798)

....

Le Général Vaubois a écrit à la Commission une seconde lettre tellement intéressante, qu'elle en a ordonné l'enregistrement au procès verbal. Elle est de la teneur suivante:—

"République Française.

Au Quartier Général de Malte
le 17 Messidor an VI de la République Française une et indivisible.

Vaubois Général de Division Commandant en Chef dans les Isles de Malte et du Goze.

Aux Membres composant la Commission de Gouvernement.

Vous avez surement pensé, Citoyens, que je n'étois pas l'auteur de la lettre sur la Chasse. Sur la demande des gardes qui vouloint savoir leur sort, je dis à un officier de Chasseurs qui étoit à côté de moi, pendant que j'écrivois, aller dire au Chef de l'Etat Major de faire un ordre à mon nom par lequel je defends de chasser jusqu'à l'époque ordinaire à cause des biens de la terre, purement et simplement. Cet officier de Chasseurs lui expliqua surement le mode ancien, il l'a écrit sans en sentir la conséquence, et voila comme c'est fait cette grossière faute, où mon nom paroit ce qui me fâche beaucoup.

Je vous prie de faire connoître au Juge Criminelle (que ca ne regarde en rien) que je détruis cet ordre donné sans réflexion, dans le sens contraire à ce que j'ai dit, et positivement l'inverse de mes principes.

J'en écris aussi de mon côté au Juge.

Je passe à autre chose en vous annonçant qu'il ne parviendra plus d'ordre que par moi, et que j'enjoins à l'Adjudant Général n'en jamais donner de son Chef. Je serois sur alors de la marche des affaires.

____

(1) Régistre des Délibérations de la Commission de Gouvernement, Tome II, pag. 3.

Des jeunes gens se présentent pour entrer dans la Compagnie des 30 jeunes gens qui doivent être formés d'après l'Ordre du Général en Chef.

L'article de l'Ordre qui la concerne est ainsi conçu.

Art. 3.

Il sera formé une Compagnie de trente volontaires composée de jeunes gens de 15 à 20 ans et pris dans les familles les plus riches.

Art. 5

Le Général de Division désignera dans l'espace de dix jours à la Commission du Gouvernement, les hommes qui doivent composer la dite Compagnie. La Commission de Gouvernement le leur fera signifier et 10 jours après il seront obligés d'être habillés et armés d'un sabre, ils auront le même uniforme que les guides de l'armée à l'exception qu'ils porteront l'eguillette et le bouton blanc.

Art. 7

Ceux qui ne se trouveront pas à la revue que passera le Général de Division 10 jours après, seront condamnés les jeunes gens à un an de prison, et les parents jouissant du bien de la famille à mille écus d'amende.

(Signé) Vaubois.

* * *

Séance du 18 Messidor au matin an VI (1)
(6 Juillet 1798)

....

Le Citoyen Pierre Antoine Madiona s'est présenté pour se faire inscrire au nombre des 30 jeunes Maltais désignés par le Général en Chef Bonaparte pour volontaires et qui doivent porter l'uniforme des Guides de l'Armée. Son inscription au procès verbal a été ordonnée.

* * *

Séance du 19 Messidor de l'an VI, au matin (2)
(7 Juillet 1798)

....

On a écrit différentes lettres au Général Vaubois en réponse à la sienne du 18 Messidor.

---

(1) Régistre des Délibérations de la Commission de Gouvernement, Tome, II. pag. 6.
(2) Ibid. pag. 30.

. . . .

La 4e. pour l'instruire que le Commissaire du Gouvernement français a dit qu'il s'occupait de la liste des 30 jeunes Maltais destinés à former une Compagnie de Guides, qu'il se proposait de la lui communiquer, et qu'alors la Commission prendrait la détermination qui serait jugée convenable par ce Général et le Commissaire de la République.

. . . .

* * *

Séance du 30 Messidor au matin an VI (1)
(18 Juillet 1798)

———

Le Citoyen Sauveur Vella est venu demander à être inscrit dans la Compagnie des 30 volontaires désignés dans l'ordre du Général en Chef Bonaparte, et qui doivent porter l'uniforme des Guides de l'Armée.

La Commission de Gouvernement a adhéré à sa demande.

* * *

A la Cité de Malte le 28 Fructidor de l'an VI de la République (2).
(14 Septembre 1798)

———

Au Citoyen Bertis Président de la Municipalité de l'Est.

Nous vous invitons, Citoyen, à vous rendre demain matin vers le huit heures et demie à la salle de la Commission de Gouvernement, pour nous aider à former la liste des trente jeunes gens destinés par le Général Bonaparte à former une Compagnie. Tout ce qui la regarde est compris dans les Articles V, VI, et VII, de l'Ordre du Général en Chef du 28 Prairial, dont vous trouverez cy-joint un exemplaire.

Salut et fraternité
Pour le Président de la Commission
(Signé) BOSREDON RANSIJAT.
Le Secrétaire Général
(Signé) DOUBLET.

————————

(1) Régistre des Délibérations de la Commission de Gouvernement, Tome II, pag. 169.

(2) Lettres écrites par la Commission de Gouvernement, pag. 223

*A la Cité de Malte le 29 Fructidor de l'an VI de la Répu-
blique* (1)

(15 Septembre 1798)

Au Citoyen Regnaud de St. Jean d'Angely Commissaire
du Gouvernement.

Nous vous adressons, Citoyen Commissaire, la liste des
trente jeunes gens que vous nous avez demandée hier. Elle
est composée des enfants des plus riches Citoyens, et nous
y avons mis toute l'attention possible.

Salut et fraternité
Le Président de la Commission
(Signé) BOSREDON RANSIJAT
Le Secrétaire Général
(Signé) DOUBLET.

* * *

Séance du 29 Fructidor—Suite de la Séance Permanente (2)

(15 Septembre 1798)

Après avoir terminé la liste susdite des 30 jeunes volontaires Maltais, la Commission l'a envoyée au Commissaire
du Gouvernement français ainsi qu'il suit:—

Malte le 29 Fructidor an VI.

Au Citoyen Regnaud de Saint Jean d'Angely Commissaire
du Gouvernement français.

Nous vous adressons, Citoyen Commissaire, la liste des
30 jeunes gens que vous nous avez demandée hier. Elle
est composée des enfants des plus riches Citoyens, et nous
y avons mis toute l'attention possible.

Salut et fraternité
Le Président de la Commission
(Signé) BOSREDON RANSIJAT
Le Secrétaire Général
(Signé) DOUBLET.

---

(1) Lettres écrites par la Commission de Gouvernement, pag. 224

(2) Régistre des Délibérations de la Commission de Gouvernement, Tome III, pag. 105.

Liste pour la Compagnie de trente jeunes Maltais.

Municipalité de l'Ouest.

Jean Baptiste Schembri
Joseph Pussièlgue
Laurent Testaferrata
François Zammit, fils du Juge
Pierre Antoine Madiona
Nicolas Testaferrata
Joseph (Testaferrata) son frère
Georges Schembri
Sauveur Vella
Joseph Borg, fils de Lippo
Le fils de l'ex-Marquis Apap
Guillaume Torregiani
Un des fils du Cassier de l'Université, Galea
Sauveur Schembri, fils de Gallina
Un des fils de Joseph Bonavita le notaire
Paul Pulis, de la Marine
Le fils de Jean Baptiste Mattei
Un des fils de Reaucourt
Un des fils de Joseph Portanier
Un des fils du Juallier Vella
Un des fils de François Gauci

Municipalité de l'Est.

Joseph Mattei, fils d'Antoine
Jean Baptiste Xicluna, fils du Médecin
Michel Cini, fils de Benoît de la Senglée
Jean François, fils de Nicolas Sciriha
Antoine Bertis, frère du Président
Joseph Carbott, fils du Municipaliste
Joseph Magro, fils de Pierre
Un des fils du Juge de Paix Scifo
Jean Marie Demajo, fils de François.

———————

Documents et Arrêtés concernants les Marins Maltais enrôlés sur lesVaisseaux de la République Française.

Séance du 30 Messidor au matin an VI (1)
(18 Juillet 1798)

. . . .

Le même Commissaire du Gouvernement a indiqué une mesure à prendre pour procurer au vaisseau et à la frégate de la République les Matelots qui leur manquent. Il a en conséquence invité le susdit Président de la Municipalité de l'Ouest à envoyer un de ses Membres se concerter là-dessus avec le Commissaire Ordonnateur de la Marine Menard et a requis la Commission de Gouvernement d'écrire pour le même objet à la Municipalité de l'Est, ce qui a été fait.

Cette mesure consistait à faire prendre par les Chasseurs, les Maltais connus pour avoir navigué comme matelots sur les vaisseaux de l'ex-Ordre et à les faire porter à bord de ceux de la République en leur donnant 15 jours ou un mois de paye anticipée.

* * *

Séance du 1er. Thermidor de l'an VI (2)
(19 Juillet 1798)

La Municipalité (de l'Ouest) d'après une lettre du Commissaire Ordonnateur de la Marine a demandè à être autorisée à faire une proclamation à tous les marins, et il a été pris l'arrêté suivant:—

"La Commission de Gouvernement autorise la Municipalité de l'Ouest à publier au nom de Gouvernement la proclamation tendante à obliger les marins déjà enrôlés à rejoindre le drapeau républicain, et ceux qui ne le sont pas, à se porter à bord pour être admis à l'honneur de servir la République".

---

(1) Régistre des Délibérations de la Commission de Gouvernement, Tome II, pag. 174.
(2) Ibid., Tome II, pag. 186.

Séance du 2 Thermidor au matin (1)
(20 Juillet 1798)

———

Le Commissaire du Gouvernement écrit à la Commission que la Marine a encore besoin de 200 matelots, et l'invite à donner ordre aux Municipalités d'en faire rassembler le plus possible à la Castellanie, en prenant les hommes sans état, sans mœurs de préférence.

On a écrit sur le champ en conséquence à toutes les Municipalités.

* * *

Séance du 3 Thermidor (2).
(21 Juillet 1798)

———

Sur l'invitaion du Commissaire du Gouvernement français, la Commission a donné des ordres à toutes les Municipalités des Cantons pour faire arrêter et conduire à la Castellanie de la Cité de Malte tous les sujets, qui de notoriété publique ont été connus dans chaque Casal pour troubler le repos et la tranquillité des Citoyens paisibles, soit par des vols, des voyes de fait ou des rixes, de même que ceux qui coupables de plusieurs forfaits, s'étoient réfugiés dans les Eglises, qui jouissoient du droit de l'immunité par un abus criant de l'ancien Gouvernement, à fin de les employer à compléter les équipages d'un vaisseau et d'une frégate de la République, prêts à partir.

* * *

A la Cité de Malte le 3 Thermidor an VI de la République (3)
(21 Juillet 1798)

Circulaire à toutes les Municipalités de Cantons.

La Commission de Gouvernement français vient de nous inviter à donner ordre à toutes les Municipalités des Cantons, de faire arrêter tous les sujets qui sont publiquement connus dans chaque Casal pour troubler le repos et la tranquillité

———

(1) Régistre des Délibérations de la Commission de Gouvernement, Tome II, pag. 188.

(2) Ibid. Tome II, pag. 213.

(3) Lettres écrites par la Commission de Gouvernement, pag. 82.

des Citoyens, soit par des vols, soit par voies de fait ou des rixes qui sous l'ancien gouvernement les avait forcés de se refugier dans les Eglises qui jouissaient du droit abusif de l'immunité, pour compléter les équipages du vaisseau et de la frégate de la République prêts à partir.

La Commission de Gouvernement se prête d'autant plus à cette mesure, qu'elle lui avait déjà été proposée par plusieurs Municipalités comme propre à purger l'île de tous les mauvais sujets.

Vous ne sauriez donc mettre trop promptement cet ordre à exécution, en prenant toutes les précautions de sureté que sa prudence exigera pour qu'il n'arrive point de malheur.

Vous les ferez tous conduire à la Castellanie de la Cité de Malte, d'où ils seront successivement conduits à bord du vaisseau ou de la frégate.

En les envoyant ici, vous aurez soin d'adresser à la Commission de Gouvernement un état contenant leurs noms et demeures.

Le Président de la Commission
(Signé) BOSREDON RANSIJAT etc.

* * *

Séance du 5 Thermidor (1)
(23 Juillet 1798)

———

Vous communiquerez aux deux Municipalités du Goze, et leur ferez mettre à exécution la lettre circulaire à toutes les Municipalités qui leur ordonne de faire arrêter tous les malvivans pour être conduits à la Castellanie de Malte et embarqués sur les vaisseaux de la République.

* * *

A la Cité de Malte le 5 Thermidor de l'an VI de la République (2)
(23 Juillet 1798)

———

Au Général Vaubois.

La Municipalité de Zebbug demande une vingtaine de Chasseurs pour arrêter 18 individus destinés pour matelots.

———

(1) Régistre des Délibérations de la Commission de Gouvernement, Tome II, pag. 250-251.
(2) Lettres écrites par la Commission de Gouvernement, pag. 98.

La Commission vous prie instamment, Général, d'envoyer ces Chasseurs aujourd'hui pour que l'arrestation puisse se faire cette nuit, et les matelots être ici demain matin.

Le Président de la Commission
(Signé) BOSREDON RANSIJAT
Par le Président
Le Secrétaire Général
(Signé) DOUBLET.

*
* *

A la Cité de Malte le 5 Thermidor de l'an VI de la République (1)

(23 Juillet 1798)

A la Municipalité du Zebbug.

Nous avons reçu, Citoyens, votre lettre par laquelle vous nous exposéz la nécessité de vous procurer une force armée pour que vous puissez exécuter l'ordre que nous vous avons donné de faire arrêter tous les malveillans et vagabonds de votre Canton les envoyer à la Castellanie d'où ils seront traduits à bord du vaisseau et de la frégate qui sont de partence pour en compléter les équipages, nous avons de suite écrit au Général Vaubois pour qu'il mette à votre disposition le détachement de Chasseurs que vous demandez pour cette expédition.

Salut et fraternité.
Le Président de la Commission
(Signé) BOSREDON RANSIJAT
Par le Président
Le Secrétaire Général
(Signé) DOUBLET.

*
* *

Alla Città di Malta li 8 Thermidor dell'an VI (2)

(26 Juillet 1798)

Alla Municipalità del Nasciaro.

Dall'Attestato che ci è stato presentato sottoscritto d'uno di voi e dal vostro Segretario abbiam rilevato che per sbaglio sono stati compresi quattro galant'uomini in quelli che per

(1) Lettres écrites par la Commission de Gouvernement, pag. 98.
(2) Ibid., pag. 118.

ordine nostro avete fatto fermare per compire l'equipaggio del
vascello, e della fregata.

Onde per riparare a quest'inconveniente potete far arres-
tare altre quattro persone del numero dei Vagabondi stante ci
assicurano, che ne rimangono ancora molti di questi nel vostro
Cantone.   E allora quei quattro fermati senza giusti motivi
saranno rilasciati.

Salute e fraternità

Il Presidente della Commissione

(Soscritto) BOSREDON RANSIJAT.

Dal Presidente

Il Segretario Generale

(Soscritto) DOUBLET.

* * *

Séance du 13 Thermidor (1)

(31 Juillet 1798)

Le Citoyen Caruson, Commissaire de Marine de la République, a écrit à la Commission pour l'inviter à demander
à toutes les Municipalités des Isles de Malte et du Goze
le rôle des matelots inscrits et non inscrits.

La Commission de Gouvernement adresse une lettre
circulaire aux Ecrivains des vaisseaux, frégates et galères
de l'ancien gouvernement et à toutes les Municipalités des
Isles de Malte et du Goze pour lui procurer, le plus promptement possible, un rôle de tous les matelots non seulement attachés au service des vaisseaux et galères sous
l'ancien gouvernement mais encore de ceux qui l'étoient
aux bâtiments marchands, espéronars et bateaux de pêcheurs,
en les invitant à le dresser avec scrupule et exactitude
dans leurs arrondissements respectifs.

* * *

*A la Cité de Malte le 13 Thermidor de l'an VI de la Républi-
que* (2).

(31 Juillet 1798)

Lettre Circulaire au Citoyen Joseph Caminsuli 1er. Ecrivain
des Vaisseaux sous l'ancien gouvernement et Joseph
Carbone 1er. Ecrivain des Galères etc.

---

(1) Régistre des Délibérations de la Commission de Gouvernement, Tome II, pag. 321.

(2) Lettres écrites par la Commission de Gouvernement, pag. 140.

Le Citoyen Caruson, Commissaire de Marine pour l'inscription des Matelots de la République, vient de s'adresser à la Commission de Gouvernement pour avoir le rôle de tous les matelots qui non seulement étaient sous l'ancien gouvernement attachés au service des Vaisseaux et des Galères, mais encore des bâtiments marchands, espéronars et bateaux de pêcheurs.

La Commission vous invite, Citoyen, à remettre au susdit Citoyen Caruson le rôle des Matelots des Vaisseaux (des Matelots des Galères) le plus promptement qu'il vous sera possible.

Le Président de la Commission
(Signé) Bosredon Ransijat
Par le Président
Le Secrétaire Général
(Signé) Doublet.

* * *

A la Cité de Malte le 13 Thermidor de l'an VI (1)
(31 Juillet 1798)

A toutes les Municipalités,

Le Citoyen Caruson, Commissaire de Marine pour l'inscriptiondes Matelots de la République, vient de s'adresser à la Commission de Gouvernement pour avoir le rôle de tous les matelots qui non seulement étaient sous l'ancien gouvernement attachés au service des vaisseaux et des galères, mais encore des bâtiments marchands, corsaires, espéronars et bateaux de pêcheurs.

La Commission a déjà demandé aux écrivains des Vaisseaux et Galères les rôles de leurs matelots respectifs.

Elle s'adresse actuellement à toutes les Municipalités pour les inviter à former et à lui envoyer promptement le rôle de tous les matelots des bâtiments marchands, corsaires, espéronars et bateaux de pêcheurs de leur arrondissement respectif.

Elle se repose donc, Citoyens, sur votre zèle pour le prompt accomplissement de cette commission.

Le Président de la Commission.
(Signé) Bosredon Ransijat etc.

---

(1) Lettres écrites par la Commission de Gouvernement, pag. 140 (C. A. Office).

A la Cité de Malte le 17 Thermidor de l'an VI de la République (1)

(4 Août 1798)

———

Au Général de Division Vaubois.

La Commission ayant été invitée de la manière la plus pressante de procurer au vaisseau le *Dego* et à la frégate la *Carthaginoise* les hommes qui manquaient au complément de leurs équipages, elle a pris une mesure propre à y pourvoir promptement en invitant les Municipalités des Campagnes à faire conduire à la cy-devant Castellanie tous les individus connus dans chaque Village et notés pour querelleurs, perturbateurs, etc. à l'effet d'y rester à la disposition du Commissaire Ordonnateur de la Marine.

Cette mesure avait été adoptée d'un côté dans la bonne intention d'accélérer l'armement et le départ de ce vaisseau et de cette frégate; d'un autre côté on l'avait envisagée comme un bien pour le pays, qui par là se trouverait purgé de tous les sujets verreux (verruqueux?) qu'on aurait pu saisir et faire partir.

On ne s'était, il est vrai, pas dissimulé que beaucoup de ces gens là, embarqués malgré eux, seraient difficilement bons matelots. On s'était seulement flatté qu'ils pourraient le devenir en les assujetissant à une sévère discipline.

Mais on n'avait pas prévu le cas, où ces mauvais sujets reviendraient dans le pays.

Soit qu'ils aient déserté, ou qu'on les ait renvoyés, ce cas malheureux est arrivé, et même quelqu'un dentr'eux s'est déjà livré à des actes de vengeance.

Le frère d'un des membres de la Commission de Gouvernement a été attaqué, jetté à terre et aurait été assassiné par un de ces mauvais sujets, sans le courage qu'il a eu de lui arracher le poignard dont il allait le fraper.

Des Municipaux dans l'arrondissement desquels plusieurs de ces brigands sont rentrés craignent d'en être assaillis et assassinés.

Cette position est vraiment douloureuse, et fait regretter à la Commission qu'on ait omis de l'avertir du débarquement ou de la fuite de ces gens là.

———

(1) Lettres écrites par la Commission de Gouvernement, pag. 151.

La Commission vous prie, Citoyen Général, d'ordonner que tous ceux qui ont été embarqués et enrôlés comme matelots et qui en ce moment sont encore à bord seront punis comme déserteurs s'ils abandonnent le service avant d'avoir leur congé.

Elle va enjoindre aux Juges de Paix de surveiller ceux qui sont rentrés dans leurs districts respectifs, et même de les faire arrêter si la sureté des Citoyens et la tranquillité publique l'exigent.

Salut et fraternité

Le Président de la Commission

(Signé) BOSREDON RANSIJAT.

* * *

Séance du 17 Thermidor (1).

(4 Août 1798).

— —

La Commission de Gouvernement envoye à tous les Juges de Paix des Isles de Malte et du Goze, une lettre circulaire, par laquelle elle leur donne avis, que plusieurs individus mal notés de leurs Villages embarqués forcément sur le vaisseau et la frégate de la République avoient déserté ou avoient été enrôlés et qu'elle avoit appris que quelques uns d'entre eux s'étoient portés à de voyes de faité et à des menaces de vengeance contre ceux qui le avoient arrêtés par son ordre. En conséquence Elle invite les susdits Juges de Paix à les surveiller scrupuleusement et de les faire appeler chacun dans leur arrondissement respectif, pour leur intimer qu'à la première plainte fondée et formée contr'eux, ils seront punis suivant toute la rigueur des loix.

Le Général Vaubois est informé par la Commission de Gouvernement de la désertion ou du renvoi des pertubateurs de la tranquillité publique, embarqués sur le vaisseau et la frégate de la République, et des voyes de fait et des menaces, aux quelles plusieurs d'entr'eux s'étoient portés depuis leur rentrée dans les villages et que pour prévenir des plus grands malheurs, Elle l'invite d'ordonner que touts ceux qui ont été embarqués et enrôlés comme matelots et qui en ce moment sont encore à bord, seront punis comme déserteurs, s'ils abandonnent le service, avant d'avoir obtenu leur congé.

------

(1) Régistre des Délibérations de la Commission de Gouvernement, Tome II, pag. 346.

A la Cité de Malte le 18 Thermidor an VI (1)

(5 Août 1798)

——

A la Municipalité du Canton de Birchircara.

C'est avec un vrai déplaisir que la Commission de Gouvernement apprend que presque tous les mauvais sujets qu'elle vous avait chargé de faire arrêter pour être embarqués sur les vaisseaux de la République, sont parvenus à s'echaper et à retourner dans leurs Casaux respectifs où ils menacent de se porter contre vous à des actes de vengeance.

Plusieurs Municipalités nous ayant écrit la même chose nous en avons instruit le Général Commandant en Chef Vaubois en le priant d'ordonner que touts ceux qui sont encore à bord seront traités comme déserteurs s'ils abandonnent le service avant d'avoir obtenu leur congé en règle.

Pour ceux qui sont rentrés dans le pays nous avons écrit à tous les juges de paix, pour les exhorter à avoir constamment l'oeil ouvert sur ces brigands et même de les faire arrêter et renfermer si la sureté des Citoyens et la tranquillité publique l'exigent.

Si quelqu'un de ces malhereux montrait de l'inclination à changer de conduite et à vivre désormais en bon Citoyen il serait peut être autant de l'humanité que de la saine politique de leur pardonner leurs torts passés. Mais il faut être sans pitié pour ceux qui, ayant le coeur endurci, persevéraient à vouloir vivre dans le crime. C'est alors au juge de paix à les poursuivre, et à les dénoncer à l'accusateur public, le Citoyen Perez, à Malte. Veillez attentivement à ce que le juge de paix remplisse ce devoir sacré, avec la plus scrupuleuse exactitude.

Salut et estime.
Le Président de la Commission
(Signé) Bosredon Ransijat
Par le Président
Le Secrétaire Général
(Signé) Doublet.

——

(1) Lettres écrites par la Commission etc., pag. 155.

Séance du 19 Thermidor (1)
(6 Août 1798)

Le Général de Division Vaubois a écrit le 18 de ce mois à la Commission de Gouvernement en réponse à la sienne, pour lui apprendre, qu'en attendant que l'on puisse se procurer des matelots de bonne volonté, pour compléter les équipages du vaisseau et de la frégate, il a donné des ordres aux Commandants des dits vaisseau et frégate, pour surveiller tous les mauvais sujets qui ont été menés à bord par force, et que quant au crime commis sur la personne d'un parent d'un membre de la Commission, il a demandé des informations sur le nom et habitation de ce brigand, afin qu'un exemple terrible en impose aux malfaiteurs capables de pareils attentats. Cette lettre, dont l'enregistrement a été ordonné au procès verbal, est conçue comme il suit :—

"A la Commission de Gouvernement,

"Je m'apperçois mais trop tard, ainsi que vous, Citoyens, que la manière dont on a cherché à compléter les équipages est vicieuse, et qu'elle pourroit compromettre le vaisseau et la frégate à la rencontre de l'ennemi; il faut donc user d'une méthode plus sure, qui est de prendre des matelots de bonne volonté en payant exactement à eux ou à leurs familles le même salaire que la Religion payoit autrefois, et avec la même exactitude. En attendant la réussite de ce nouveau mode, j'écris aux Commandants de la frégate et du vaisseau de surveiller tous ces mauvais sujets qui ont été menés à bord par force.

Le crime commis sur la personne d'un membre de la Commission appelle la rigueur de la justice; je le prie de m'en faire connoître le nom et l'habitation et qu'enfin un exemple terrible en impose aux mauvais sujets capables de pareil attentat.'

Salut et fraternité
(Signé) VAUBOIS.

---

(1) Régistre des Délibérations de la Commission de Gouvernement, Tome II, pag. 349.

Séance du 26 Thermidor (1)

(13 Août 1798)

———

La Municipalité de l'Ouest a écrit à la Commission de Gouvernement en lui envoyant la lettre qu'elle a reçue du Citoyen Menard, Commissaire Ordonnateur de la Marine, et dans laquelle en l'instruisant que le Général de Division Vaubois a approuvé sa demande de faire fournir du pain aux familles des marins embarqués, il l'invite de faire annoncer à ses Concitoyens cette mesure de bienfaisance, de même qu'à toutes les Municipalités de l'Isle de Malte et du Goze.

Le dit Commissaire Ordonnateur instruit encore la Municipalité de la quantité de pain qui doit être distribué aux épouses et aux enfants de soldats, et lui transmet un modèle de certificat que chacune des épouses devra présenter au Bureau, qui sera établi dans l'Arsenal des Galères.

La Commission ordonne l'enregistrement de la lettre de la Municipalité de l'Ouest et de celle du Commissaire Menard ainsi conçues:—

Liberté.   Egalité.

Menard Commissaire de la Marine, Ordonnateur, aux Citoyens composants la Municipalité de l'Ouest de la Cité de Malte.

Je m'empresse de vous prévenir, Citoyens, que le Général de Division Commandant en Chef en cette Isle vient d'approuver la demande que je lui avois faite de faire fournir du pain aux familles des marins embarqués; veuillez bien faire annoncer à vos Concitoyens cette mesure de bienfaisance qui assure la subsistance aux épouses et aux enfants de ceux d'entre eux qui sont déjà ou qui se destineront au service de la République, de concert avec la Municipalité de l'Est, à laquelle j'écris aussi à ce sujet; faites l'annoncer également dans les diverses Municipalités de l'Isle, dites leur qu'à compter du premier Fructidor il leur sera fait tous les cinq jours une distribution qui sera réglée à raison de seize onces par jour pour l'épouse, de douze pour chaque enfant au dessus de dix ans et de huit onces pour chacun de ceux au dessous de cet âge. La valeur en sera déterminée sur le prix des grains et la retenue n'en sera faite qu'au désarmement des bâtiments. Assurez les encore que nous ne cesserons de faire des efforts pour venir à leur secours de toutes les manières, et que tous tant que nous sommes de français en cette Isle, nous ne désirons rien tant que leur bon-

———

(1) Régistre des Délibérations de la Commission de Gouvernement, Tome II, pag. 384.

heur, et que liés à notre grande famille, nous ne voulons jouir d'aucun avantage sans le partager avec eux, d'aucun repos, sans avoir assuré le leur; qu'ils soient bien persuadés que nous serions peu jaloux de nos prérogatives si elles n'étoient la base et le garant de leur prospérité.

Comme il importe d'assurer l'intérêt de la République que d'un autre côté nous ne voulons faire participer à cet avantage que les familles de ceux qui par leur attachement à son service mériteront d'en jouir, je vous adresse un modèle du certificat que chacune des épouses devra présenter, je vous prie de vouloir bien les inviter à se munir de cette pièce. Un bureau sera établi dans l'Arsenal des Galères où on leur donnera un billet qui indiquera la quantité de pain qu'elles devront recevoir, le jour et le lieu où on le leur délivrera.

Votre amour pour vos Concitoyens, votre zèle pour ce qui intéresse la République me sont un garant assuré de l'empressement que vous allez mettre pour donner à cette mesure salutaire tout l'effet dont elle est susceptible.

Salut et fraternité.
(Signé) MENARD.

(MODÈLE DU CERTIFICAT)

Liberté   Egalité

Je soussigné Curé de la Paroisse de............certifie que la Citoyenne............est l'épouse légitime du Citoyen.........marin embarqué sur les bâtiments de la République, qu'elle a......... enfants au dessus de dix ans et............au dessous de cet âge. En foi de quoi j'ai signé les présentes. A............le............

Nous membres de la Municipalité de.... ....certifions que le Citoyen............est Curé de la Paroisse de............et que le dit Citoyen............marin est réellement embarqué sur les bâtiments de la République, etc.,

---

Liberté   République Française.   Egalité

La Municipalité de l'Ouest de la Cité de Malte à la Commission de Gouvernement,

Citoyens,

Le Citoyen Menard Commissaire de la Marine, Ordonnateur, nous a envoyé la ci-jointe lettre: les instructions que nous avons, nous empêchent de la mettre en exécution: Veuillez bien nous donner du plus tôt vos ordres pour cela.

Salut et respect.
Le Président
(Signé) LIBRERI.

La Commission de Gouvernement après avoir ordonné l'enregistrement au procès verbal de la dite lettre du Commissaire Ordonnateur Menard en a envoyé une expédition à toutes les Municipalités des Isles de Malte et du Goze, en les informant qu'il sera fourni du pain pour subvenir aux besoins des femmes et enfants des marins embarqués sur les vaisseaux de la République Française suivant la lettre que le dit Commissaire Ordonnateur de la Marine a écrit aux deux Municipalités de cette Ville et que pour pouvoir se le procurer, il est nécessaire que le Curés respectifs délivrent à chacune de ces femmes un certificat dont le modèle est joint à sa circulaire, de même que celui du visa que les Municipalités doivent y apposer pour prouver son authenticité.

****

A la Cité de Malte le 26 Thermidor de l'an VI (1)
(13 Août 1798).

Aux dix Municipalités de Canton,

Le Commissaire Ordonnateur de la Marine Menard a écrit aux deux Municipalités de cette Ville pour les inviter à prendre la mesure indiquée dans sa lettre dont nous vous envoyons la traduction cy-jointe.

Vous verrez, Citoyens, qu'il s'agit de fournir du pain aux femmes et enfants des marins embarqués sur les vaisseaux de la République Française; que pour cela il est nécessaire que chaque Curé respectif accorde à chacune de ces femmes un certificat dont le modèle est cy-inclus; et que ce certificat soit légalisé par les Municipalités, conformément au modèle également cy-inclus.

La Commission vous invite, Citoyens, à faire publier dans toutes les Eglises paroissiales la susdite lettre du Commissaire Menard, afin que la mesure de bienfaisance qu'elle provoque soit promptement mise à exécution.

Salut et estime.
Le Président de la Commission
(Signé) BOSREDON RANSIJAT.

---

(1) Lettres écrites par la Commission de Gouvernement, pag. 176.

Séance du 29 Thermidor (1)
(16 Août 1798)

———

Les deux Municipalités du Goze et celle du Canton de Zeitun, ont envoyé à la Commission de Gouvernement la liste de tous les matelots de leur ressort respectif qu'elle leur avait demandé et elle le transmet par sa lettre de ce jour au Citoyen Caruson Commissaire de la Marine.

***

A la Cité de Malte le 29 Thermidor de l'an VI de la République (2)
(16 Août 1798).

———

Au Citoyen Caruson Commissaire de la Marine.

En recevant votre lettre du 13 de ce mois nous avons écrit aux cy-devant premiers écrivains des cy-devant Galères et Vaisseaux, pour leur enjoindre de vous présenter le rôle de tous leurs matelots. Nous avons en même temps écrit à toutes les Municipalités de nous envoyer la liste de tous les matelots en y comprenant même ceux des barques de pêcheurs; mais jusqu'à présent il n'y a que les deux Municipalités du Goze et celle du Canton de Zeitun qui nous les aient adressées.

Vous les trouverez cy-jointes.
Salut et estime.
Le Président de la Commission
(Signé) BOSREDON RANSIJAT,
Par le Président
Le Secrétaire Général
(Signé) DOUBLET.

———

(1) Régistre des Délibérations de la Commission de Gouvernement, Tome II, pag. 410.

(2) Lettres écrites par la Commission etc., pag. 188

Séance du 3 Fructidor an VI (1).
(20 Août 1798)

———

Le Commissaire du Gouvernement français a adressé à la Commission un arrêté qu'il a pris le 2 de ce mois concernant les Citoyens Maltais employés dans les armées de terre et de mer, aux fins de ne pouvoir pendant leur absence, ni les inquiéter dans leurs biens ni dans leurs familles et Elle en a ordonné l'impression, la publication, l'enregistrement et l'envoy aux tribunaux et aux Curés de toutes les Paroisses des Isles de Malte et du Goze.

Cet arrêté est conçu comme il suit:—

"Le Commissaire du Gouvernement considérant, que suivant les principes de la justice, et les loix françaises positives les Citoyens servans employés dans les armées de terre, et de mer, ne peuvent être inquiétés dans leurs biens, ni dans leurs familles, pendant leurs absence:

Arrête:

Article 1er. Le Juges de Paix, les Tribunaux Civils et Criminels, ne donneront suite à aucune action intentée, ou à intenter contre les Citoyens Maltais ou autres servans dans les armées ou sur les vaisseaux de la République Française.

Article 2. Nul créancier, ne pourra poursuivre contre ces Citoyens absents, le payement de leur dette; nul propriétaire ou principal locataire, ne pourra expulser, leurs pères ou mères, leurs femmes, ou leurs enfants des habitations qu'ils occupent sous aucun prétexte.

Article 3. Les créanciers pourront seulement aller chez le Commissaire Ordonnateur Menard, pour faire émarger au Rôle des Marins le montant de leur créance, et pouvoir être payés s'il y a lieu lors du décompte.

Article 4. Le présent arrêté sera envoyé à la Commission de Gouvernement, aux Tribunaux, imprimé, affiché et publié, par les Curés de toutes les Paroisses.

Malte le 2 Fructidor an Six.
Le Commissaire du Gouvernement.
(Signé) Regnaud de Saint Jean d'Angely.

———

(1) Régistre des Délibérations de la Commission de Gouvernement, Tome III, pag. 2.

Séance du 8 Fructidor (1)

(25 Août 1798)

———

Le Commissaire du Gouvernement français a écrit à la Commission la lettre qui suit :

"A la Commission de Gouvernement.

Il s'est glissé, Citoyens, une erreur dans l'arrêté que j'ai pris le 2 de ce mois en faveur des Maltais ou autres embarqués avec l'armée

A l'Article 1er à la fin, il y a :

"Ou à intenter contre les Maltais servans dans les armées." Je vous prie de substituer *contre les Citoyens Maltais ou autre* et d'en faire mention sur vos régistres, avec l'attention, s'il vous plaît, de me mander que vous avez exécuté le changement que je vous indique ici.

Salut et fraternité.

(Signé) REGNAUD DE SAINT JEAN D'ANGELY."

Le Commissaire du Gouvernement considérant que suivant les principes de la justice, et les loix françaises positives, les Citoyens servans employés dans les armées de terre, et de mer, ne peuvent être inquiétés dans leurs biens, ni dans leurs familles, pendant leur absence;

Arrête :

Article 1er. Les Juges de Paix, les Tribunaux Civils et Criminels ne donneront suite à aucune action intentée ou à intenter contre les Citoyens Maltais, ou autres servans dans les armées, ou sur les vaisseaux de la République Française.

Article 2. Nul créancier, ne pourra poursuivre contre ces Citoyens absents le payement de leur dette. Nul propriétaire, ou principal locataire ne pourra expulser leur pères ou mères, leurs femmes, ou leurs enfants des habitations qu'ils occupent sous aucun prétexte.

Article 3. Les créanciers pourront seulement aller chez le Commissaire Ordonnateur Menard, pour faire émarger au Rôle des Marins, le montant de leur créance, et pouvoir être payés s'il y a lieu lors du décompte.

———

(1) Régistre des Délibérations de la Commission de Gouvernement, Tome III, pag. 23.

Article 4. Le présent arrêté sera envoyé à la Commission de Gouvernement, aux Tribunaux, imprimé, affiché et publié par les Curés de toutes les Paroisses.

Malte le 2 Fructidor an VI.
(Signé) Regnaud de Saint Jean d'Angely.

La Commission a répondu à ce Commissaire qu'elle avait ordonné l'enregistrement de sa lettre et de l'arrêté rectifié qui s'y trouvait joint.

* * *

A la Cité de Malte le 14 Fructidor an VI (1)
(31 Août 1798)

A la Municipalité du Canton Zebbug.

La Commission a reçu votre lettre et la liste de ceux qui jadis ont fait le métier de Corsaires. Elle a vu qu'en lui parlant des mal-vivants vous désireriez être autorisés, Citoyens, à faire faire tant de jour que de nuit des patrouilles armées par cinq des Chasseurs de votre Canton auquel pour cela il serait assigné une solde journalière. Vous recevrez incessamment sur cet objet une instruction qui vous indiquera la manière de pourvoir à ce service sans qu'il en coûte en rien au Gouvernement. Dans les circonstances pénibles où nous nous trouvons, il faut, Citoyens, user dans la dépense publique de la plus grande économie.

....

Salut et estime.
Le Président de la Commission
(Signé) Bosredon Ransijat etc.

* * *

A la Cité de Malte le 14 Fructidor an VI de la République (2).
(31 Août 1798)

A la Municipalité du Canton de Bircarcara.

La Commission en recevant votre lettre et le rôle des matelots de trois paroisses seulement, a vu avec peine que vous n'avez pas attendu que celui de Bircarcara vous eut été

____

(1) Lettres écrites par la Commission de Gouvernement, pag. 203.
(2) Ibid., pag. 204.

remis par celui de vos Collègues chargé de le former. Cet empressement de votre part est déplacé et annonce que le même esprit de parti et de division domine encore dans votre administration, tandis que l'esprit d'union et de fraternité devrait vous animer tous et vous faire agir d'un même accord.

....

Salut et estime.

Le Président de la Commission

(Signé) BOSREDON RANSIJAT.

Par le Président

Le Secrétaire Général

(Signé) DOUBLET.

* * *

A la Cité de Malte le 14 Fructidor de l'an VI de la République (1)

(31 Août 1798)

A la Municipalité du Canton Fornaro.

Vous nous demandez la permission de publier dans votre Canton une proclamation pour inviter tous les Citoyens qui ont servi dans la marine militaire ou marchande à venir se faire inscrire sur le rôle que nous vous avons demandé pour être remis au Commissaire des classes de la République Française. Vous auriez dû ne pas tant différer à faire cette proclamation, et toutes les fois qu'un ordre quelconque vous est donné par la Commission, vous devez, Citoyens, sans délai le mettre à exécution de la manière que vous jugez la plus propre et la plus convenable, soit par une proclamation soit autrement.

Salut et estime

Le Président de la Commission

(Signé) BOSREDON RANSIJAT.

Par le Président

Le Secrétaire Général

(Signé) DOUBLET.

______

(1) Lettres écrites par la Commission de Gouvernement, pag. 205.

A la Cité de Malte le 14 Fructidor an VI (1).
(31 Août 1798)

A la Municipalité de l'Est,

Nous avons reçu vos lettres, l'une avec le rôle des matelots de votre Canton, et l'autre pour nous demander la confirmation de la nomination par vous faite du Citoyen François Fenech pour Maître de Place. D'après les bons témoignages que vous nous rendez de sa capacité nous y consentons volontiers.

Salut et estime
Le Président de la Commission
(Signé) BOSREDON RANSIJAT
Par le Président
Le Secrétaire Général
(Signé) DOUBLET.

* * *

A la Cité de Malte le 17 Fructidor de l'an VI (2)
(3 Septembre 1798)

A la Municipalité du Goze,

La Commission a reçu vos deux lettres du 12 et 15 Fructidor, la première desquelles répond à plusieurs dépêches de la même Commission, et lui adresse un double des listes des matelots, que vous lui aviez déjà envoyées.

La seconde nous informe de l'arrestation de deux voleurs et de leur envoi en prison à Malte. Elle nous informe encore que quatre autres mal-vivants, connus pour de fameux voleurs, et qui avaient précédemment été arrêtés et embarqués sur les vaisseaux de la République sont retournés au Goze.

Vous demandez s'ils doivent être arrêtés de nouveau. Il n'y a pas de doute. Mais c'est au Juge de Paix à y pourvoir, selon les formes légales.

Salut et estime
Le Président de la Commission
(Signé) BOSREDON RANSIJAT.
Par le Président
Le Secrétaire Général
(Signé) DOUBLET.

---

(1) Lettres écrites par la Commission de Gouvernement, pag. 205.
(2) Ibid., pag. 211.

A la Cité de Malte le 19 Fructidor an VI (1)
(5 Septembre 1798)

———

Aux deux Municipalités de l'Ouest et de l'Est.

Nous sommes invités, Citoyens, à vous engager de faire dans votre arrondissement une réquisition de tous les matelots, avec ordre de se présenter à l'Arsenal des Vaisseaux de la République aujourd' hui à deux heures après midi; vous ferez sur cet objet une proclamation au son du tambour, en ajoutant que tous les matelots qui omettront de se présenter seront dans le cas d'être punis sévèrement.

Salut et estime
Le Président de la Commission
(Signé) BOSREDON RANSIJAT etc.

* * *

A la Cité de Malte le 28 Vendémiaire de l'an VII de la République (2).
(19 Octobre 1798)

——

Au Commissaire Ordonnateur Menard.

Il y a dans les prisons publiques 17 individus de la campagne qui avant la rébellion avaient été arrêtés pour être embarqués sur les vaisseaux de la République. Nous vous prions, Citoyen Ordonnateur, de vouloir bien nous dire si vous voulez les prendre au service de la Marine, et dans le cas contraire de vouloir bien nous en instruire, pour que nous puissions nous entendre avec le Général de Division Vaubois et le Commissaire du Gouvernement français pour faire evacuer les prisons et la Ville à ces individus notés comme mal-vivants.

Salut et fraternité.
Le Président de la Commission
(Signé) BOSREDON RANSIJAT
Par le Président
Le Secrétaire Général
(Signé) DOUBLET.

———

(1) Lettres écrites par la Commission de Gouvernement, pag. 216
(2) Ibid., pag. 246.

A la Cité de Malte le 27 Germinal de l'an VII (1)
(16 Avril 1799)

—

Au Citoyen Martin, Munitionnaire.

Nous vous prévenons, Citoyen, qu'en conséquence d'un arrêté, pris de concert avec le Général Vaubois, de faire nos distributions en bled, la manutention de tout le pain de munition, que vous fournissez pour le compte de la Commission de Gouvernement, doit finir avec le mois de Germinal. Nous prévoyons, qu'il en sera de même pour celui que le Commissaire Ordonnateur de la Marine fait distribuer aux parents des marins, qui sont en Egypte avec le Général Bonaparte.

Salut et fraternité.
Le Président de la Commission.
(Signé) BOSREDON RANSIJAT
Le Secrétaire Général
(Signé) BREUVART.

—

(1) Lettres écrites par la Commission de Gouvernement, pag. 341.

TABLE DES NOMS (1)

---

(1) Le nom de Napoléon Bonaparte n'a pas été relevé.

TABLE DES MATIÈRES

TABLE DES ILLUSTRATIONS

ERRATA

—

Pages 78, lignes 25 au lieu de Il Ball di Torino, lisez Il Ball di Torino.

  ,, 117, ,, 6 ,, ,, ,, *debarquées*, ,, *débarqués*

  ,, 119, ,, 12 ,, ,, ,, Il fera *vivre*, ,, Il fera *munir*

  ,, 125, ,, 27 ,, ,, ,, *de* pièces de 12, ,, *deux* pièces de 12.

  ,, 126, ,, 3 ,, ,, ,, faire *faire* ,, faire *taire*

  ,, 177, ,, 39 ,, ,, ,, Régistre *de* Déli-
berations, ,, Régistre *des* Déli-
berations.

  ,, 208, ,, 4 ,, ,, ,, *Ancien* Chancellerie, ,, *Ancienne* Chancellerie.

  ,, 251, ,, 30 ,, ,, ,, *Pautalon*, ,, *pantalon*

  ,, 253, ,, 36 ,, ,, ,, *Lettre* écrites, ,, *Lettres* écrites.

—